中国人民大学研究报告系列

中国教育追踪调查（CEPS）项目

中国大学生成长报告

2014

REPORT ON
CHINESE COLLEGE STUDENTS

主　编　李路路

中国人民大学出版社
· 北京 ·

总序

陈雨露

当前中国的各类研究报告层出不穷，种类繁多，写法各异，成百舸争流、各领风骚之势。中国人民大学经过精心组织、整合设计，隆重推出由人大学者协同编撰的“研究报告系列”。这一系列主要是应用对策型研究报告，集中推出的本意在于，直面重大社会现实问题，开展动态分析和评估预测，建言献策于咨政与学术。

“学术领先、内容原创、关注时事、咨政助企”是中国人民大学“研究报告系列”的基本定位与功能。研究报告是一种科研成果载体，它承载了人大学者立足创新，致力于建设学术高地和咨询智库的学术责任和社会关怀；研究报告是一种研究模式，它以相关领域指标和统计数据为基础，评估现状，预测未来，推动人文社会科学研究成果的转化应用；研究报告还是一种学术品牌，它持续聚焦经济社会发展中的热点、焦点和重大战略问题，以扎实有力的研究成果服务于党和政府以及企业的计划、决策，服务于专门领域的研究，并以其专题性、周期性和翔实性赢得读者的识别与关注。

中国人民大学推出“研究报告系列”，有自己的学术积淀和学术思考。我校素以人文社会科学见长，注重学术研究咨政育人、服务社会的作用，曾陆续推出若干有影响力的研究报告。譬如自 2002 年始，我们组织跨学科课题组研究编写的《中国经济发展研究报告》、《中国社会发展研究报告》、《中国人文社会科学发展研究报告》，紧密联系和真实反映我国经济、社会和人文社会科学发展领域的重大现实问题，十年不辍，近年又推出《中国法律发展报告》等，与前三种合称为“四大报告”。此外还有一些散在的不同学科的专题研究报告也连续多年，在学界和社会上形成了一定的影响。这些研究报告都是观察分析、评估预测政治经济、社会文化等领域重大问题的专题研究，其中既有客观数据和事例，又有深度分析和战略预测，兼具实证性、前瞻性和学术性。我们把这些研究报告整合起来，与人民大学出版资源相结合，再做新的策划、征集、遴选，形成了这个“研究报告系列”，以期放大规模效应，扩展社会服务功能。这个系列是开放的，未来会依情势有所增减，使其动态成长。

中国人民大学推出“研究报告系列”，还具有关注学科建设、强化育人功能、推进协同创新等多重意义。作为连续性出版物，研究报告可以成为本学科学者展示、交流学术成果的平台。编写一部好的研究报告，通常需要集结力量，精诚携手，合作者随报告之连续而成为稳定团队，亦可增益学科实力。研究报告立足于丰厚素材，常常动员学生参与，可使他们在系统研究中得到学术训练，增长才干。此外，面向社会实践的研究报告必然要与政府、企业保持密切联系，关注社会的状况与需要，从而带动高校与行业企业、政府、学界以及国外科研机构之间的深度合作，收“协同创新”之效。

为适应信息化、数字化、网络化的发展趋势，中国人民大学的“研究报告系列”在出版纸质版本的同时将开发相应的文献数据库，形成丰富的数字资源，借助知识管理工具实现信息关联和知识挖掘，方便网络查询和跨专题检索，为广大读者提供方便适用的增值服务。

中国人民大学的“研究报告系列”是我们在整合科研力量，促进成果转化方面的新探索，我们将紧扣时代脉搏，敏锐捕捉经济社会发展的重点、热点、焦点问题，力争使每一种研究报告和整个系列都成为精品，都适应读者需要，从而铸造高质量的学术品牌、形成核心学术价值，更好地担当学术服务社会的职责。

第5章：吴晓刚，香港科技大学社会科学部教授，应用社会与经济研究中心主任；李骏，上海社会科学院社会学所副研究员，香港科技大学应用社会与经济研究中心博士后研究员。

第6章：谢桂华，中国人民大学社会与人口学院社会学系副教授；张阳阳，中国人民大学社会学系硕士研究生；刘洋，中国人民大学社会学系硕士研究生。

第8、11章：李忠路，香港科技大学社会科学部博士研究生。

第9章：许多多，香港科技大学社会科学部博士研究生。

第10章：宋月萍，中国人民大学社会与人口学院人口研究所副教授。

第12章：陈伟，上海大学社会学院博士研究生，香港科技大学霍英东研究院应用社会与经济研究中心研究助理。

在“首都大学生成长追踪调查”的执行过程中，中国人民大学社会学系研究生张宪参与了2011年的催访联系，并为2012年的催访管理和数据清理做了大量工作。此外，中国人民大学社会与人口学院的马艺琼、阿妮尔、厉玲玲、汤冬玲、侯慧、张琦、周陆洋、陈贞汝、超丽格尔、宋双、田思雨、王爽、徐俊君、许迅、许晔、赖伟军，北京大学社会学系的褚文璐、黄秀丽、许琪、姜松岩参加了2011年或2012年的催访联系工作，在此一并表示感谢。

与此同时，我们感谢“首都大学生成长追踪调查”的所有受访者。在调查过程中，他们表现出强烈的公共意识和责任感；没有他们的理解、配合和支持，本项目不可能维持如此高的应答率和追访率。离开数据的支持，要进行本报告这样的研究是不可能的。

最后，我们还要感谢中国人民大学科研基金和科研处对“首都大学生成长追踪调查”和《中国大学生成长报告》的支持。没有学校在经费、政策和组织等方面的大力支持，这两个项目显然是难以持续的。

在本报告的撰写过程中，李丁博士协助主编做了大量联络和统稿工作。

前言

本报告是“首都大学生成长追踪调查”的阶段性成果。“首都大学生成长追踪调查”是中国人民大学中国调查与数据中心中国教育追踪调查（CEPS）的重要组成部分。该调查始创于2009年，自2010年以来一直得到中国人民大学科学研究基金的全额资助。从2012年开始，“首都大学生成长追踪调查”发表题为《中国大学生成长报告》的年度报告。《中国大学生成长报告2012》已于2013年出版，这里所见的是第二个报告。根据规划，“首都大学生成长追踪调查”每年进行一轮追踪调查，截至2013年底已经进行了五轮追踪调查。由于在撰写本报告时2013年度调查尚在进行中，因此，这里只使用了前四轮（2009—2012年）调查的数据，同时也是当时能够获得的最新、最全的数据。

与《中国大学生成长报告2012》相比，本年度报告重点关注大学生在校期间的生活方式、身心健康状况、恋爱与婚恋观、社会价值观、政治参与和入党行为、宗教信仰状况、文化资本、经济贫困状况及其变化、毕业出路，以及本科毕业之后的学习和生活等主题。本报告仔细分析了不同特征的大学生在上述问题上的差异、造成这些差异的原因，以及这些差异已经和可能造成的后果。研究成果可供大学生自我反思和调整，以及有关部门制定政策和开展学生工作时参考。

“首都大学生成长追踪调查”是由中国人民大学社会学系冯仕政教授和香港科技大学社会科学部吴晓刚教授共同创立的。此次吴晓刚教授带领的香港科技大学团队也参与了报告的写作。本报告共12章，各章作者简介如下：

第1、7章：李丁，中国人民大学社会与人口学院、中国人民大学中国调查与数据中心、中国人民大学国家发展与战略研究院，讲师。

第2章：齐亚强，中国人民大学社会与人口学院社会学系副教授。

第3章：唐丹，中国人民大学社会与人口学院人口研究所副教授。

第4章：贺光烨，香港科技大学社会科学部博士研究生。

目 录

第 1 章　首都大学生成长追踪调查的设计与执行情况

第 2 章　大学生的生活方式与健康状况

第3章 大学生心理特征的发展

第4章 大学生的恋爱行为与婚恋观念

第5章 大学生的社会价值观

第 6 章 大学生党员与入党行为

第 7 章 大学生的宗教信仰状况

第 8 章　大学生的文化资本

第 9 章　大学生的在校贫困状况及其后果

第 10 章　大学生就业性别差异分析

第 11 章　研究生教育

第 12 章　大学毕业生住房情况

第 1 章　首都大学生成长追踪调查的设计与执行情况

作为第 1 章，本章将主要介绍首都大学生成长追踪调查的抽样设计、问卷内容、调查执行与数据清理等方面的情况，以便大家对后文所用数据资料有一个更加清楚的基本认识。

第 1 节　抽样设计与追踪情况

本调查的被访样本是通过分层多阶段的抽样方式，从首都高校学籍数据库随机取得的，直接抽取到学生个人（具体的抽样方法见《中国大学生成长报告 2012》）。首轮的调查中，项目组直接派调查员到各个学校，由学生工作部门协作通知被抽中学生到指定场所，集中现场填写问卷。这在同类调查研究中是非常难得的。当前关于大学生的调查并不少，有的调查样本规模甚至达到数十万级别，但多数调查都难以保证样本的随机性，将抽样名单明确到学生个人。一些调查通过学校行政系统或者学生网络系统发放，对具体填答对象和填答过程缺乏控制。一些调查限于各方面的原因，采用了设计效应更大的整群抽样，表面上看样本规模很大，实际有效的样本规模并不大。还有一些调查直接将问卷放到互联网上供人自由填写。这些研究设计都相对缺乏对于抽样过程的实际控制，既难以明确实际的抽样总体，也难以评估样本的平均代表性。在这一点上，本调查有相对最为完备的抽样框和详细的学生名单，保证了抽样过程的可控性和随机性，从而能够较好地排除各种人为因素和潜在选择性因素带来的偏差。

本调查采用追踪调查（longitudinal survey）设计，凡初次参与了调查的学生都被邀请参与后续年份的调查。这种调查设计，有利于记录学生大学期间以及毕业之后的变化，从而在一定程度上超越截面调查（cross-sectional survey）在因果推论方面的不足。本调查具体涵盖的学校以及各个学校的抽样数、初访成功样本数、此后历年的追踪样本数和追访率情况见表 1—1 到表 1—3。

本调查以 2009 年为基准年，包括当时的大一（2008 级）及大三（2006 级）两个年级的代表性样本，其后在 2010 年、2011 年和 2012 年进行了 3 次追踪调查。对于 2008 级而言，这四年反映的是他们整个大学时代的成长经历；对于 2006 级而言，四年经历反映了他们从大学走向社会的过程。

表 1—1　　首都大学生成长追踪调查涵盖学校及各年追访情况（全体样本）

学校名称	抽样人数	2009 年	2010 年	2011 年	2012 年	基期回收率	第一轮追访	第二轮追访	第三轮追访
北京大学	500	450	420	406	378	90.00%	93.33%	90.22%	84.00%
中国人民大学	500	487	438	439	389	97.40%	89.94%	90.14%	79.88%
清华大学	500	467	415	411	383	93.40%	88.87%	88.01%	82.01%
北京航空航天大学	300	284	263	264	255	94.67%	92.61%	92.96%	89.79%
北京理工大学	300	290	276	263	257	96.67%	95.17%	90.69%	88.62%
北方工业大学	300	284	261	253	248	94.67%	91.90%	89.08%	87.32%
北京化工大学	300	300	289	285	272	100.00%	96.33%	95.00%	90.67%
北京邮电大学	300	261	250	219	208	87.00%	95.79%	83.91%	79.69%
北京石油化工学院	300	279	263	247	257	93.00%	94.27%	88.53%	92.11%
北京农学院	300	287	276	253	246	95.67%	96.17%	88.15%	85.71%
北京语言大学	300	280	253	234	226	93.33%	90.36%	83.57%	80.71%
中国传媒大学	300	247	235	226	206	82.33%	95.14%	91.50%	83.40%
首都经济贸易大学	300	262	236	231	214	87.33%	90.08%	88.17%	81.68%
中央民族大学	300	298	279	264	238	99.33%	93.62%	88.59%	79.87%
中国矿业大学	300	295	272	276	266	98.33%	92.20%	93.56%	90.17%
合计	5 100	4 771	4 426	4 271	4 043	93.55%	92.77%	89.52%	84.74%

说明：各轮追访率都是相对于基期成功调查样本的。表 1—2、1—3 相同。

表 1—2　　首都大学生成长追踪调查涵盖学校及各年追访情况（2006 级样本）

学校名称	抽样人数	2009 年	2010 年	2011 年	2012 年	基期回收率	第一轮追访	第二轮追访	第三轮追访
北京大学	240	204	188	171	157	85.00%	92.16%	83.82%	76.96%
中国人民大学	253	242	215	207	170	95.65%	88.84%	85.54%	70.25%
清华大学	228	210	177	170	158	92.11%	84.29%	80.95%	75.24%
北京航空航天大学	144	131	121	119	114	90.97%	92.37%	90.84%	87.02%
北京理工大学	140	133	119	112	108	95.00%	89.47%	84.21%	81.20%
北方工业大学	149	137	118	109	112	91.95%	86.13%	79.56%	81.75%
北京化工大学	158	158	148	145	135	100.00%	93.67%	91.77%	85.44%
北京邮电大学	161	133	129	100	94	82.61%	96.99%	75.19%	70.68%
北京石油化工学院	156	143	131	120	126	91.67%	91.61%	83.92%	88.11%
北京农学院	164	152	144	126	121	92.68%	94.74%	82.89%	79.61%
北京语言大学	133	119	100	90	85	89.47%	84.03%	75.63%	71.43%
中国传媒大学	152	112	105	97	88	73.68%	93.75%	86.61%	78.57%

续前表

学校名称	抽样人数	2009年	2010年	2011年	2012年	基期回收率	第一轮追访	第二轮追访	第三轮追访
首都经济贸易大学	151	123	108	100	91	81.46%	87.80%	81.30%	73.98%
中央民族大学	141	138	125	119	103	97.87%	90.58%	86.23%	74.64%
中国矿业大学	166	163	142	145	141	98.19%	87.12%	88.96%	86.50%
合计	2 536	2 298	2 070	1 930	1 803	90.62%	90.08%	83.99%	78.46%

表1—3　　首都大学生成长追踪调查涵盖学校及各年追访情况（2008级样本）

学校名称	抽样人数	2009年	2010年	2011年	2012年	基期回收率	第一轮追访	第二轮追访	第三轮追访
北京大学	260	246	232	235	221	94.62%	94.31%	95.53%	89.84%
中国人民大学	247	245	223	232	219	99.19%	91.02%	94.69%	89.39%
清华大学	272	257	238	241	225	94.49%	92.61%	93.77%	87.55%
北京航空航天大学	156	153	142	145	141	98.08%	92.81%	94.77%	92.16%
北京理工大学	160	157	157	151	149	98.13%	100.00%	96.18%	94.90%
北方工业大学	151	147	143	144	136	97.35%	97.28%	97.96%	92.52%
北京化工大学	142	142	141	140	137	100.00%	99.30%	98.59%	96.48%
北京邮电大学	139	128	121	119	114	92.09%	94.53%	92.97%	89.06%
北京石油化工学院	144	136	132	127	131	94.44%	97.06%	93.38%	96.32%
北京农学院	136	135	132	127	125	99.26%	97.78%	94.07%	92.59%
北京语言大学	167	161	153	144	141	96.41%	95.03%	89.44%	87.58%
中国传媒大学	148	135	130	129	118	91.22%	96.30%	95.56%	87.41%
首都经济贸易大学	149	139	128	131	123	93.29%	92.09%	94.24%	88.49%
中央民族大学	159	160	154	145	135	100.63%	96.25%	90.63%	84.38%
中国矿业大学	134	132	130	131	125	98.51%	98.48%	99.24%	94.70%
合计	2 564	2 473	2 356	2 341	2 240	96.45%	95.27%	94.66%	90.58%

可以看到，无论是基期调查还是后续追踪调查，本调查都保证了很高的成功率。这在同类调查中是非常难得的。当然本调查也存在样本丢失的情况，在2006级更为严重（见图1—1）。因为四轮调查都在学校，2008级的样本丢失相对较少，预计因为毕业后联系方式的变化，在2013年第五轮调查中会有较大变化。

数据分析发现，样本的丢失（如果第四轮调查仍被调查到则不为丢失，即便中间有个别轮次丢失）存在一定的选择性。从基本属性上看，来自城市，特别是地级市和直辖市的学生更有可能退出调查。对于2006级而言，不同性别、民族、专业、学校（除邮电大学外）的学生丢失的差异不明显。从包含更多家庭背景及个人特征变量的探索模型3可以看到，在其他情况相同的情况下，家庭条件较好、在校期间得过奖励的学生更有可能保留在样本中（见表1—4）。样本的丢失具有一定的"选择性"。2008级学生截止到2012年的丢失比例相对较小。但是，男生、人文学科以及中央民族大学的学生更有可能缺席后来的调查。第一轮调查收集的家庭背景变量及个人特征变量对预测该年级学生是否会退出本调查没有明显的意义。当我们将这

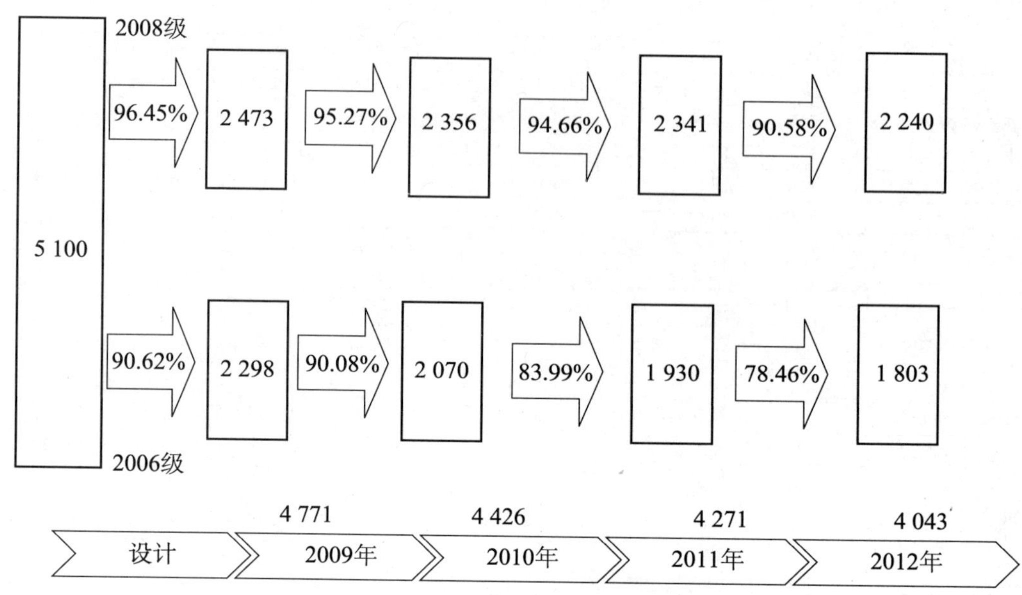

图 1—1 首都大学生成长追踪调查历年追访率

些家庭背景和个人属性更换为 2011 年也就是他们大三时的信息时（模型 5）。可以看到，是否退出本追踪调查与个体政治面貌、是否获得奖励、价值观及社团活动时间有一定的关系。参照 2006 级的情况，其中有些变量的影响可能是合理的，另一些变量的影响可能是上述信息替换造成的。总体而言，样本丢失有一定的选择性，但各模型的伪确定系数都很小（见表 1—4），表明各变量对丢失事件的解释效果较差，选择性在上述各个方面并不特别明显。

表 1—4 首都大学生成长追踪调查样本追访失败 Logistic 模型

	2006 级	2008 级	2006 级	2008 级	2008 级
	模型 1	模型 2	模型 3	模型 4	模型 5
男生参照女生	0.162	0.475**	0.056	0.524**	0.399*
非农户口参照农业	0.131	0.048	0.231	0.225	0.081
北京生源参照外地	−0.171	0.046	−0.351	0.148	−0.048
来自县城参照农村	0.364	0.618*	0.171	0.673*	0.545
来自地级市	0.820***	0.797*	0.508*	0.785*	0.729*
来自省城或直辖市	0.795***	1.145***	0.532*	1.061**	1.063**
汉族参照少数民族	−0.072	−0.026	−0.078	0.148	0.125
人文参照社会科学	0.137	0.588**	0.129	0.664**	0.522*
理工参照社会科学	−0.227	−0.158	−0.247	−0.095	−0.153
中国人民大学参照北京大学	0.355	0.033	0.496	0.206	0.261
清华大学	0.222	0.211	0.374	0.236	0.3

续前表

	2006 级	2008 级	2006 级	2008 级	2008 级
	模型 1	模型 2	模型 3	模型 4	模型 5
北京航空航天大学	−0.482	−0.156	−0.337	−0.128	−0.147
北京理工大学	−0.013	−0.507	0.286	−0.448	−0.415
北方工业大学	−0.02	−0.264	0.283	−0.184	−0.151
北京化工大学	−0.295	−0.863	−0.094	−0.69	−0.817
北京邮电大学	0.427	0.108	0.562*	0.174	0.109
北京石油化工学院	−0.469	−0.795	−0.137	−0.597	−0.681
北京农学院	0.17	−0.041	0.491	0.244	0.101
北京语言大学	0.295	0.106	0.503	0.327	0.196
中国传媒大学	−0.131	0.061	−0.044	0.21	0.042
首都经济贸易大学	0.309	0.197	0.596	0.41	0.384
中央民族大学	0.334	0.837*	0.517	1.129**	0.958*
中国矿业大学	−0.25	−0.237	−0.037	−0.023	−0.123
大学特殊入学渠道			−0.019	0.041	0.073
高中为省以上重点			0.134	0.051	0.025
父亲教育水平			0.13	0.082	0.101
父母中有党员			−0.022	0.048	0.001
家庭经济地位			−0.225**	−0.069	−0.044
个人为党员			−0.361*	0.169	−0.699**
性格外向度			−0.014	0.052	0.012
成绩班内排名			0.004	0.003	0.006
在校获得奖励			−0.276*	−0.061	−0.532**
每周社团活动时间			−0.007	0.009	0.018*
身体健康情况			0.008	0.016	0.007
生活满意度			−0.006	−0.011	−0.003
权威服从倾向			−0.032	−0.033	0.016
个人价值倾向			0.02	0.019	−0.118***
国家发展满意度			−0.002	−0.006	0.018**
伪确定系数	0.035	0.055	0.057	0.067	0.102
样本数	2 267	2 420	2 204	2 288	2 395

注：* $p<0.05$，** $p<0.01$，*** $p<0.001$。

说明：限于篇幅，截距省略了。模型 5 中的个人政治面貌及以下的变量取值为第三轮调查时的取值，如果第三轮调查时样本已经丢失，则为最后一次调查时的回答取值。所谓大学特殊入学渠道，指大学入学时享受过保送、加分、降分或者增投志愿等特殊待遇。

样本丢失最主要的直接原因是无法联系到受访者。因为大学生的追踪调查不同于居民户的调查。前者没有固定的生活场所，尤其受毕业事件的影响，我们只有通过手机、电话、邮件等方式来联系受访者。2011 年对 2008 级学生的调查中，截至当年 7 月 18 日有 162 名受访者未填写问卷，其中 61 人为无法联系上。同年针对 2006 级的追访中，截至当年 10 月 22 日尚未填答问卷的 408 名受访者中，联系不上的有 299 人，联系上但因为各种原因未填的 92 人，明确表示拒绝的只有 17 人。

联系方式的改变是造成这种问题的主要原因，尤其是毕业前后，联系方式的变化更普遍。毕业后一年内能够联系上的 2006 级学生手机联系方式发生变化的比例将近 1/3。那些未联系上因而缺席当年调查的受访者，他们中多数电话无法接通。2008 级学生在校期间，每年更换手机联系方式的比例也超过 10%。邮件联系方式的改变更为频繁，2010—2011 年有超过 30%的学生更改主要邮箱联系方式。网易 163 和 126、腾讯 QQ、新浪和 Gmail 是使用率排在前五位的邮箱，其中网易邮箱相对更为稳定，在大学生中的市场占有率也比较稳定。

除了联系方式的改变会影响到与受访者的联系外，短信和邮件的到达率也是影响追踪联系的重要原因。随着反垃圾邮件和垃圾短信力度的加大，追踪调查中的集中邮件通知和短信通知很容易被当作垃圾信息遭到屏蔽。这在最近轮次的调查中表现得特别明显。

表 1—5　　首都大学生成长追踪调查受访者手机联系方式变更比例

年级		调查年份		
		2010	2011	2012
2006 级	变更比例	13.4	32.5	24.4
	总人数	2 070	1 930	1 803
2008 级	变更比例	11.3	10.9	13.1
	总人数	2 356	2 341	2 240

在抽样与追踪介绍部分的最后，需要就一个问题做一些说明：仅仅使用北京地区的资料能够代表中国大学毕业生的普遍状况吗？关于这个问题，第一，我们认为利用北京市大学生样本洞悉大学生的发展状况是有意义的。第二，我们也在努力将中国教育追踪调查扩展到全国及各个教育阶段。而这已经不完全是一个研究设计问题。在科研资源有限以及当前高等教育投资与招生制度背景下，使用任一局部地区（甚至多个具有代表性的局部地区）的大学生样本讨论大学生问题，都面临着学生来源的选择性问题。高等教育资源的地区差异越大，就业制度的地区差异越大，地区发展越不均衡，一个地区的大学生的在校成长与毕业后的发展就越具有特殊意义。通过抽样调查概括出全国平均面貌，要么容易流于肤浅，要么需要海量的投入。我们相信，基于不同区域的比较同样能够为认识全国的面貌提供丰富的支持。这里我们至少呈现了一个地区的面貌。我们的能力是有限的，但抱负是远大的。

而且，对于北京这样一个特殊的教育空间的研究，即便完全不能将结论推论到其他地区，也因为其政治上的敏感性以及在高等教育中的特殊地位而具有充分的研究价值。北京作为中国的首都，集政治、经济、文化中心为一体，是我国高等教育资源最为集中的地区。这里集中了全国 39 所 985 高校中的 8 所，112 所 211 高校中的 26 所，占到全国同类高校总数的 20%以上。这里每年的研究生招生人数占全国招生人数的 14.8%。每年毕业的高校学生达到将近 16 万，且其中 2/3 为外地生源，而毕业找工作的学生中有 80%首选在北京找工作。我们承认在北京上大学的学生都是选择的结果，而北京的学生毕业后的出路也必然具有独特性。但这种情况在哪里不是一样呢？我国高校集中的大城市（如上海、西安、武汉等等）普遍面临类似的境况，只不过程度不同罢了。在这个意义上讲，利用北京高校学生的数据来研究大学生不仅具有典型性，也具有代表性。而且北京不仅有中国最好的高校，也有相对差的学校，学校之间的层次是非常明显的，这对于研究不同高校及其他不同类别的学生的发展都具有重要意义。

第 2 节　问卷设计

首都大学生成长追踪调查问卷设计参考了多个类似研究的问卷设计。特别是美国的 NELS（national education longitudinal survey）项目、台湾的 TEPS（Taiwan education penal survey）项目。问卷设计的过程中得到了香港科技大学的吴晓刚教授及其同仁的指导帮助，也得到了中国人民大学社会与人口学院的冯仕政、王卫东、谢桂华、宋月萍、唐丹、齐亚强、李丁，中国人民大学国际关系学院的韩东临老师等的支持。研究特别关注了什么因素会影响大学进入、大学期间的表现、大学毕业之后的发展，以及大学期间的表现——不仅包括学业表现，还有课外活动与政治表现——对于毕业出路以及毕业后的发展的影响。这些都继承了社会学研究中关于社会阶层流动、社会结构再生产理论的关注。这与研究团队的背景是紧密相关的。当然，问卷也包括大量其他方面的内容。我们认为，大学是身处其中的大学生信仰和价值观（包括政治观念、宗教观念等等）形成的重要场所，是获得人力资本、社会关系资本以及政治资本的重要阶段，也是收获爱情奠基婚姻的重要机会。当然，也会遭遇很多的压力和心理上的变化与成熟。在这些过程中，需要不断调整和处理与周边各种人员的关系，而家庭与社会的影响也如影随形。问卷中，我们对相关的方面都有涉及。

具体而言，问卷包括如下几个方面：

2009 年基期调查时，询问了受访者基本情况，恋爱状况与恋爱观，心理健康状况，高考成绩与进入大学的方式，大学的专业选择、对学校和院系的评价、学习成绩、获奖情况等，大学期间的政治表现，经济状况与兼职行为，生涯规划与预期，社会观念与行为，家庭背景与父母基本情况等。

2010 年继续更新询问了 2009 年的大部分问题，并增加了原高中学校的环境等与学习情况有关的问题和针对 2006 级毕业生毕业准备与毕业出路的题目。

2011 年因为 2006 级学生已经毕业，两个年级的调查并不是同时进行的，使用了两套问卷。这一年，我们改用了电子版的网络问卷。2008 级学生除了询问第一轮调查中的绝大多数问题外，增加询问了宗教信仰状况、兄弟姐妹构成与教育情况。2006 级学生的问卷进行了较大调整，前两轮的心理健康量表因为太长，基本上全部取消。增加询问了在读研究生的学习生活情况、恋爱婚姻情况，在职工作者的工作单位收入、职业变动等职业相关情况，毕业后未深造者的住房与户籍情况。

2012 年的调查同样分为两个问卷进行，先调查的是在校学生（包括 2008 级全部学生和 2006 级继续深造者）。其中 2008 级询问了大多数第一轮调查中询问的问题，并继续询问了有关宗教信仰的问题，此外还增加了有关文化消费与文艺特长的问题，详细询问了恋爱经历与相关态度。由于 2008 级的学生在 2012 年大多数都面临毕业，因此同 2010 年针对 2006 级的调查一样，询问了他们详细的出路安排情况，是否考研、申请出国、报考公务员或找其他工作，结果如何等。2006 级在校研究生除了心理健康量表和毕业安排外，还回答上述 2008 级回答的其他问题，此外主要更新询问了研究生学校特征、在校经济状况、与导师关系、时间安排等情况。针对那些已经参加工作的 2006 级学生，除基本问题外，主要询问了目前的工作属性，更换工作的经历（特别是第一份工作情况）。

在进行问卷设计时，我们尽量保持了多轮调查中表述方式的一致性。2011 年和 2012 年使用两套问卷时，后一套问卷会囊括前一套问卷，通过恰当的跳答机制实现了问卷的动态生成。2011 年和 2012 年的调查采用的是在线问卷的方式（具体见后文关于调查执行的介绍）。问卷系统使用开源软件 Limesurvey 生成。

我们在问卷设计中遇到了一些困难，有一些经验和教训可以和读者分享。第一，在专业与学校等多个方面存在分化的多元背景下，如何测量大学生的能力、学业投入、学业表现是一个很难的问题。本研究在这一方面没有太多着力，并未对学生的学业水平，相关的智力水平、非认知能力展开测试。一方面，我们很难发展出一套可以全面衡量大学生能力及其变化趋势的客观测试。即使发展出来，也难以要求所有学生每年都完成一次测试。而上述能力的测量和控制是非常重要的。本研究尝试通过高考成绩、英语考试成绩、成绩班级排名、GPA 等来近似地测量学生的能力，但这些测量很多仍不具备跨群组的可比性，或者很难代表全面的能力水平。

另一方面，清华大学中国经济社会数据中心等机构开展的“中国大学生学习与发展追踪研究”基于全美大学生学习性投入项目（national survey of student engagement，NSSE）在上述方面做了更为细致的探索。相信，未来他们能够提供更为科学的测量工具用于上述方面的研究。

第二，追踪调查中哪些属性是应该多次测量的，哪些问题询问一次或间或询问两次即可需要提前设计好。为了刻画研究对象的变化，多次测量在追踪调查中是非常常见的。但是同一个工具，尤其是以认知—反应为基础的问卷工具，反复呈现给同一个人，前后测量的信度和效度需要检验。在确定什么问题值得多次询问时，测量工具的上述属性是必须考虑的。此外，多次测量的项目应该是最重要、最核心的部分，不能太多，否则后续调查的问卷长度难以控制。因为，随着研究的深入，研究者总会发现在此前的调查中没有收集的信息，而试图增加测量。好的追踪调查测量工具的设计应该一开始就准备好多轮调查的问卷设计，而不是做一轮设计一轮。

第三，针对样本中特殊群体和个别对象的测量会极大地增加问卷的复杂程度，但收益并不一定大。大学阶段，学生们经历着人生最重要的分化。有的人中途就离开学校，有的人需要延期，有的人毕业参加工作，有的人毕业继续深造，而深造的人中，有的是保送，有的是申请出国等等。一个群体会分化成不同的子群体，不同的人可能在不同的年份经历同样的事件。如果这些不同群体的细致特征，所有对象经历某些事件的过程都需要测量和记录，将使得问卷复杂化。但收集上来的信息，可能并不具有足够的统计效力和代表性，难以与其他亚群体比较，或者因为测量时间不相同而缺少可比性等等。因此在问卷设计中非常有必要抓大放小，抓住重要内容，做好取舍和权衡，尽量在最大多数人都能够回答的时候，问大家都可以回答的问题。

第 3 节　调查执行与数据清理情况

这一节主要介绍 2011 年和 2012 年追访调查的执行情况，包括具体的执行方式、执行过程，以及礼品激励的设置、访问员报酬的安排、垃圾信息治理政策变化对于联系通知的影响等等。

2011 年和 2012 年本调查采用网络填答的方式完成。之所以采用这种调查方式，原因在于：第一，随着 2006 级本科生的毕业，要在世界范围内追访这些学生，成本陡然增加。实现全面的实地追访已经不可能。第二，随着互联网技术的发展，当前我国大学生的网络可及性非常高。2010 年的调查显示，95%的受访者有自己的个人电脑。在 2011 年的调查中，如果受访者表示上网不方便，项目组可付其 10 元上网费，请其到附近上网点上网。最终只有 1 位本科生表示在老家上网不方便，项目组额外给付了 10 元上网费。第三，相对于项目组派人登门进行面对面的问卷填写，说服受访者到近便的上网点进行填答更为方便，而且只要不存在代答的情况，由于网络问卷自动化的逻辑检查与必选设置，数据质量甚至有更好的保障。因此保证被访者自己填写问卷，并且能够与以往收集的数据链接起来非常重要。在调查邀请中，我们通过短信或邮件告知受访者一个唯一的 6 位或 7 位字符串密码，凭借该密码登录网页并完成问卷，问卷一旦完成密码失效。当然，具体填答过程中，受访者会不会告诉他人密码代为填答很难控制，就像实地填答过程中，一一核对受访者身份的成本也是很高的。后期的数据检验发现，个别案例的回答确实存在前后两轮相差较大，可被怀疑存在代答的情况。但总体而言，数据的一致性还是非常高的。

具体而言，调查过程可以分为“邀访”和“劝访”两个阶段。第一个阶段是邀访，即通过电子邮件或手机短信等方式，一般性地集中通知和邀请被访者凭借对应密码上网填答问卷，被访者自愿填答。第二阶段，对邀访不成功的被访者，由访问员针对性地通过电话、短信、邮件联系，说服其上网填答，是为“劝访”。

以 2011 年 2008 级学生的访问情况为例：2011 年 5 月 27 日—6 月 10 日为集中邀访阶段。在被访者主动自愿的情况下，共完成应访案例的 67%。经过前两次调查的培养，被访者对 CEPS 的认同度是比较高的。6 月 10 日—7 月 18 日为劝访阶段。项目组将尚未完成问卷的受访者名单分配给 6 位访问员，由他们分头与受访者联系，进行劝访，共完成应访案例的 26%。整个调查从 5 月 27 日至 7 月 30 日，历时 65 天，共有 2 311 人完整地填答问卷，另有 31 人部分地填答问卷。按填答完整者计算，当年针对在校本科生的追访完成 2009 年初访名单的 93.4%；2010 年追访成功的案例中有 95.1%被再次追访成功，2010 年追访未成功的案例中，重新找回 59%（69 个）。

2011 年和 2012 年的调查中，受访者接到通知后，可以自己选择填答问卷的时间，时间的安排更为自由。因此，在访问时长上，这两轮调查更长。2011 年一半学生用时短于 30 分钟，除去用时超过 300 分钟的案例，平均用时为 38 分钟左右。之所以出现 10%的案例用时超过 5 个小时，是因为填答者可以随时中断填写，并在未来接着填写，系统将记录最开始填写的时间与提交问卷的时间。这些案例的实际填写时长并不是真这么长。2012 年因为增加的问题相对较多，调查时长明显增加了，并且分多次完成问卷的学生更多了（从开始到提交历时 5 小时以上的案例达到了 15%）（见图 1—2）。

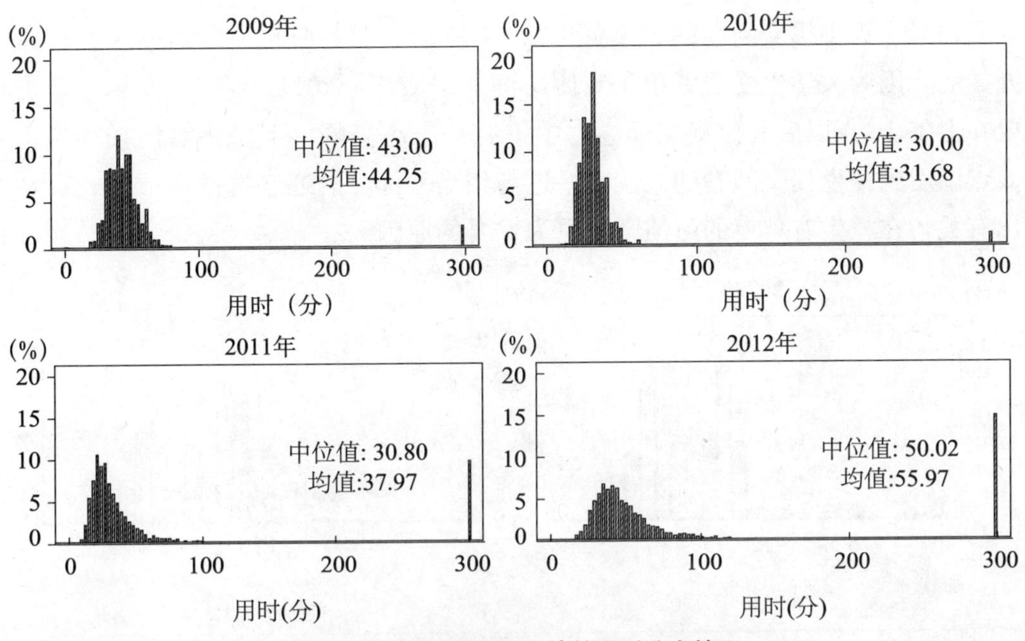

图 1—2　四轮调查问卷填答用时分布情况

四轮调查中受访者提交问卷的日期如图 1—3 所示。各轮调查开始的时间有一定的差异。第一轮调查在 5 月底开始，7 月份学校放暑假之前结束。第二轮调查同样在暑假开始前结束，依据第一轮调查经验，开始时间略早。第三轮调查，针对 2008 级学生的主要在当年的 6 月份完成，而 2006 级学生因为已经毕业，主要在 8、9 月份完成，10 月份有个别收尾案例。2012 年的调查同样分为两部分，针对在校生，为了避免因为毕业联系方式改变联系不上，主要在 6、7 月份完成，时间较第一轮和第二轮有所延长。而针对已经工作的学生，主要在 10 月底、12 月完成。

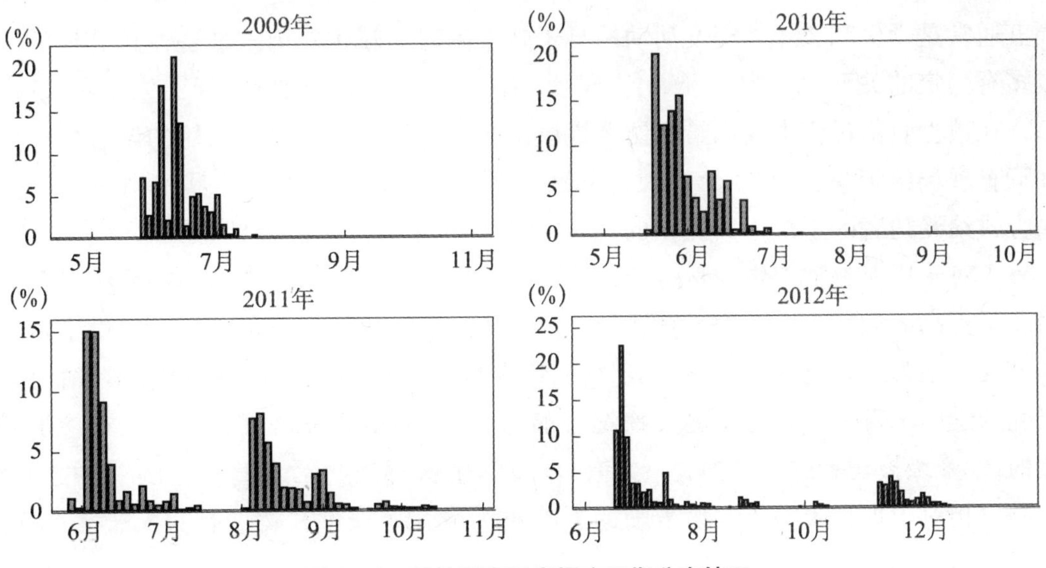

图 1—3　四轮调查问卷提交日期分布情况

受访者一天中提交问卷的时点如图 1—4 所示。在头两轮中，调查基本是在中午开始的，因为大学生受访者中午空闲时间相对较多。2011 年和 2012 年，受访者主要在上午 10 点以后开始提交问卷，中午有一个小高峰，下午相对比较均匀，晚上 8 点以后到深夜提交问卷的人较多。这与相当一部分的通知选择在下午 6 点左右发出有关，在校生有熬夜的习惯则是更为重要的原因。

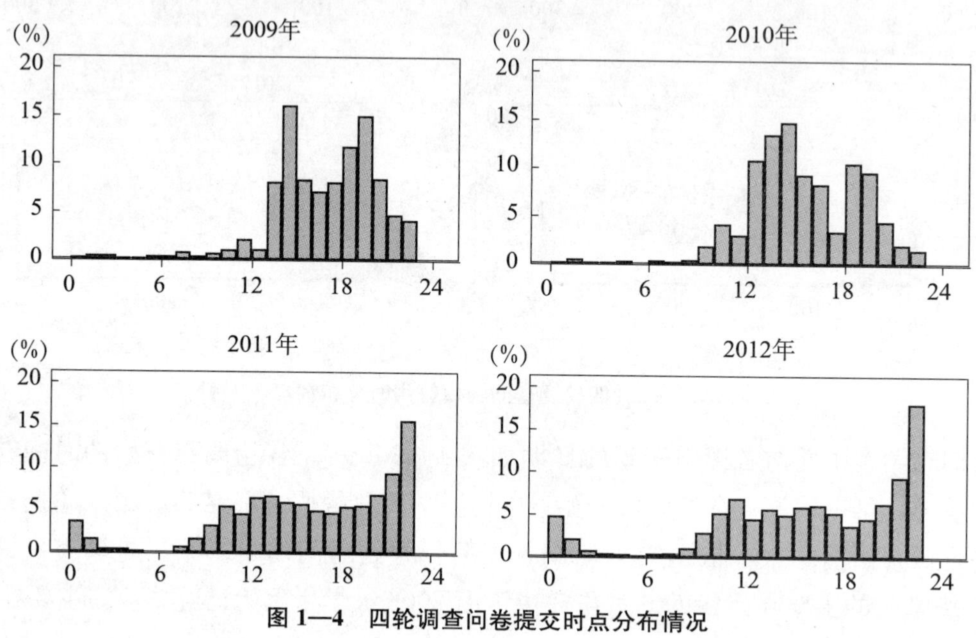

图 1—4　四轮调查问卷提交时点分布情况

如果以提交日期为周几来考察的话，第一轮和第二轮调查的高峰点在周三到周五，周一到周二相对较少（见图 1—5）。采用网络问卷之后，每周各天的完成量比较均匀，周五相对最少，而周六相对更多。这除了与通知发送时间相关外，可能与周五通常是学生和工作人交友活动的日子，空闲时间较少，周六准备休息放松的人较多有一定的关系。

在数据收集过程中我们给受访者提供了必要的激励。第一、二轮的调查中我们在调查现场给予受访者 20 元的现金补贴。而在第三、四轮调查中我们通过空中充值方式给受访者的手机或其提供的亲友手机号码充值，充值金额为 30 元到 100 元不等，对于毕业参加工作的学生的补助更高，少数较晚仍未提交问卷的受访者我们给予了更高的激励。互联网的发展和支付方式的多样化为本项目的推进提供了极大的方便。在第三轮调查结束之后，2011 年末项目组进行了一次样本维护，给愿意接受的学生邮寄了中心定制的实物纪念品。而 2012 年调查结束后，我们对参加调查的 2008 级被访者进行了抽奖，共有 30 位学生获得 500 元或 1 000 元不等的现金奖励。相对于现金激励，实物激励的影响更为分化，一件礼物，有的人非常喜欢，

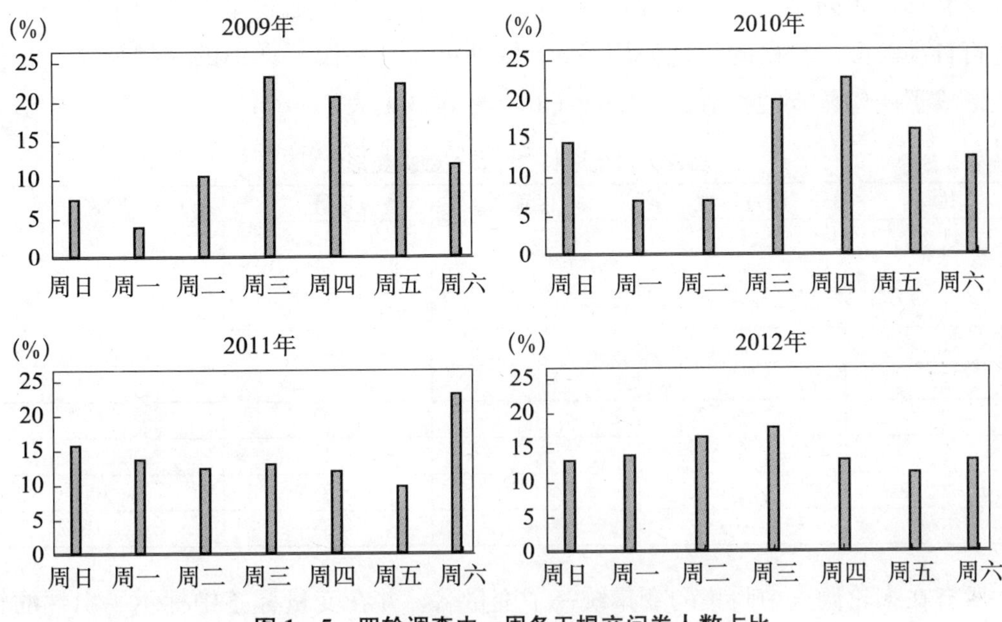

图 1—5　四轮调查中一周各天提交问卷人数占比

而在另一些人那里则可能带来负面的影响。总体而言，纪念品的质量非常关键，一定要慎重选择。已经毕业学生对补贴的重视程度也更为分化，有部分学生主动放弃补助，并愿意将补助捐献给其他机构和组织。总体上看，随着物价水平的提高，大家对于补助水平的期望也有所提高。

数据收集的过程也是首都大学生成长追踪调查逐步发展和完善调查管理系统的过程。通过网络来收集信息，需要有问卷系统、通知系统、催访记录系统、报酬发放系统、进度控制系统等多个系统和平台的配套和合作。在 Limesurvey（http：//www. limesurvey. org）基础上，我们发展出催访过程记录系统，对访问员与受访者沟通联系的过程进行记录，从而更好地进行进度和质量的控制。此外，通知平台也与问卷调查系统日益整合。这些都需要信息及网络技术人才的支持。在互联网经济快速发展，市场薪资日渐高涨的情况下，高校如何加大投入，并进行科研体制调整，通过何种形式购买此类专业技术支持或引进相关人才并发挥其长处是值得研究的问题。社会科学研究数据收集的专业化和现代化是近年来中国高校社科发展的重要潮流。相关高校和研究院所都成立了专业的调查机构与数据中心。如何立足于实际情况，找准各自的定位和最优发展路径，并与兄弟单位协作多赢是需要多方共同努力的事情。调查技术的信息化就是合作的重要方面。

数据收集好之外，数据的清理工作可以极大地提高数据的可用性。在第一、二轮数据收集录入后，我们通过各种信息进行了案例的匹配。自动匹配不成功的案例通过查验扫描版问卷的方式进行确定。后两轮调查数据则通过事先生成的密码数据表进行自动匹配。数据的清理使用 Stata 软件进行，并做了详细的文档说明。目前已经形成了四轮调查的长数据（long data）格式（见表 1—6）：

表 1—6　首都大学生成长追踪调查数据集形式

ID	调查轮次	性别	变量 1	变量 n
1	1	1	1	0
1	2	1	2	0
1	3	1	2	0
1	4	1	2	1
2	1	0	1	1
2	2	0	3	1
2	3	0	1	0
2	4	0	2	0
……	……	……	……	……

所有在多轮调查中收集的变量统一了变量名，并在变量标签中标示了出现的轮次。提供给研究者使用的数据中，我们删除了所有涉及个人隐私或可能定位个人的信息，如工作单位名称、海外大学名称、过高的家庭收入，当然更包括个人的联系方式、家庭住址、具体的学生干部职位等等。数据清理的具体规则和过程，我们会在适当的时候公布相关的文档。有关首都大学生成长追踪调查项目的更多信息，可以浏览 http：//www. chinaeps. org。

第 2 章　大学生的生活方式与健康状况

过去几十年，随着中国社会经济的飞速发展和物质生活水平的改善，人们对健康问题的关注程度空前提高。健康不仅是个人立身社会经济等活动的根本，也是人类发展的终极目标之一。没有健康的体魄和精神状态，个人投身工作劳动、享受社会生活和感受幸福等活动都会在不同程度上受到客观限制。

大量关于健康的研究发现，人们的生活方式与健康状况息息相关。良好的作息和锻炼习惯、科学规律的饮食、杜绝烟酒，以及保持正常的社会交往是维持健康的重要途径和基本保障。然而，健康生活方式的养成与维持绝非一日之功。举例来说，科学研究早已证实了吸烟对健康的多重危害，这些研究成果也得到了强有力的公共宣传，但烟民的数量目前仍然居高不下。

大学生是国家人才储备的主力军，肩负着未来社会经济建设的重担，他们的生活方式与健康状况尤其值得关注。对于许多大学生而言，大学生活标志着个人成长经历中一个崭新的阶段，步入大学往往伴随着离开父母的严格“监管”、结束中学时期紧张高压的学习生活，因而大学生生活方式的培养与选择相对更为自由和独立。与此同时，大学作为步入社会的前哨，也是许多终身生活习惯养成的关键时期，这些生活习惯将对个体的健康状况以及未来福祉产生长远的影响。目前，中国大学生的生活方式如何？这些生活方式在大学期间是如何形成及发展变化的？它们对大学生的健康状况产生了怎样的影响？对于这些问题的探讨具有重要的理论和现实意义。本章利用“首都大学生成长追踪调查”第一期至第四期的有关数据，试图考察首都大学生的生活方式现状、变化轨迹及其与健康状况的关系。

第1节　大学生的生活方式

从人的生命周期历程来看，大学是培养良好生活习惯的关键时期，这对大多数刚刚踏出家门、开始尝试独立生活的中国大学生来说尤为如此。本节主要从吸烟、饮酒、作息习惯、时间安排、社会交往等方面反映首都大学生的生活方式及其在整个大学阶段的发展变化。

考虑到2008级的大学生在基期调查时正值大一，前四次调查正好完整地呈现了他们大学本科生活的各个阶段，因此本章将分析对象限定为2008级的调查样本。考虑到大学不同阶段生活方式及健康状况变化轨迹的可比性，以下的分析仅使用在前四次调查中均成功访问的样本数据。基期样本中2008级大学生共有2 473人，前四次调查都成功追踪的样本为2 141人，约占基期样本的87%。

一、大学生的吸烟、饮酒和睡眠习惯

大学生中吸烟者所占比例总体较低，但呈明显上升趋势。首都大学生在大学生活开始之初吸烟者极少。2009年的基期调查显示，时为大一新生的2008级学生中仅有3.6%的被访者回答曾经有经常抽烟的习惯，其中现行吸烟者的比例甚至不足3%。然而，值得警惕的是，随着个人年龄的成长和大学生活的延伸，首都大学生中现行吸烟者所占比例不断攀升（如图2—1所示）。在基期调查中，2008级大学生中现行吸烟者所占比例仅为2.9%；第二次追踪调查时，这些学生已经升入大二，他们中现行吸烟者所占比例将近翻了一番，达到5.5%；第三次调查对应于这些学生大三时的情况，现行吸烟者所占比例进一步上升至7.3%；第四次调查时2008级的大学生即将（或刚刚）毕业，这时该群体中现行吸烟者所占的比例已经高达8.2%，远远高于他们初入大学时的水平。这一变化趋势表明，有不少大学生是在升入大学之后才养成吸烟习惯的。

在整个大学期间，除了吸烟者所占比例明显上升之外，现行吸烟者平均每天的吸烟量也在增加。图2—1还展示了2008级被访大学生中现行吸烟者平均每天的吸烟量。大一时，现行吸烟者中平均每人每天大概吸4.5支烟；到大二时，这一数字上升为4.8支；在大三稍有下降，平均为4.7支；大四时，现行吸烟者平均每天的吸烟量进一步上升到5.1支。

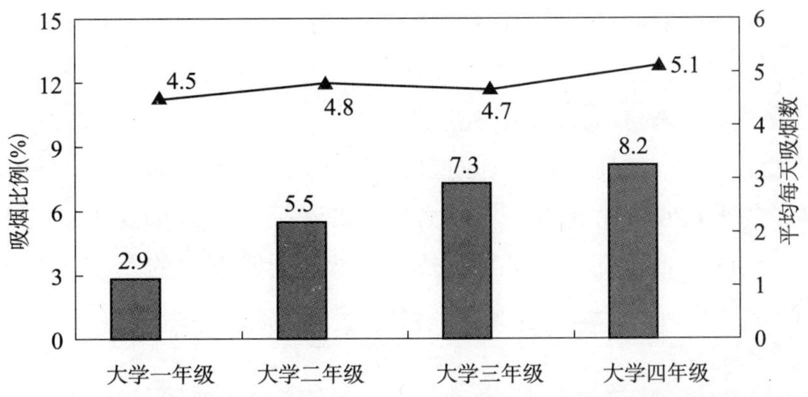

图 2—1　2008 级首都大学生现行吸烟者所占比例及其吸烟量的变化趋势

大学男生吸烟比例远远高于女生。从分性别的情况看，大学男生的吸烟比例远远高于女生。如图 2—2 所示，在被调查的 2008 级大学男生中，大一至大四现行吸烟者所占的比例分别为 5.0%、9.7%、11.9%和 13.5%，而女生现行吸烟者的相应比例则分别为 0.5%、0.9%、2.4%和 2.4%。由此可见，男性是烟民的主体，这在大学生群体中也不例外。尽管关于吸烟有害健康的社会宣传以及公共场所禁止吸烟的规定在我国已经实施了相当长的一段时间，被调查的首都高校男生中，大四毕业时平均每七个人中就有一个现行吸烟者。这表明，公共卫生领域关于禁烟控烟的斗争形势依然严峻；考虑到吸烟行为对本人健康的不利影响及其对周围人群健康的负外部效应，对吸烟行为发生的高危人群采取有针对性的引导和干预措施极为必要。

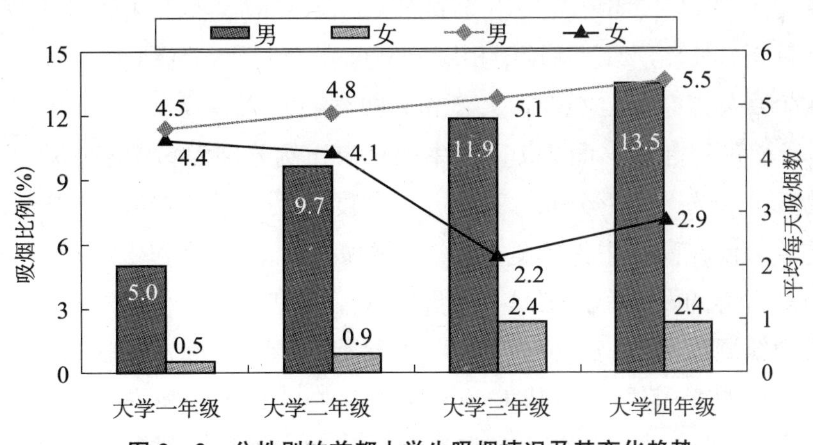

图 2—2　分性别的首都大学生吸烟情况及其变化趋势

大学新生中，来自农村的大学生吸烟比例较高，但随着时间的推移，来自城镇的大学生吸烟比例增长更快，并最终超过农村生源大学生。根据被调查对象入学前的户口状况，将 2008 级大学生分为农村和城镇两种不同的来源地。如图 2—3 所示，在大一时，来自农村的大学生吸烟比例略高于来自城镇的大学生，前者约为3.9%，后者约为2.5%。在大学四年期间，无论生源地为城镇或农村，大学生的吸烟比例都持续上升；来自城镇的大学生吸烟比例上升的速度明显更快。到大四时，城镇生源的大学生吸烟的比例已经超过农村大学生，二者分别为8.3%和7.9%。

从吸烟者的平均吸烟量来看，城镇大学生的吸烟量一直都高于农村大学生。这可能与在大学期间二者所拥有的经济支持和消费能力等方面的差异有关。

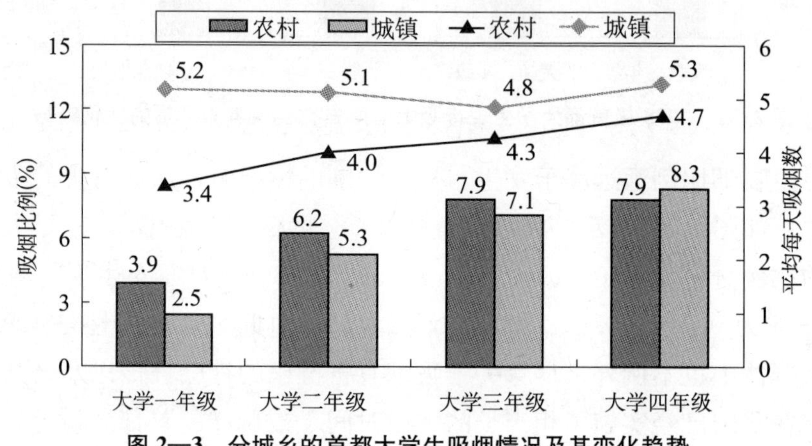

图2—3 分城乡的首都大学生吸烟情况及其变化趋势

非211院校大学生吸烟比例高于211院校大学生。从不同的学校类型来看，如图2—4所示，非211院校的大学生吸烟情况明显比211院校更加严重。大一时，非211院校的2008级大学生中现行吸烟者所占比例为5.0%，而211院校大学生中相应比例仅为1.7%；二者相差3.3个百分点。大二时，非211院校中现行吸烟者所占比例上升至8.4%，211院校中相应比例也有所上升，达到4.0%；二者的差距扩大到4.4个百分点。与之类似，大三和大四时，非211院校中现行吸烟者所占比例分别为9.8%和11.0%，而211院校中的相应比例分别为6.0%和6.7%；二者的差距分别为3.8和4.3个百分点。这在一定程度上反映了学校环境对于大学生行为方式的影响。如何在高校中倡导积极向上、健康乐观的学习和生活氛围对于有效控制大学生吸烟行为的发生和发展具有重要意义。

大学生中饮酒比例较高，且呈不断攀升趋势。调查中问及了被访者在过去一年的饮酒情况。如图2—5所示，从大一至大四，2008级大学生在过去一年中曾经饮酒的比例均大于3/4，且呈逐年上升之势。大一时，被调查对象回答过去一年曾经饮酒的比例为77.6%，这一比例在大二时上升为79.2%，大三时为82.5%，到大四时这一比例已经接近90%。

出于社交礼节需要或其他原因偶尔饮酒，或少量饮酒对身体的伤害往往较为有

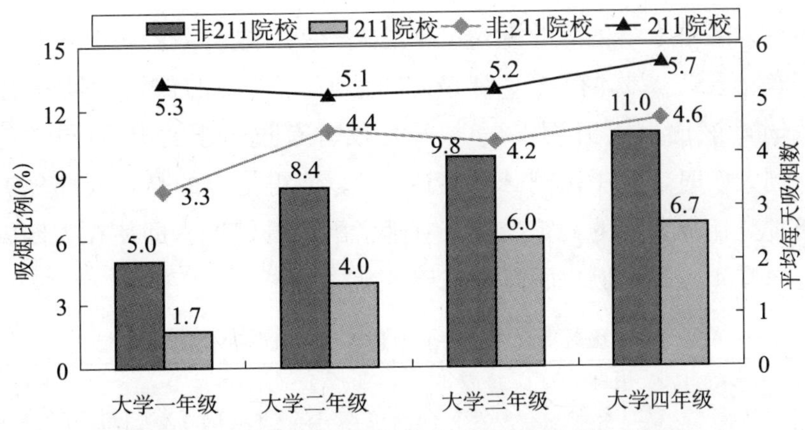

图 2—4　分院校的首都大学生吸烟情况及其变化趋势

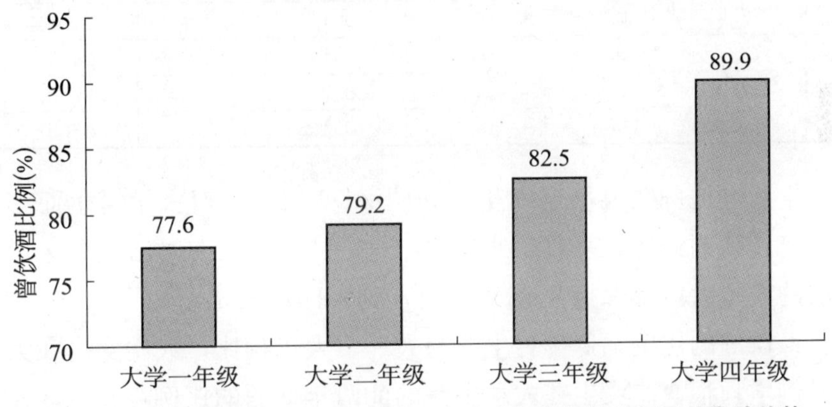

图 2—5　2008 级首都大学生在过去一年中曾经饮酒的比例及其变动趋势

限。但作为生活方式的一个侧面，饮酒和醉酒的频率对个人健康往往有着不同的含义。表 2—1 和表 2—2 分别给出了大学不同阶段曾经在过去一年饮酒的被调查对象中饮酒和醉酒的频率。总体来说，首都大学生中酗酒的问题并不严重，大部分学生的饮酒行为只是偶尔为之，每月 1～2 次。不过随着年级的增长，饮酒次数不断增加（每周 1～2 次或更频繁）。大一时，曾经饮酒的大学生中饮酒频率在每周 1～2 次甚至更多的比例不足 4%，到大四时，相应比例已经达到 8%，后者比前者增长了一倍以上。

表 2—1　　　　2008 级首都大学生的饮酒频繁程度及其变化趋势

年级	几乎每天 1 次（%）	每周 3～4 次（%）	每周 1～2 次（%）	每月 1～2 次（%）	每月不超过 1 次（%）	样本数（人）
大学一年级	0.1	0.2	3.3	21.8	74.6	1 660
大学二年级	0.1	0.4	3.1	21.8	74.8	1 700
大学三年级	0.6	0.5	4.0	24.1	70.9	1 459
大学四年级	0.4	0.9	6.7	28.9	63.1	1 924
合计	0.3	0.5	4.4	24.3	70.6	6 743

与此同时，随着大学生活的深入，在过去一年有过醉酒经历的大学生比例也在显著上升（参见表2—2）。在大一时，大约仅有17.5%的被访者回答有过醉酒经历；到大二时，该比例上升至22.6%；大三时有过醉酒经历的同学超过了1/4（26.3%）；到大四时，这一比例已经高达1/3。值得指出的是，大部分被访大学生的醉酒经历都是比较零星的，很少有人有经常醉酒的情况。即使在大四的时候，平均醉酒超过每月1次的比例也不过略高于2%。

表2—2　　2008级首都大学生的醉酒频繁程度及其变化趋势

年级	从未醉过（%）	几乎每天1次（%）	每周3～4次（%）	每周1～2次（%）	每月1～2次（%）	每月不超过1次(%)	样本数（人）
大学一年级	82.5	0	0	0.1	0.7	16.6	1 659
大学二年级	77.4	0	0	0.1	0.8	21.8	1 700
大学三年级	73.7	0.1	0	0.1	1.3	24.9	1 764
大学四年级	67.0	0	0.1	0.2	2.0	30.8	1 924
合计	74.8	0	0	0.1	1.2	23.8	7 047

大学男生饮酒比例明显高于女生。如图2—6所示，对大学男生而言，在过去一年中曾经有过饮酒经历几乎是普遍现象。这一比例在大一时已经高达88.2%，并在大学生活的其他阶段都保持在90%以上，到大四时甚至超过了95%。相对而言，大学女生曾经饮酒的比例远低于男生。与大一、大二相比，大学女生在大三、大四时饮酒的比例增长很快。女生在大学生活的前两年饮酒的比例均在2/3左右，而后两年这一比例迅速提高到72.5%和83.5%。

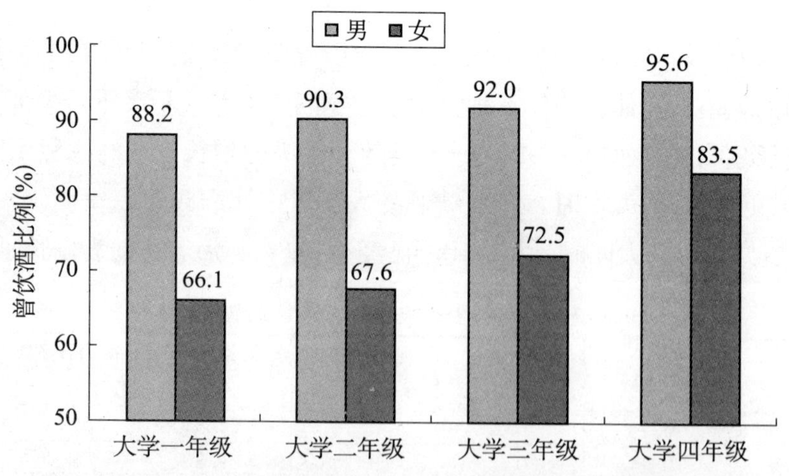

图2—6　分性别的首都大学生过去一年曾经饮酒的比例及其变化趋势

与曾经饮酒的情形相似，被访大学女生饮酒和醉酒的频繁程度远远低于大学男生。如表2—3所示，在有饮酒经历的大学生中，男生饮酒比较频繁（至少每周1～

2次）的比例在大一、大二时尚比较低，均在5%左右，但是到大四时，已经有超过12%的大学男生饮酒较为频繁。而对于曾经有过饮酒经历的大学女生而言，即便到大四时频繁饮酒的比例也不超过3%。从醉酒的情况来看（见表2—4），性别差异同样突出。虽然从大一至大四，男女生中有过醉酒经历的比例均持续上升，如男生大一时有相应醉酒经历的不足1/4（23.9%），到大四时这一比例已经上升至将近一半（45.6%），女生的相应比例则从不足10%上升到了大约17%。女生醉酒比例的最高值，仍然远低于男生醉酒比例的最低值。

表2—3　　分性别的首都大学生饮酒的频繁程度及其变化趋势

	几乎每天1次（%）	每周3～4次（%）	每周1～2次（%）	每月1～2次（%）	每月不超过1次（%）	样本数（人）
男生						
大一	0.1	0.4	4.6	29.2	65.8	988
大二	0.1	0.4	4.8	30.1	64.5	1 012
大三	0.6	0.8	4.7	31.5	62.4	931
大四	0.7	1.5	9.9	39.7	48.3	1 072
合计	0.4	0.8	6.1	32.8	60.0	4 003
女生						
大一	0.0	0.0	1.3	11.0	87.7	672
大二	0.0	0.3	0.4	9.5	89.8	688
大三	0.4	0.0	2.7	11.0	86.0	528
大四	0.1	0.1	2.7	15.4	81.7	852
合计	0.1	0.1	1.8	12.0	86.0	2 740

表2—4　　分性别的首都大学生醉酒的频繁程度及其变化趋势

	从未醉过（%）	几乎每天1次（%）	每周3～4次（%）	每周1～2次（%）	每月1～2次（%）	每月不超过1次（%）	样本数（人）
男生							
大一	76.1	0.0	0.0	0.2	1.1	22.6	988
大二	70.1	0.0	0.0	0.1	1.3	28.5	1 013
大三	63.6	0.0	0.0	0.1	2.1	34.3	1 026
大四	54.4	0.0	0.1	0.4	3.2	42.0	1 072
合计	65.8	0.0	0.0	0.2	1.9	32.1	4 099
女生							
大一	92.0	0.0	0.0	0.0	0.2	7.9	671
大二	88.1	0.0	0.0	0.0	0.2	11.8	687
大三	87.8	0.1	0.0	0.0	0.3	11.8	738
大四	82.9	0.0	0.0	0.0	0.5	16.7	852
合计	87.4	0.0	0.0	0.0	0.3	12.3	2 948

大学新生中农村生源的大学生饮酒比例略高于城镇大学生，不过二者的行为迅速趋同。从分城乡的情况来看，如图2—7所示，大一时来自农村的大学生在过去

一年曾经饮酒的比例为 80.1%，而来自城镇的大学生的相应比例为 76.7%，前者略高于后者。在大学四年期间，城乡大学生曾经饮酒的比例都有所上升，不过来自城镇的大学生的上升速度略快于来自农村的大学生。因此，到大四时二者之间的差异已经微乎其微。来自农村的大学生在过去一年曾经饮酒的比例上升至 90.1%，城镇生源的大学生中曾经饮酒的比例也达到 89.8%。

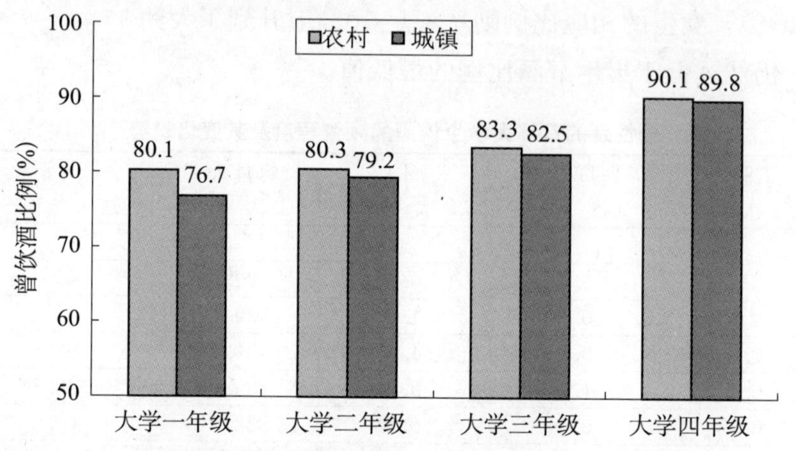

图 2—7　分城乡的首都大学生过去一年曾经饮酒的比例及其变化趋势

是否为 211 院校的大学生，曾经饮酒的比例差异不大，但饮酒的频繁程度差距明显。如图 2—8 所示，无论就读的院校是否为 211 院校，随着时间的推移，大学生汇报在过去一年中曾经饮酒的比例都在上升，其中 211 院校的大学生相应比例上升趋势还略高于非 211 院校的大学生。与之相对，在曾经饮酒的大学生中，非 211 院校的学生饮酒比较频繁（每周 1～2 次及以上）的比例却高于 211 院校的学生（见表 2—5）。类似地，非 211 院校大学生有过醉酒经历的比例高于 211 院校大学生，频繁醉酒的情况也更突出一些（见表 2—6）。

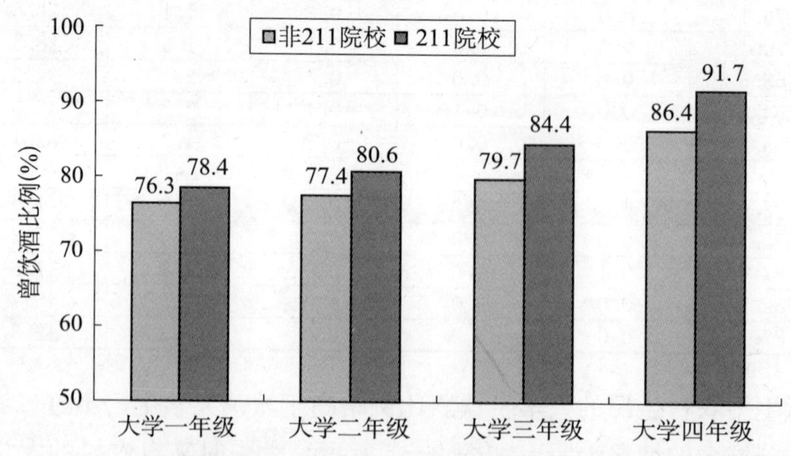

图 2—8　分院校的首都大学生过去一年曾经饮酒的比例及其变化趋势

表 2—5　　分院校的首都大学生饮酒的频繁程度及其变化趋势

	几乎每天1次（%）	每周3～4次（%）	每周1～2次（%）	每月1～2次（%）	每月不超过1次（%）	样本数（人）
非 211 院校						
大一	0.0	0.2	5.1	25.7	69.1	569
大二	0.0	0.4	5.2	23.0	71.5	578
大三	0.4	0.9	5.3	26.4	67.0	469
大四	0.3	0.8	7.9	26.9	64.1	646
合计	0.2	0.5	6.0	25.5	67.8	2 262
211 院校						
大一	0.1	0.3	2.3	19.8	77.5	1 091
大二	0.1	0.4	2.0	21.1	76.5	1 122
大三	0.6	0.3	3.3	22.9	72.8	990
大四	0.5	0.9	6.1	29.9	62.6	1 278
合计	0.3	0.5	3.5	23.7	72.0	4 481

表 2—6　　分院校的首都大学生醉酒的频繁程度及其变化趋势

	从未醉过（%）	几乎每天1次（%）	每周3～4次（%）	每周1～2次（%）	每月1～2次（%）	每月不超过1次（%）	样本数（人）
非 211 院校							
大一	81.2	0.0	0.0	0.0	1.1	17.8	568
大二	76.4	0.0	0.0	0.2	1.9	21.5	577
大三	71.2	0.0	0.0	0.0	1.5	27.3	594
大四	68.6	0.0	0.0	0.6	1.6	29.3	646
合计	74.1	0.0	0.0	0.2	1.5	24.2	2 385
211 院校							
大一	83.2	0.0	0.0	0.2	0.6	16.0	1 091
大二	77.8	0.0	0.0	0.0	0.3	21.9	1 123
大三	75.0	0.1	0.0	0.1	1.2	23.7	1 170
大四	66.2	0.0	0.1	0.0	2.2	31.5	1 278
合计	75.2	0.0	0.0	0.1	1.1	23.6	4 662

大学生中晚睡的情况比较普遍，不少学生存在睡眠时间不足的问题。与吸烟和饮酒的状况不同，“首都大学生成长追踪调查”只在基期询问了被访者的睡眠情况，因此这里无法考察整个大学期间大学生睡眠习惯的变化。由基期的调查结果来看，大学生普遍习惯于晚睡，部分学生存在睡眠时长不足的问题。如图 2—9 所示，绝大多数学生一般从晚上 11 点或 12 点开始睡觉，两者所占比例分别为 34%和 52%，还有将近 13%的同学平时要等到凌晨 1 点甚至更晚才开始睡觉。这在一定程度上揭示了大学生作息规律的基本特征及其潜在的健康影响。

由每个被访大学生平时起床时间减去平时入睡时间，可以得出每个大学生的睡眠时长。分析样本中被访大学生的平均睡眠时长为 7.4 小时。大部分大学生平时每天会睡 7～8 个小时，占分析样本的 82.4%；但也有超过 10%的学生平均休息的时间过短，每天睡眠时间在 6 个小时或以下。

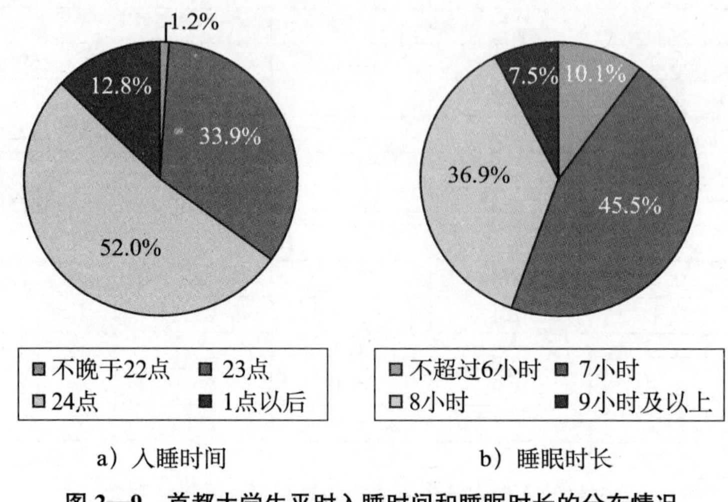

a）入睡时间　　　　b）睡眠时长

图 2—9　首都大学生平时入睡时间和睡眠时长的分布情况

二、大学生的社会交往与社团参与情况

大学阶段不仅仅是个人生活习惯养成的关键时期，同时也是个人开始独立构建社会关系、参与社会生活的重要时期。因此，大学时代的社会交往和社团参与情况为我们考察大学生的生活方式提供了另一个重要场域。

与大一时相比，大学四年后被访者的社会交往范围明显扩大。“首都大学生成长追踪调查”针对大学生活中的社会交往情况在基期和第四次调查时分别询问了被访者与宿舍同学、班上同学、本班以外其他同学、学生干部、任课老师、院系领导、院系团委老师、学校团委老师，以及学校职能部门老师的关系密切程度。这些信息在一定程度上反映了被访大学生主要的社会交往情况。

如表 2—7 所示，与大一时相比，被访者大四时与宿舍同学的关系密切程度有所下降，但是与其他同学和学校老师的密切程度上升。在大一时，有 56%的被访学生表示自己与宿舍同学的关系非常密切，而到大四时，这一比例下降至 50.7%；相应地，大四时表示与宿舍同学关系比较不密切或很不密切的比例较大一时有所上升。除此之外，在与其他同学和老师的关系密切程度方面，大四时的情况普遍优于大一时的情况。例如，大一时表示与班上同学关系非常密切的比例为 11.2%，到大四时这一比例上升为 13.3%；大一时表示与任课老师关系非常密切的比例为 2%，到大四时该比例上升为 3.8%。总体来看，即便到大四时，大多数被访大学生与学校各类老师的社会交往和联系仍然低得可怜，这种师生关系的淡漠无疑与大学人才全面培养的发展方向不相吻合，不利于大学生综合素质的全面发展。如何在课堂内外加强师生之间的交流，不仅关系着大学教学质量的有效提高，而且也对大学生在知识、身心、社会化等方面的健康成长有着重要的长期影响。

表 2—7　　首都 2008 级大学生在大一和大四时社会交往的密切程度（%）

	1. 很不密切	2. 比较不密切	3. 一般	4. 比较密切	5. 非常密切
与宿舍同学					
大一	0.7	2.4	7.8	33.2	56.0
大四	1.4	3.2	12.2	32.5	50.7
与班上同学					
大一	1.4	6.6	33.1	47.7	11.2
大四	2.2	8.5	33.9	42.2	13.3
与本班以外其他同学					
大一	6.3	21.0	41.0	26.8	5.0
大四	6.7	19.5	41.0	27.0	5.7
与学生干部					
大一	9.8	22.2	37.9	26.1	4.0
大四	11.1	23.1	39.1	21.9	4.8
与任课老师					
大一	18.3	35.2	32.4	12.1	2.0
大四	14.0	27.7	37.6	16.9	3.8
与院系领导					
大一	51.0	28.5	15.3	4.4	0.7
大四	39.2	28.6	22.5	8.0	1.7
与院系团委老师					
大一	49.2	28.3	15.4	6.2	1.0
大四	36.7	27.5	23.0	10.1	2.7
与学校团委老师					
大一	62.3	24.2	9.8	2.6	1.1
大四	49.0	26.5	17.8	5.4	1.4
与学校职能部门老师					
大一	62.7	23.5	10.5	2.6	0.8
大四	44.9	27.1	20.7	6.1	1.1

大学生对社团参与非常积极，投入社团活动的时间以大二、大三时为最多。调查中还问及了大学生参与社团的数量和平均每周投入的时间。其中前一个问题只在基期进行了收集，后一个问题则每次调查都有所涉及。

图 2—10 显示了大学生在大一时参与的社团数量。大学新生参与社团的热情非常高，分析样本中，平均每个学生参与了 2.4 个社团。从分性别的情况来看，女生

参与社团的热情高于男生，前者平均参与社团的数量为 2.6 个，后者则为 2.3 个。从生源地的城乡差异来看，来自城镇的大学生参与社团的平均数量为 2.5 个，略高于来自农村的大学生（平均为 2.2 个）。从院校的情况来看，211 院校的学生参与社团的数量高于非 211 院校的学生，两者参与社团的平均数量分别约为 2.6 个和 2.2 个。

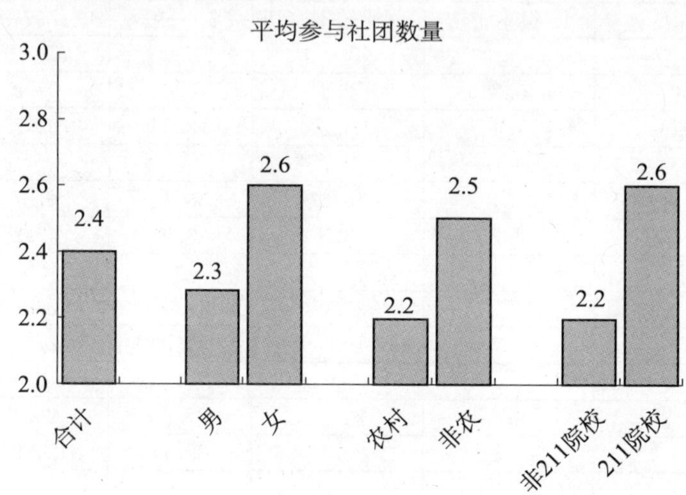

图 2—10　首都大学生大一时参与社团的情况

从投入社团活动的时间来看，在整个大学期间每个大学生平均每周参与社团活动的时间都在 4 个小时以上，并且大二、大三时参与时间明显比大一和大四时更多。例如，本项调查结果显示（见表 2—8），大一时每位同学平均每周参与社团活动的时长为 4.3 小时，这一数字在大二和大三时分别上升为 4.8 和 5.0 小时，到大四时又有所下降（不足 4.6 小时）。值得指出的是，这一变动趋势存在明显的性别、城乡和院校差异。上述先升后降的趋势主要反映了男生在大学各阶段的变化趋势；与之相比，女生平均参与社团活动的时间从大一到大四持续增加。如表 2—8 所示，大四女生平均每周参与社团活动的时间已经高达 5.5 小时，而同一阶段男生参与社团活动的时长仅为 3.7 小时。来自城镇的大学生参与社团活动的时间先增后减，但是农村大学生参与社团活动的时间却是持续上升。在大一时，来自农村的大学生每周参与社团活动的时间平均不足 4 小时，比城镇生源的大学生的相应时间约少 0.5 小时；到大四时，农村生源的大学生平均每周参与社团活动的时间已经上升至 5.8 小时，比城镇大学生多将近 2 小时。类似地，211 院校的学生参与社团活动的时间经历了一个先增后减的变化过程，但是非 211 院校的学生参与社团活动的时间却是逐年上升，到大四时平均每人每周的参与时间超过了 5.8 小时。

表 2—8　　首都大学生平均每周参与社团活动的时间　　单位：小时

	合计	性别		生源地		学校类型	
		男	女	农村	城镇	非 211	211
大学一年级	4.33	4.21	4.45	3.98	4.46	3.80	4.61
大学二年级	4.76	4.64	4.90	4.84	4.73	4.83	4.73
大学三年级	4.96	4.82	5.12	5.72	4.67	5.28	4.80
大学四年级	4.56	3.72	5.49	5.82	4.08	5.81	3.90

第 2 节　大学生的身体和心理健康状况

一、大学生自报的身高、体重及其变化

在“首都大学生成长追踪调查”的前四期，我们先后两次询问了被访者的身高和体重情况。第一次是在基期，对应于 2008 级大学生的大一下学期；第二次是在第四期调查时，即 2008 级大学生即将毕业时。

大学阶段身高和体重变化不明显。从身体发育的生物规律来看，由于大部分学生在上大学时已经经历了身体发育的高峰期，大学四年期间身高和体重的变化较小。从两次自报的身高和体重情况来看，被访大学生的平均身高略有增长，平均体重则略有下降。被调查对象在大一时的平均身高为 169.2 厘米，平均体重为 59.2 公斤；大四时平均身高和体重则分别变化为 169.5 厘米和 57 公斤。

从分性别的情况来看，如图 2—11 所示，男生的平均身高大约比女生高 12 厘米，大一至大四这种差异相当稳定。大学期间无论男女生，平均体重都有所下降，女生平均体重下降的幅度更大一些。与大一时的 65.3 公斤相比，大四时男生的平均体重下降至 63.7 公斤，下降了约 1.6 公斤；同期，女生的平均体重从 52.5 公斤下降到 49.6 公斤，下降了约 2.9 公斤。由于本调查收集和使用的体重数据来自被访者的自报而非客观的体测结果，这一差异究竟在多大程度上反映了大学期间男女生在控制体重行为方面的真实差别？是否受随着年龄增长男女生在报告体重时的态度和行为差异的影响？这仍有待于进一步数据的佐证。

从分城乡和分院校的情况来看，大学期间身高和体重的变化基本与总样本的情况一致，这里不再赘述。

大学期间大学生的体质指数有所变差，体重过轻者和超重者所占比例均呈上升之势。根据大学生自报的身高和体重信息，我们可以计算每个被访者的体质指数

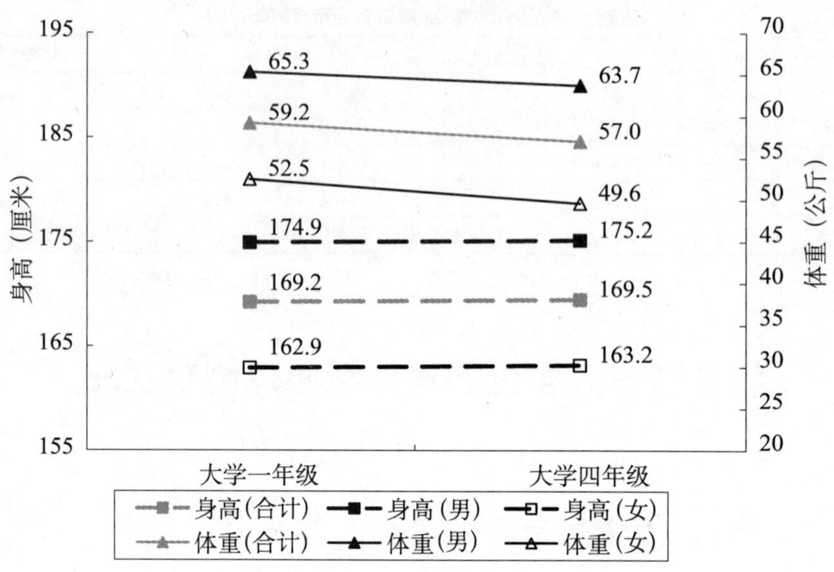

图 2—11　首都大学生大学期间身高和体重的变化情况

(body mass index，BMI)。按照世界卫生组织（WHO）推荐的有关标准，我们将 BMI 低于 18.5 定义为体重过轻，在 18.5～23.9 之间为正常，24～27.9 之间为超重，在 28 及以上为肥胖。

与大一时相比，被调查大学生大四时体重过轻者和超重者所占的比例均明显上升，体重正常者所占比例则大幅下降。如表 2—9 所示，按照上述 BMI 的分组标准，大一时体重正常的被访者所占比例达到 72%，但是到大四时这一比例仅略高于 60%，四年期间下降了超过 10 个百分点。与此同时，体重过轻者所占比例从大一时的 19%上升到了大四时的 28%；体重超重者和肥胖者所占比例从大一时的不足 9%上升到了大四时的 11%。

从分性别的情况来看，男生体重过轻和超重的问题都比较突出，而女生则主要集中表现为体重过轻者所占比例大幅增加。与大一时相比，大四时男生体重过轻和超重的比例都呈上升趋势，其中前者上升了近 7 个百分点，后者也上升了近 4 个百分点。女生的情况则截然不同，大学期间体重过轻者所占的比例上升超过 10 个百分点，而超重和肥胖的比例不但没有增加，甚至略有下降。

从分城乡生源地的情况来看，来自城镇的大学生中无论是体重过轻者还是超重者所占的比例均高于农村大学生。二者之间的差异在整个大学期间保持相对稳定。

从分院校的情况来看，非 211 院校大学生中体重过轻者和超重者所占的比例均高于 211 院校大学生。尤其是非 211 院校中大学期间体重过轻者所占比例上升很快，从大一时的 19.6%上升到了大四时的 31.0%。

表 2—9　　　　　　　首都大学生体质指数（BMI）的分布情况及其变化

	体重过轻（%）	正常（%）	超重（%）	肥胖（%）	样本数（人）
合计					
大一	19.3	72.1	7.2	1.5	2 139
大四	27.6	61.8	8.8	1.9	2 141
男生					
大一	11.7	75.0	10.8	2.5	1 121
大四	18.4	63.6	14.6	3.4	1 121
女生					
大一	27.6	68.9	3.1	0.4	1 018
大四	37.8	59.7	2.4	0.2	1 020
农村					
大一	17.6	76.1	5.0	1.3	598
大四	26.6	65.7	6.5	1.2	598
城镇					
大一	19.9	70.5	8.0	1.6	1 541
大四	28.0	60.2	9.7	2.1	1 543
非 211 院校					
大一	19.6	69.6	8.9	2.0	746
大四	31.0	57.6	9.6	1.7	748
211 院校					
大一	19.1	73.4	6.3	1.2	1 393
大四	25.8	64.0	8.3	1.9	1 393

二、大学生的自评健康状况及其变化

在四次调查中，我们都要求被访大学生对自己的总体健康状况进行打分（分值从 0 到 100 分，其中 100 分代表“最健康”），表 2—10 给出了 2008 级大学生在整个大学期间自评健康得分的变化轨迹。总体来看，大学生自评健康平均得分在整个大学阶段围绕 80 分左右略有波动，以大二时最高（平均得分为 81.5 分），大三时最低（平均得分为 77.9 分）。

从分性别的情况来看，女生的自评健康得分在大学各个阶段均略高于男生，二者随时间变化趋势与总样本相似，呈波动态势。从分城乡生源地的角度来说，农村生源的大学生自评健康得分明显高于来自城镇的大学生。整个大学期间，城镇大学生平均自评健康得分的最高值仅略高于农村大学生相应得分的最低值。此外，非 211 院校和 211 院校的大学生自评健康得分大体相当，大学四年期间始终不存在明显差异。

表 2—10　　首都大学生大学期间自评健康得分的变化趋势

	合计	性别		生源地		学校类型	
		男	女	农村	城镇	非 211	211
大学一年级	80.5	80.4	80.6	82.0	80.0	80.3	80.7
大学二年级	81.5	81.1	81.9	82.5	81.1	81.4	81.5
大学三年级	77.9	77.8	78.0	80.0	77.1	77.7	78.0
大学四年级	80.7	80.0	81.5	81.9	80.3	80.8	80.7

三、大学生的心理健康状况及其变化

除了对总体健康状况的自我评价之外，各期“首都大学生成长追踪调查”还收集了一个包括 42 项的抑郁、焦虑和压力量表（depression，anxiety and stress scale，DASS)，用以反映被访大学生的心理健康状况。为了简便起见，我们将 42 个项目的得分进行加总，总分越高表示被访者心理抑郁、焦虑和压力的情况越严重。

根据调查结果，如表 2—11 所示，大学生心理健康状况最大的变化就是在大四时，心理抑郁、焦虑、压力的情况迅速上升。这可能与目前大学毕业生普遍面临的就业压力有直接的关系。除了大四之外，大学其他阶段学生的心理健康状况均相对稳定，变化甚微。

从分性别的情况来看，大学男生和女生的心理健康状况差异不明显。在大学前三年，男生的心理健康状况略好于女生（即前者 DASS 量表的得分低于后者），而到大四时女生的心理健康状况则略好于男生。从分城乡的角度来看，大学前三年农村大学生的心理健康状况略好于城镇大学生，不过到大四时二者所呈现的心理健康得分迅速趋同。从分院校的情况来看，在大一时非 211 院校大学生的心理健康状况略好于 211 院校的大学生，但在大二、大三，非 211 院校大学生的心理健康状况不如 211 院校的大学生，表现为前者 DASS 量表的平均得分比后者高。

表 2—11　　首都大学生大学期间心理健康状况的变化趋势

	合计	性别		生源地		学校类型	
		男	女	农村	城镇	非 211	211
大学一年级	27.6	27.0	28.3	26.9	27.9	27.3	27.8
大学二年级	28.4	27.9	29.0	27.7	28.7	28.8	28.2
大学三年级	27.6	27.5	27.7	26.4	28.0	27.9	27.4
大学四年级	63.8	63.9	63.8	63.8	63.9	64.3	63.6

第 3 节　大学生生活方式与健康状况的关系

前两节分别考察了大学生的生活方式与健康状况及其随时间变化的趋势，本节通过拟合回归模型来分析二者之间的关系。具体地说，本节以大学生的自评健康得分、心理健康、BMI 等指标作为因变量，以被访者的生活方式为自变量，通过控制被访者的个人和学校特征（包括性别、城乡生源地、院校类型），拟合相应模型检验大学生生活方式对健康状况及其动态变化轨迹的影响。

一、大学生生活方式与自评健康的关系

根据“首都大学生成长追踪调查”数据的特点，我们对大学四年被访者自评健康得分的变化拟合增长曲线模型（growth curve model）。也即，模型以大学四年被访者的自评健康得分为因变量，考察它随时间的变化轨迹以及其他因素对其得分高低和变化模式的影响。

这里的时间（t）以大一为零点，以年为单位。也即，大二、大三、大四对应的时间取值分别为（t=1，2，3）。考虑到上一节中自评健康得分随时间变化的非线性特征，模型中还包括了时间（t）的平方项。

在第 1 节所讨论的关于大学生生活方式的变量中，由于只有吸烟和饮酒的情况历次调查都进行了询问，因此在本分析中模型只包括了针对这两个方面的生活方式的测量。除此之外，模型还控制了被访者的性别、城乡来源地以及院校类型。相应变量的具体测度和统计分布情况参见表 2—12。

表 2—12　　相关变量的具体测度与统计分布情况

变量名	测度方式	均值/比例	标准差	样本数（人）
自评健康得分	历次调查中被访者对自身健康状况的打分（0～100 分，100 代表最健康）	80.16	11.12	8 564
心理健康	DASS 量表得分的加总，分数越高表示心理健康状况越差	36.91	23.75	8 564
体重过轻	BMI 小于 18.5 时取值为 1，否则为 0	0.23	—	4 280
超重	BMI 大于等于 24 时取值为 1，否则为 0	0.10	—	4 280
时间（t）	大学年级（大一＝0；大二＝1；大三＝2；大四＝3）	1.50	1.12	8 564
吸烟	目前是否吸烟？（是＝1；否＝0）	0.06	—	8 554

续前表

变量名	测度方式	均值/比例	标准差	样本数（人）
饮酒	过去一年是否饮酒？（是=1；否=0）	0.82	—	8 550
性别	男性=1；女性=0	0.52	—	2 141
城镇户口	入学前的户口状况（城镇户口=1；农村户口=0）	0.72	—	2 141
211 院校	所在院校是否为 211 院校？（是=1；否=0）	0.65	—	2 141

表 2—13 给出了关于大学生自评健康得分的增长曲线模型拟合结果。其中模型 1.1 是一个简单的随机截距模型；模型 1.2 在模型 1.1 的基础上允许不同个体的增长曲线（也即时间和时间的平方项），具有随机效应；模型 1.3 在模型 1.2 的基础上进一步加入个体特征与时间的交互项，以检验和解释不同个体增长曲线的差异。

由模型 1.1 的结果可以看出，时间（t）和时间的平方项对应的回归系数均非常显著且符号相反，显示了被访首都大学生自评健康得分在整个大学阶段先降后升的波动特征。从生活方式与自评健康得分的关系来看，吸烟行为对自评健康状况具有显著的负效应。给定模型中其他变量的取值，吸烟者的自评健康得分平均比非吸烟者低 3 分左右。在过去一年中是否饮酒对大学生自评健康得分不具有显著影响。这可能跟大学生的很多饮酒行为是出于社交应酬的需要而偶尔为之有关，由于相应行为并不等同于被访者具有酗酒的习惯，偶尔饮酒往往对健康不产生明显的不利影响。由第 1 节的讨论我们知道，在大学生群体中酗酒的现象非常罕见，这也进一步解释了被访大学生目前的饮酒行为对健康不具有显著影响的研究发现。

模型中的控制变量显示，来源地为城镇的大学生自评健康得分显著低于农村生源的大学生。这既有可能反映了两个群体之间真实的健康差异，也有可能与城乡生源的大学生对健康具有不同的认识和评价准则有关。

模型 1.2 的结果显示，首都大学生自评健康得分的增长曲线在个体层次上具有明显的差异，表现为时间（t）及其平方项的随机效应非常显著。因此，在模型 1.3 中，我们进一步考察大学生个体特征对自评健康得分增长曲线本身的影响。不过，模型 1.3 的结果显示，大学生性别、城乡来源地以及所属院校均无法有效解释这种增长曲线在个体间的变动性，相应回归系数都未能达到统计显著性水平。

表 2—13　　关于首都大学生大学期间自评健康得分的增长曲线模型

变量名	模型 1.1	模型 1.2	模型 1.3
时间（t）	−1.59	−1.60	−1.36
	[0.27]**	[0.27]**	[0.66]*
时间的平方	0.45	0.45	0.45
	[0.09]**	[0.09]**	[0.21]*

续前表

变量名	模型 1.1	模型 1.2	模型 1.3
吸烟	−3.14	−3.10	−3.05
	[0.54]**	[0.55]**	[0.55]**
饮酒	0.21	0.21	0.17
	[0.31]	[0.31]	[0.31]
男性	−0.62	−0.60	−0.41
	[0.38]	[0.38]	[0.48]
城镇户口	−2.08	−2.08	−1.91
	[0.42]**	[0.42]**	[0.53]**
211 院校	0.32	0.33	0.47
	[0.40]	[0.40]	[0.50]
截距	82.59	82.58	82.29
	[0.52]**	[0.52]**	[0.61]**
时间×男性			0.26
			[0.54]
时间×城镇户口			−0.41
			[0.60]
时间×211 院校			−0.12
			[0.57]
时间平方×男性			−0.17
			[0.17]
时间平方×城镇户口			0.12
			[0.19]
时间平方×211 院校			0.01
			[0.18]
$\sigma_{第二层截距}$	2.04	−0.29	−0.29
	[0.02]**	[0.30]	[0.31]
$\sigma_{时间(t)}$		−15.30	−16.01
		[0.46]**	[0.50]**
$\sigma_{时间的平方}$		2.03	2.03
		[0.02]**	[0.02]**
$\sigma_{第一层残差}$	2.07	2.06	2.06
	[0.01]**	[0.01]**	[0.01]**
N_1 (N_2)	8 544 (2 141)	8 544 (2 141)	8 544 (2 141)

注：方括号中数值为相应回归系数的标准误。* $p<0.05$；** $p<0.01$。

二、大学生生活方式与心理健康的关系

与上述关于自评健康得分的分析相类似，我们还拟合了关于首都大学生整个大学阶段心理健康状况的增长曲线模型，表 2—14 给出了相应的拟合结果。

模型 2.1 是一个随机截距模型，它允许第一层模型的截距项在第二层（即个体层次）服从正态随机分布。由模型结果可知，关于时间（t）及其平方项的回归系数均十分显著且方向相反，表明大学阶段心理健康的变化是非线性的。其中时间的平方项系数很大，这反映了在大四时大学生心理健康状况普遍急剧恶化的趋势。

从生活方式对心理健康的影响来看，吸烟行为对大学生心理健康具有显著的负面影响，是否曾经饮酒的经历对心理健康的影响微乎其微，相应回归系数几乎为零。此外，控制变量性别、生源地、就读院校类型（是否为 211 院校）均对大学生心理健康状况不具有显著效应。

模型 2.2 在随机截距之外还允许了时间及其平方项的效应在个体层次上随机变动，结果显示心理健康在大学阶段的变化轨迹存在明显的个体差异。模型 2.3 进一步检验了性别、城乡生源地和就读院校类型对这些差异的解释力。与关于自评健康得分的分析相一致，上述个体特征变量对时间及其平方项的效应都未能达到统计显著性水平。这可能与数据中测量的时点过少（只有 4 个时点），由此导致与时间有关的各项之间存在较高的共线性问题有关。

表 2—14　　　　关于首都大学生大学期间心理健康状况的增长曲线模型

变量名	模型 2.1	模型 2.2	模型 2.3
时间（t）	−15.82	−15.82	−16.07
	[0.46]**	[0.46]**	[1.12]**
时间的平方	8.87	8.87	8.96
	[0.15]**	[0.15]**	[0.36]**
吸烟	1.91	1.91	1.77
	[0.91]*	[0.92]*	[0.92]
饮酒	−0.02	−0.02	0.07
	[0.52]	[0.52]	[0.52]
男性	−0.85	−0.86	−1.62
	[0.63]	[0.63]	[0.80]*
城镇户口	0.91	0.92	0.68
	[0.69]	[0.69]	[0.88]
211 院校	−0.27	−0.26	0.51
	[0.66]	[0.66]	[0.83]
截距	29.44	29.44	29.45
	[0.87]**	[0.87]**	[1.03]**
时间×男性			0.44
			[0.92]
时间×城镇户口			1.07
			[1.02]

续前表

变量名	模型 2.1	模型 2.2	模型 2.3
时间×211 院校			−1.14
			[0.97]
时间平方×男性			0.03
			[0.29]
时间平方×城镇户口			−0.39
			[0.33]
时间平方×211 院校			0.26
			[0.31]
$\sigma_{第二层截距}$	2.53	−0.31	−0.34
	[0.02]**	[0.85]	[1.05]
$\sigma_{时间(t)}$		−6.17	−6.49
		[0.57]**	[84.85]
$\sigma_{时间的平方}$		2.52	2.52
		[0.02]**	[0.02]**
$\sigma_{第一层残差}$	2.60	2.60	2.60
	[0.01]**	[0.01]**	[0.01]**
N_1 （N_2）	8 539 (2 141)	8 539 (2 141)	8 539 (2 141)

注：方括号中数值为相应回归系数的标准误。* $p<0.05$；** $p<0.01$。

三、大学生生活方式与体质指数的关系

最后，我们考察首都大学生在大学期间体质指数（BMI）的变化。由于该调查只在基期和第四期时收集了被访者自报的身高和体重信息，因此这里我们只考察大一和大四两个时点首都大学生体质指数的情况。

按照前述有关划分标准，我们将体质指数划分为体重过轻和超重两种情况（具体定义参见表 2—12），并分别以之作为因变量拟合多层 Logistic 回归模型。表 2—15 给出了相应模型的拟合结果。

首先来看体重过轻的情况。在控制了模型中的其他变量后，与大一时相比，大四时被访首都大学生体重过轻的可能性明显上升，这在一定程度上反映了大学阶段大学生健康状况的变化。吸烟和饮酒等行为对于大学生出现体重过轻的可能性均不具有显著影响，相应回归系数在统计上不显著。与女生相比，男生出现体重过轻的可能性显著更低；也即，体重过轻的问题在女生中相对更加普遍。这可能与随着年龄的增长，女生更关注外在体态，甚至因此而进行以健康为代价的减肥行为有关。

表 2—15 还给出了针对体重超重问题拟合的模型结果。由模型结果可知，大四时首都大学生体重超标的可能性也显著高于大一时。因此，从体质指数的角度来

看，大学阶段大学生的身体素质出现了两极分化的现象，体重过轻者和超重者所占比例同时上升。与对体重过轻的影响不同，吸烟者相对于不吸烟者更容易出现体重超标的情况；在过去一年曾经饮酒的经历则对超重发生概率不具有明显的效应。此外，大学生的性别、城乡来源地以及就读院校类型都对体质指数超重的情况具有显著效应。具体而言，与女生相比，男生体重超标的可能性明显更高；与生源为农村的大学生相比，来自城镇的大学生体重超标的可能性明显更高；与 211 院校相比，非 211 院校大学生体重超标的可能性明显更高。

表 2—15　　关于首都大学生大学期间体质指数的多层 Logistic 回归模型

变量名	y＝体重过轻	y＝超重
大四（参照组为“大一”）	0.90	0.43
	[0.11]**	[0.16]**
吸烟	0.28	0.93
	[0.31]	[0.37]*
饮酒	−0.00	−0.02
	[0.18]	[0.33]
男性	−1.88	3.38
	[0.19]**	[0.44]**
城镇户口	0.02	1.19
	[0.19]	[0.30]**
211 院校	−0.08	−1.00
	[0.18]	[0.28]**
截距	−1.89	−7.74
	[0.25]**	[0.69]**
$\sigma_{第一层残差}$	1.97	2.43
	[0.12]**	[0.17]**
N_1（N_2）	4 275（2 141）	4 275（2 141）

注：方括号中数值为相应回归系数的标准误。* $p<0.05$；** $p<0.01$。

第 4 节　小结

本章利用前四期“首都大学生成长追踪调查”的数据，考察了 2008 级首都大学生在整个大学阶段的生活方式、健康状况及其变化轨迹。分析发现，在大学阶段，大学生的吸烟行为持续上升，有不少学生在大学期间开始养成吸烟的习惯，这一情况在大学男生中尤其突出。有过饮酒经历的大学生比例很高，但是频繁饮酒和酗酒的情况比较少见。从睡眠的情况来看，大学生存在着比较普遍的入睡时间晚的问题，有相当数量的大学生平均睡眠时间不足 8 小时、部分学生睡眠时间甚至少于 6 小时。在大学期间，大学生的社会交往范围有所扩大，但是整体的师生关系不容乐观，只有少数大学生能够与大学老师建立起较为密切的关系。大学生参与社团活动的热情很高，平均每周参与社团活动的时间均在 4 小时以上，这尤以大二和大三的时候为最。

从健康状况来看，大学生的身体素质值得担忧。在大学期间，体重过轻者和超重者所占比例均呈显著上升之势。其中，女生中体重过轻的问题更为突出，而男生中则是超重的问题更为严峻。大学生的自评健康状况在大学期间经历了一个先降后升的波动过程，其中大三时的自评健康状况最差。与自评健康状况的变化不同，大学生心理健康的变化则主要表现为在大四时抑郁、焦虑和压力情绪的普遍飞升。这显然与目前大学生所面临的较为严峻的毕业形势和就业压力有着直接的关系。

从大学生生活方式与健康状况的关系来看，吸烟几乎对所有的健康测量指标都具有显著的负面影响。与不吸烟者相比，吸烟者的自评健康得分明显更低，心理健康状况明显更差，甚至吸烟者出现体重超标的可能性也明显更大。与此相反，大学生在过去一年是否曾经饮酒对健康状况的影响不大，这主要是因为大多数的饮酒行为都是偶尔为之，醉酒现象少有发生，因此对健康的伤害有限。总的来看，大学生中频繁饮酒和醉酒的情况并不突出，但是考虑到酗酒本身对健康可能造成的严重损害，对于少数大学生中存在的酗酒、醉酒现象仍需引起足够的关注和重视。

影响一个人健康状况的因素有很多，但是良好的生活习惯和健康的生活方式在其中却处于无可替代的地位。加之，与影响健康的其他因素不同，良好的生活方式更多地依赖于个人的决心和持之以恒的努力，而并不取决于其他物质或客观条件的优厚程度。大学阶段是个人生活方式养成的关键时期，大学时期的生活方式对未来生活方式的选择和个人健康的维持有着长远的影响。因此，如何有效引导大学生在大学期间养成积极、健康的生活方式对于他们未来的工作和生活具有重要意义，同时也会对我国未来的人力资本储备状况和社会经济发展产生深远的影响。以“首都大学生成长追踪调查”为契机，本章对相关调查结果的展示和初步分析旨在引起关于大学生生活方式与健康状况的广泛关注和重视，也希望能为改善和提高大学生的生活品质与培养质量贡献更多的知识。

第 3 章　大学生心理特征的发展

身心健康是大学生全面发展的前提，其中心理健康是不可或缺的一环，只有拥有健全的人格、积极向上的人生态度、良好的适应能力和强大的承受能力等，同学们才能应付大学中学习和生活上的各种挑战，学有所长，为参加日后的社会竞争打好基础。然而，随着计划生育政策的执行，改革开放政策的实施，中国社会经济有了飞速发展，家庭结构也有了质的改变，当代大学生正是在这样特殊的大环境和小环境下成长起来的“90 后”。大量新闻报道 90 后自私、孤僻、自理能力差、心理承受能力弱，各种极端事件常见于媒体。那么，90 后大学生的心理特征是怎样的？在大学期间是如何发生变化的？其心理特征又是如何影响其日后发展的？本章将对这些问题进行探讨。

第 1 节　大学生心理健康的发展

一、大学生的心理健康

在本项目的四次调查中都使用 DASS 量表对大学生进行心理健康的测量。通过对 2008 级被试在 DASS 量表的抑郁、焦虑两个维度上从大一到大四的数据进行纵向分析，可以很好地看到首都大学生在大学四年期间心理健康的发展变化趋势。以下报告基于完整完成了四次 DASS 量表的 2008 级被试数据进行，有效数据为 2 087 人，其中男生 1 090 人，女生 997 人。

（一）抑郁

抑郁障碍是一种常见的心境障碍，可由各种原因引起，以显著而持久的心境低落为主要临床特征，且心境低落与其处境不相称，严重者可出现自杀念头和行为。抑郁症状在普通人群中经常发生，如偶尔感觉到沮丧、打不起精神、找不到乐趣等，如果多个此类症状同时发生且持续时间过长，就有可能发展为临床上的抑郁障碍甚至是抑郁症。用 DASS 量表对大学生的抑郁症状进行测量，以衡量个体抑郁水平的高低，总分为 0 至 42 分，分数越高说明抑郁越严重。

总体上看，抑郁水平从大一到大四呈倒 U 形曲线发展变化（见图 3—1）：大一到大三持续上升，到大四明显下降。其中，大二的抑郁水平显著高于大一（$t=2.305$，$p=0.021$）；大三与大二持平；大四显著低于大二（$t=1.480$，$p=0.001$）和大三（$t=4.464$，$p<0.001$），而与大一基本持平。也就是说进入大学后，随着学习生活各方面的改变，大学生的抑郁水平从大一到大二有一个明显的上升过程，持续到大三，直到大四临近毕业，抑郁水平才能恢复到大一时的状态。这可能与同学们对学习生活的兴趣和动力有关。大一对大学生活仍充满憧憬和希望，而进入大二大三后，对周边的人和事都已经熟悉，学习和生活是日复一日的循环，同学们感觉到生活无趣，提不起精神的情况也就慢慢增加了。但大四又有一个明显的变化，因为调查是在临近毕业时进行的，同学们未来去向已基本落实，内心对未来的生活抱有期望并且充满力量，“小宇宙”准备着再一次的爆发，抑郁水平因而下降。

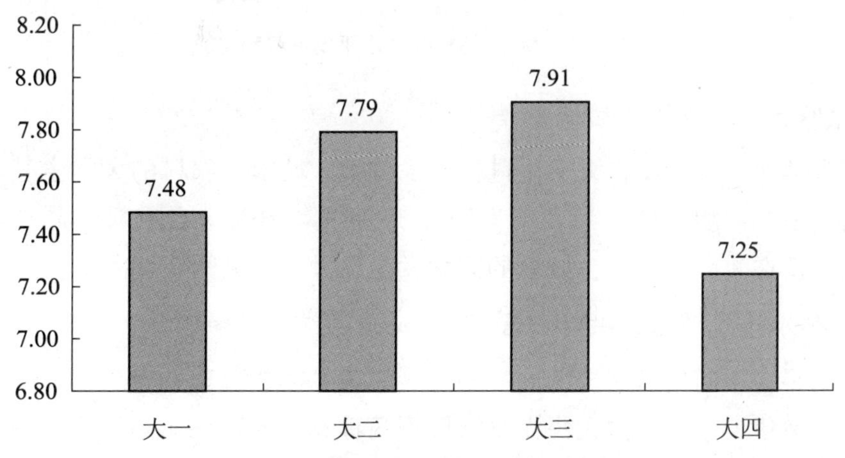

图 3—1　大学四年抑郁水平的发展趋势

1. 抑郁水平发展趋势的性别差异

从图 3—2 可以直观看到，男生和女生抑郁水平发展变化的趋势是基本一致的，都是先上升再下降，但在程度上存在明显的差异。男生的发展趋势是一条非常典型的倒 U 形曲线，大一到大三持续上升，到大四明显下降。而女生的发展趋势是大一到大三基本平稳（虽大一到大二略有上升，但统计检验不显著），到大四明显下降。抑郁水平趋势在性别上的差异，很好地验证了我们对总体发展模式原因的猜测，由于同学们对生活的熟悉甚至厌倦，导致其抑郁水平的变化。相对而言，男生较女生更喜欢挑战，更喜欢新鲜有趣的生活，因此随着入校时间的增长，表现出越来越高的抑郁水平，而女生受此影响相对较小。随着毕业的临近，外面精彩的世界给男生们打了一支很好的强心针，使其抑郁水平有所下降。

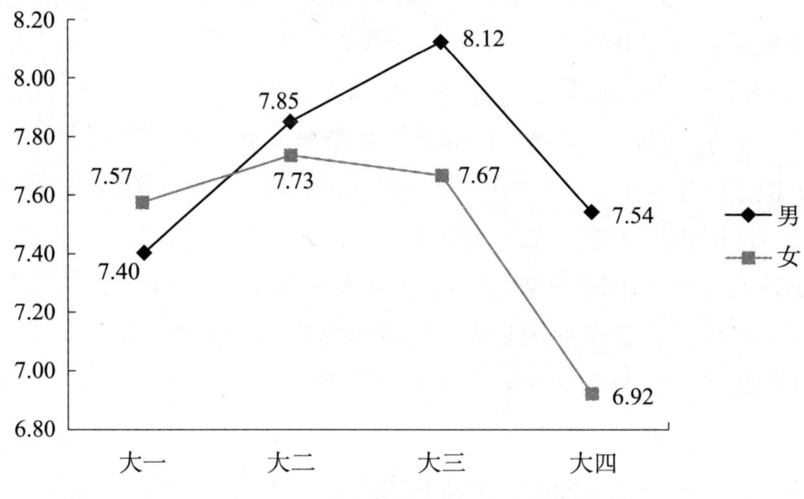

图 3—2　分性别抑郁水平发展趋势

2. 抑郁水平发展模式的城乡差异

根据入学前户口性质将大学生进行城乡分类。城镇和农村的大学生其抑郁水平的发展模式是基本相似的，都表现为倒 U 形曲线，但是来自农村的同学，抑郁水平的顶峰出现在大二，而来自城镇的同学发生在大三（见图 3—3）。

3. 抑郁水平发展模式的学校差异

抑郁水平在不同类型高校的同学中发展模式基本相似（见表 3—1）。相对来说，北京大学、清华大学和中国人民大学（以下简称北清人）三所高校同学的抑郁水平在各个年级均稍高于其他学校；而部属非 211 高校同学的抑郁水平最低。

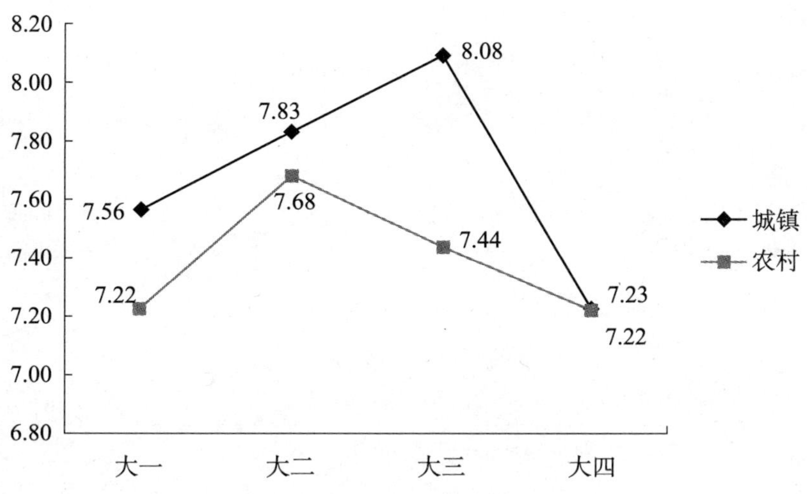

图 3—3　分城乡抑郁水平发展趋势

表 3—1　不同类型学校抑郁水平发展模式

大学类别	大一	大二	大三	大四	样本数（人）
北清人	7.86	8.04	8.19	7.38	620
部属 211	7.16	7.52	7.71	7.17	735
部属非 211	6.85	7.63	7.72	7.05	250
北京市属	7.83	7.98	7.93	7.29	482
合计	7.48	7.79	7.91	7.25	2 087

4. 抑郁水平发展模式的个体差异

根据同学们大一时对自己性格倾向性的判断（有 1 人缺失），将同学们分为三组：内向型（269 人）、中间型（1 084 人）和外向型（733 人），比较不同性格特点的同学抑郁水平的发展模式。可以发现，抑郁水平与性格倾向有显著相关，抑郁水平随着性格的内向程度呈上升趋势，性格内向的同学更容易表现出抑郁症状（见图 3—4）。同时，不同性格倾向的同学在大学四年内抑郁水平发展的模式也有所区别，外向型的同学，很快就表现出抑郁水平的明显上升（大二比大一高 0.63），而内向型同学抑郁水平相对比较稳定，变化幅度不大。这也再一次验证了我们前面对大学生抑郁水平变化模式原因的猜测：由于同学们对大学生活的熟悉以至于厌倦，于是产生了较多的抑郁体验。

5. 是否担任学生干部对抑郁水平的影响

我们认为大学生对学习生活的投入程度，以及他们对生活丰富程度的感受会影响到抑郁水平，前述几个部分的分析都有一致的发现。众所周知，当学生干部会给大学生活增添很多经历，而且会使生活更为充实。对大三时担任学生干部（999

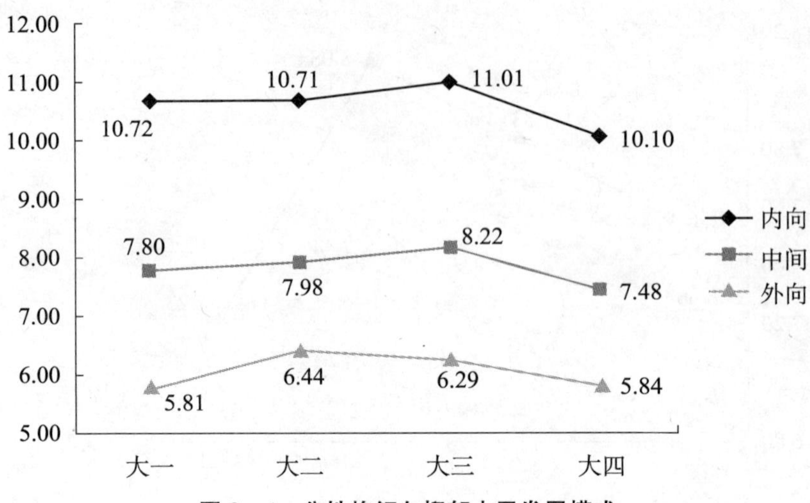

图 3—4 分性格倾向抑郁水平发展模式

人）和未担任学生干部（1 082 人）的同学的抑郁水平发展模式进行比较，可以发现，在大三仍然担任学生干部的同学抑郁水平低于未担任学生干部的同学，且大三时仍担任学生干部的同学抑郁水平发展较为稳定，而未担任学生干部的同学抑郁水平倒 U 形发展模式更为明显（见图 3—5）。

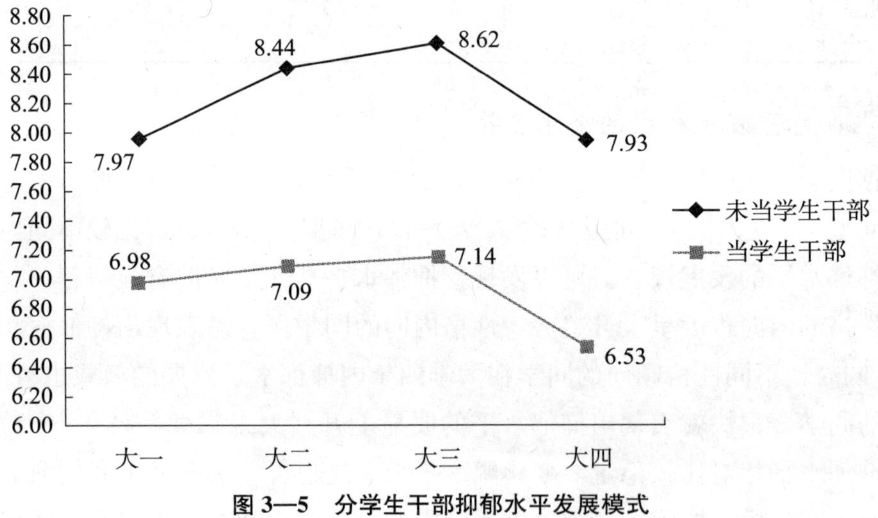

图 3—5 分学生干部抑郁水平发展模式

（二）焦虑

焦虑是指一种缺乏明显客观原因的内心不安或无根据的恐惧，是人们遇到某些事情如挑战、困难或危险时出现的一种正常的情绪反应。焦虑通常情况下与精神打击以及即将来临的、可能造成的威胁或危险相联系，主观表现出感到紧张、不愉快，甚至痛苦以至于难以自制，严重时会伴有植物性神经系统功能的变化或失调。焦虑水平是衡量个体心理健康的常用指标之一，适度的焦虑是正常的，焦虑反应出现频率或程度过于严重时，个体的心理健康将亮起红灯。焦虑感受多种因素影响，包括个人性格特质、个体近期面临的挑战及对未知结果的重视程度等等。

总体上看，焦虑水平从大一到大四呈下降趋势，但大一到大三各年级之间的差异并不显著，而大四的焦虑水平显著低于大三（$t=-5.677$，$p<0.001$，见图 3—6）。调查都是在下学期进行的，而大四下学期正是大学四年间最“闲适”的时光，保研、考研、出国、工作等事情慢慢都尘埃落定，同学们不用再纠结于学分绩点、实习机会等各种短期的竞争之中，因此也较以往较少地产生焦虑反应。

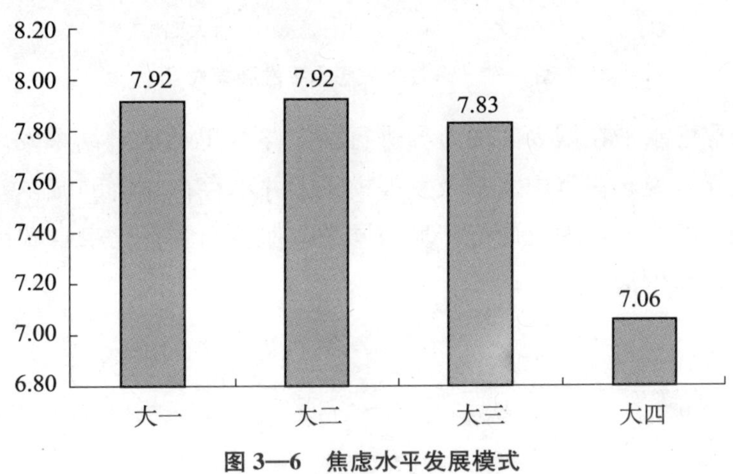

图 3—6　焦虑水平发展模式

1. 焦虑水平发展模式的性别差异

男生和女生大学四年间焦虑水平的发展变化模式存在明显的差别。如图 3—7 所示，男生的焦虑水平在大学四年间呈倒 U 形发展模式，大一到大三逐渐上升，大四明显下降。而女生的焦虑水平在大学四年间呈持续下降模式；同时可以看到，刚入校时，女生的焦虑水平明显高于男生，到大三时与男生基本持平，到大四甚至低于男生。

2. 焦虑水平发展模式的城乡差异

在面临重大挑战，特别是在不熟悉的环境中对未来结果不可预知时，个体更容易表现出焦虑反应，因此我们推测从农村来到北京求学的同学可能会有更严重的焦虑反应。数据分析结果否定了这一猜测，从图 3—8 可以看到，上大学前是农业户口的同学焦虑水平一直低于城镇户口的同学，这一现象从大一一直持续到大三，直到大四才有所改变，主要是城镇户口的同学焦虑水平明显下降，接近农业户口的同

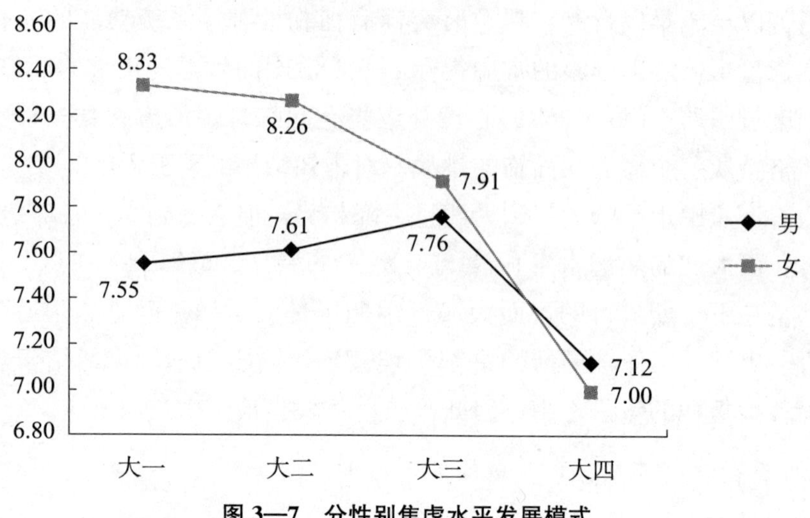

图 3—7　分性别焦虑水平发展模式

学。对四年的焦虑水平在城乡间的差异进行独立样本 T 检验，结果发现差异其实是不显著的。也就是说，在焦虑水平及发展模式上并不存在显著的城乡差异，虽然没有发现来自农村的同学焦虑反应好于城镇同学，但他们并不比来自城镇的同学更难以适应北京的大学生活。

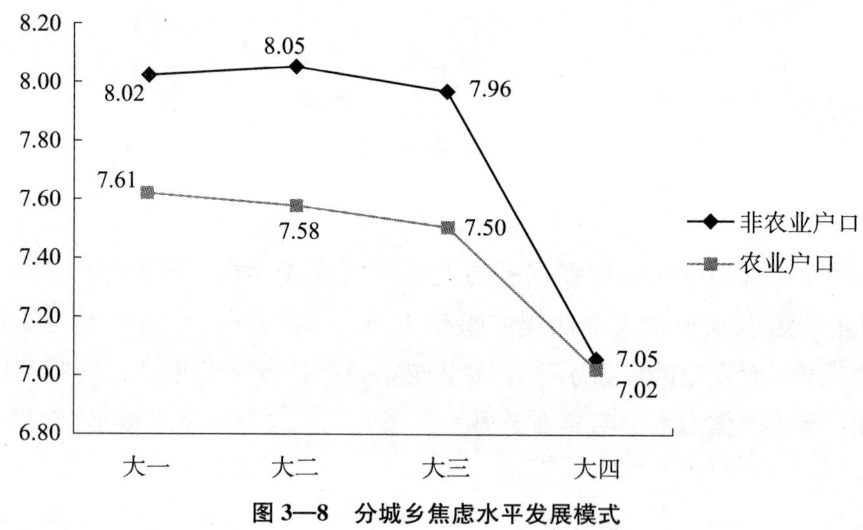

图 3—8　分城乡焦虑水平发展模式

3. 焦虑水平发展模式的学校差异

各类学校同学焦虑水平的发展模式都不尽相同（见表 3—2），难以进行概括性的描述，而以下两点发现是比较有意思的：(1) 北京市市属高校学生的焦虑水平不低于其他几类学校；(2) 相对其他三类学校学生焦虑水平有上升再下降的过程，北清人三个学校的学生焦虑水平大学四年呈持续下降。根据常识，我们知道北京市属高校学习压力相对较小，而且其学生大多来自北京，因此他们的焦虑水平应该是相对较低的，数据并不支持这种假设。而北清人三所高校，应该是几类高校中学习压力最大、竞争最大的高校，但同学们的焦虑水平反而在四年中持续下降。这些现象可能存在以下几种可能的解释：首先，压力和挑战并不必然引起焦虑，关键在于个体对压力的应对，如果能用积极的方法应对挑战，焦虑反应可以得到控制，北清人三校的同学刚入学时感觉到所在学校的压力很大，因此有较高的焦虑感，但通过自身的努力，适应了大学的学习氛围，焦虑得以缓解；其次，在学习压力较小的学校中学习不见得就可以“闲适安逸”，除了学习压力以外，在大学中还会面临就业、人际、社区生活等方方面面的挑战，同样可能引起个体的焦虑体验，北京市属高校同学的焦虑水平较高可能是源于此；最后，焦虑源是环境，但个体的性格特质有重要影响。

表 3—2　　不同类型学校大学生焦虑水平发展模式

	大一	大二	大三	大四	样本数（人）
北清人	8.28	7.99	7.81	6.98	620
部属 211	7.63	7.48	7.67	6.94	735
部属非 211	7.60	8.25	7.71	7.08	250
北京市属	8.07	8.34	8.15	7.35	482
合计	7.92	7.92	7.83	7.06	2 087

4. 焦虑水平发展模式的性格差异

不同性格倾向的同学焦虑水平的发展模式有所区别（见图 3—9）。整体上看，外向型同学的焦虑水平在四年间都是最低的，内向型同学的最高，中间型同学居中；内向型和中间型的同学大一到大三期间焦虑水平有波动，到大四明显下降，而外向型同学的焦虑水平则是持续下降。结合不同性格同学抑郁水平的发展模式可以发现，中间型和内向型同学焦虑和抑郁水平的发展是一致的，抑郁水平和焦虑水平同升同降；而外向型同学却不一样，从大一到大二，外向型同学的抑郁水平上升，而焦虑水平却在下降，说明外向型同学对外界环境更为敏感，可以更迅速地适应环境降低焦虑感，同时也更容易对环境感到厌倦而产生抑郁体验。可见性格对心理健康的确有重要作用，而且同样的生活环境对不同性格特征的个体产生的影响有明显差异。此外，不同性格倾向的同学抑郁水平和焦虑水平的发展水平和变化模式存在明显的差异，可以在一定程度上证明 CEPS 中所使用的简易性格量表有良好的效度。

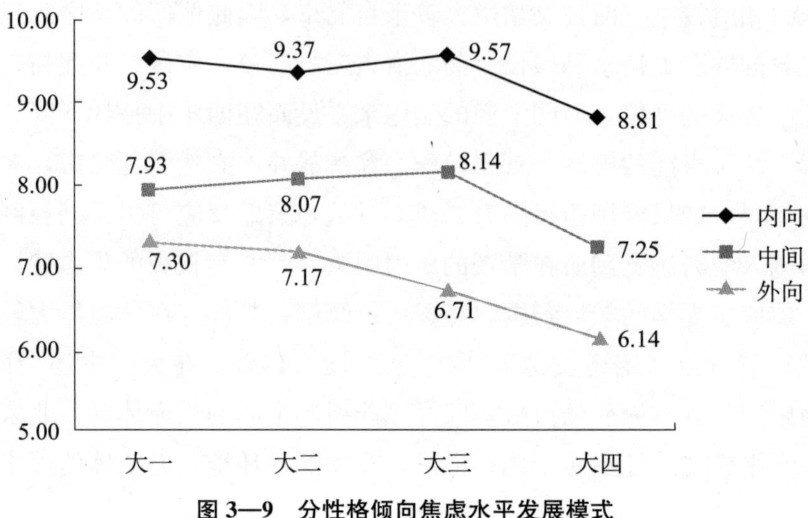

图 3—9 分性格倾向焦虑水平发展模式

二、毕业生的心理健康

通过对抑郁和焦虑两种最常见的心理症状在大学四年间的发展变化模式进行分析，我们可以发现多种差异：如抑郁和焦虑的发展模式存在差异，两大心理症状的发展模式在性别、城乡及不同性格倾向的同学间也存在差异。但在呈现出各种差异的同时，有一点却在各自变量和因变量的组合中都表现出相同的规律：各组同学在大四期间的心理健康水平远好于其他年级。为什么会出现这种现象？大四期间心理健康水平好转是否为普遍现象？在形势一片大好的同时，是否有需要特别关注的人群？

（一）大三到大四心理健康水平的变化

前面我们通过比较平均分在不同年级间的差异来描述大学生群体心理健康发展模式。大四毕业生在群体层面发生了积极变化，但这并不意味着每一个个体都发生同样的变化，有必要对群体中个体的发展情况进行讨论。考察个体的心理特征在一定时间内的变化情况，可以根据其两次测试的得分是否超过一个测量的标准误（standard error of measurement，SEM）来判断[①]。经过计算，抑郁的测量标准误

① 测量的标准误，它是指对用同一个工具对同一个人进行多次测量，所得结果与其“真值”之间的误差，有别于统计学上标准误的概念。一般用 $SEM=S_X\sqrt{1-R_{XX}}$ 进行计算，S_X 为本次测验的标准差，R_{XX} 为测验的再测信度，可参考：Wills，S. L.，Jay，G. M.，Diehl，M.，et al.，“Longitudinal Change and Prediction of Everyday Task Competence in the Elderly，” *Research on Aging*，1992，14：68-91。

为4.7，以5分作为标准，大四得分高于大三5分为上升，低于大三5分为下降；焦虑的测量标准误为4.3，以4分为标准。

从图3—10可以看到，虽然抑郁和焦虑的平均分在大四显著下降，但具体到个人，并不是所有的同学都表现出同样的趋势。大部分同学的心理健康水平并没有实质上的改变，在抑郁和焦虑两个变量上持平的人数比例分别是63.3％和57.6％。另有21.1％的同学在抑郁症状上有了实质的改善，同时有25.2％的同学在焦虑症状上有明显改善。需要注意的是，在基本面良好的前提下，有15.6％的同学抑郁水平较大三有明显上升，17.2％的同学焦虑水平明显上升，也就是说，有大约1/6的同学，会在毕业前夕较以往表现出更多的心理症状。

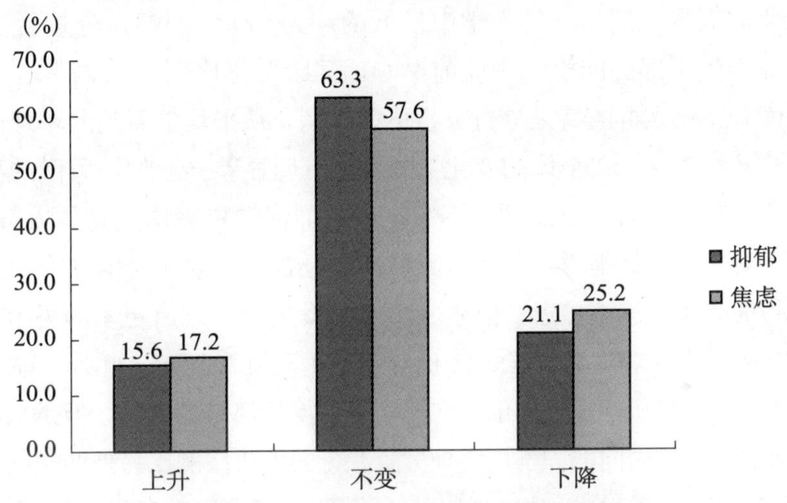

图3—10　毕业生心理健康水平变化情况

抑郁和焦虑两种心理症状经常是并发的，相关分析已经发现大学生在几年中这两个变量均呈高相关。从表3—3可以看到，从个体变化的角度，焦虑和抑郁的变化也往往是并行的。45.7％的同学抑郁和焦虑都保持不变，13.4％的同学抑郁和焦虑都在下降，而有10.2％的同学抑郁和焦虑同时上升，两种心理症状同时上升的同学应成为学校毕业生心理健康工作的重点。

表3—3　　焦虑与抑郁的变化交互表

		焦虑			合计（％）
		上升（％）	不变（％）	下降（％）	
抑郁	上升	10.2	4.7	0.7	15.6
	不变	6.4	45.7	11.1	63.3
	下降	0.5	7.2	13.4	21.1
合计		17.2	57.6	25.2	100

注：样本数为2 021。

(二)毕业前夕心理健康恶化人群特征

1. 基本特征

将抑郁和焦虑水平均明显上升定义为“心理健康恶化”，对毕业前夕心理健康恶化的大学生人群特征进行分析（见表3—4），有以下发现：(1) 分性别看，男生心理健康恶化的人数比例高于女生，两者相应数据为11.4%和9.0%；(2) 分入学前户口类型看，来自农村和城镇的同学差异不大，分别为10.3%和10.2%；(3) 分学校类型看，部属非211和北京市属高校心理健康恶化人数比例，较北清人三校和部属211两类高校的比例高；(4) 分性格特征看，性格内向的同学毕业前夕心理健康恶化的人数比例是三类同学中最低的，为9.7%；(5) 分是否当学生干部看，大三担任学生干部的同学，毕业前夕心理健康恶化比例为10.7%。

对心理健康恶化人群的特征进行分析可以看到，从平均上看到的心理健康水平没有明显组间差异的变量，在个体的变化上却可能有明显差异。如，大四的男生和女生在抑郁焦虑两个变量平均数上差异并不大，但从抑郁和焦虑均上升的人数比例上看，男生明显高于女生。也就是说，虽然从测量指标上看，男生和女生在毕业前夕表现出心理症状的程度整体上基本接近，但事实上，与女生相比，有更多的男生在临近毕业时感觉到比以往紧张，对生活意义、自我价值产生质疑和否定。此外，前面的分析发现，内向的同学无论是焦虑还是抑郁，在四年中的得分都是最高的，但是从毕业前心理健康的变化来看，性格内向的同学中心理健康恶化的人数比例比另外两类同学的还要低一些。可见，应该从绝对水平和相对变化两个角度对心理健康进行衡量，在心理症状得分持续过高的同学应成为关注的重点，同时也应及时发现得分发生急剧变化的同学。

表3—4　心理健康恶化的人群特征

		未恶化（%）	健康恶化（%）	合计（%）	样本数（人）
性别	男	88.6	11.4	100.0	1 044
	女	91.0	9.0	100.0	977
户口	非农业户口	89.8	10.2	100.0	1 458
	农业户口	89.7	10.3	100.0	556
大学类别	北清人	91.0	9.0	100.0	591
	部属211	89.5	10.5	100.0	716
	部属非211	88.5	11.5	100.0	244
	北京市属	89.1	10.9	100.0	470
性格特征	内向	90.3	9.7	100.0	263
	中间	89.5	10.5	100.0	1 055
	外向	89.6	10.4	100.0	703

续前表

		未恶化	健康恶化	合计	样本数（人）
是否当学生干部	否	90.2	9.8	100.0	1 041
	是	89.3	10.7	100.0	975
合计		89.8	10.2	100.0	2 021

注：在拥有四年完整数据的2008级2 087名同学中，有66名并非在2012年毕业，主要原因包括医学专业五年制、休学等。另发现，该66名同学在抑郁和焦虑两个变量上的平均分高于毕业班同学，说明抑郁和焦虑水平的总体下降的确是毕业班的特点，而非2012年调查年度特点。

大部分大学毕业生的心理健康水平是稳定的，还有超过1/5的同学心理健康水平有明显的提升，那为什么还会有10%的同学心理健康会明显恶化？有些什么因素在这里起作用？这需作进一步研究。

2. 不同去向毕业生心理健康恶化情况

未来的去向可能是影响毕业班同学心理健康的最重要因素，是否已经确认了去向、去哪里等都可能产生影响。对数据进行综合处理，将毕业生在完成调查时的未来去向归纳为以下6类："工作已定，并已签协议"、"工作已定，未签协议"、"未确定工作"、"上研究生"、"出国"、"从未找工作"。其中"从未找工作"的同学包括考研或出国失败将继续考研和申请出国，以及由于创业、家庭、个人等原因而未找工作。

从表3—5中可以看到，在毕业前夕，同学们是否确定未来的去向是影响同学们心理健康的重要因素。尝试找但又未确认工作的同学心理健康恶化的人数比例最高，达13.1%，远高于总体人群的10.2%的水平。此外，工作已定，但未签协议的同学，由于工作实际上还是没有最终确定，心理健康恶化的人数比例也相对较高，为12.5%。即将上研究生的同学心理健康恶化的人数比例最低，仅为7.9%。这几个数据符合我们的基本预想，相对好解释。即将出国的同学中，11.6%的心理健康恶化，高于平均水平，跟即将上研究生的同学相比差距更大，这个结果让人惊讶。出国将继续学业，未来发展方向已经确定，这部分同学心理健康的变化应该与上研的同学相似。但事实并非如此，说明与上研相比，出国求学还是给同学们带来比较大的心理压力，将要进入和面对完全不同的语言环境，甚至是完全不同的文化氛围，这种变化比上大学时从乡村进入城市、家庭进入社会的变化要大得多，虽然已经确定了要出国，但是出国之后可能发生的一切，对同学们来说是一个未知数，因此，这部分同学心理健康恶化的人数比例会更高一些。

表 3—5　　毕业生去向与心理健康变化的关系

	未恶化（%）	心理健康恶化（%）	合计（%）	样本数（人）
工作已定，并已签协议	90.9	9.1	100.0	453
工作已定，未签协议	87.5	12.5	100.0	224
未确定工作	86.9	13.1	100.0	236
上研究生	92.1	7.9	100.0	583
出国	88.4	11.6	100.0	303
从未找工作	88.3	11.7	100.0	222
合计	89.8	10.2	100.0	2 021

3. 毕业生去向与心理健康变化的关系在男生和女生中的表现

已经发现男生心理健康恶化的比例高于女生，同时发生工作未定或者未签订工作协议的确是跟心理健康恶化有密切关系。那么，男生心理健康恶化人数比例高，是否由未来去向所导致？

从表 3—6 可以看到，男生和女生的未来去向并没有特别大的区别，或者说从对心理健康影响作用的角度来看，男生未来的去向并不比女生差，如未确定工作的人数比例比女生低，上研究生的比例远高于女生。基于此，我们产生一个新的假设，不同的去向与心理健康关系在男生和女生中表现是不一样的。

表 3—6　　不同性别毕业生去向

	男	女	合计
工作已定，并已签协议（%）	21.1	23.8	22.4
工作已定，未签协议（%）	9.0	13.3	11.1
未确定工作（%）	11.3	12.1	11.7
上研究生（%）	32.6	24.9	28.8
出国（%）	13.3	16.8	15.0
从未找工作（%）	12.7	9.1	11.0
合计（%）	100.0	100.0	100.0
样本数（人）	1 044	977	2 021

对毕业去向与心理健康变化关系分性别进行分析，结果如表 3—7。可以发现，同一种毕业去向的同学心理健康变化模式在男生和女生中的确不一致，在未确定工作和出国这两种去向上表现尤为明显。未确认工作的女生中 11.0%的同学表现出心理健康恶化，而男生的相应比例高达 15.3%，可以在某种意义上说未确定工作对男生的心理健康的影响更大①。这可能与社会性别角色有关，社会对男性的职业发展

① 若把未签订协议同样视为工作未定，则工作未定的男生和工作未定的女生心理健康恶化的比例分别为 27.0%和 24.1%，同样是对男生的影响更大。

有更高的要求，而男生对自己的职业发展也有更高的期盼，临近毕业而工作又未确定，这给男生带来巨大的压力。

未来将出国继续求学的男生中，15.1%表现出心理健康恶化，而女生的比例仅为 8.5%，也就是说面临出国，更多的男生体验到抑郁水平和焦虑水平明显上升，这一现象背后的真实原因值得进一步深入探讨。

表 3—7　　**分性别毕业去向与心理健康变化关系**

	未来去向	未恶化（%）	健康恶化（%）	合计（%）	样本数（人）
男	工作已定，并已签协议	89.1	10.9	100.0	220
	工作已定，未签协议	88.3	11.7	100.0	94
	未确定工作	84.7	15.3	100.0	118
	上研究生	91.8	8.2	100.0	340
	出国	84.9	15.1	100.0	139
	从未找工作	87.2	12.8	100.0	133
	合计	88.6	11.4	100.0	1 044
女	工作已定，并已签协议	92.7	7.3	100.0	233
	工作已定，未签协议	86.9	13.1	100.0	130
	未确定工作	89.0	11.0	100.0	118
	上研究生	92.6	7.4	100.0	243
	出国	91.5	8.5	100.0	164
	从未找工作	89.9	10.1	100.0	89
	合计	91.0	9.0	100.0	977

4. 未来工作单位性质与心理健康变化关系

对已经确认并签订工作协议的同学的心理健康变化情况进行分析，比较未来工作单位性质对心理健康之间的关系。如表 3—8 所示，未来将到党政机关和科研机构工作的同学心理健康恶化的比例最低，分别为 3.2%和 0%；未来将要去学校和民营企业工作的同学心理健康恶化比例最高，分别为 25.0%和 11.1%[①]。可以看到，即将去不同单位工作的同学心理健康恶化比例不同，足以表现其对未来工作的满意程度或者说想象的满意程度。相对于其他几类单位，党政机关工作更稳定，即将入职同学心理健康恶化的比例明显低于其他单位；而民营企业的稳定性和福利待遇都相对较差，即将入职同学对单位的满意度较低，也对自身的心理健康产生影响。

① 将要去科研机构和学校工作的人数太少，数据较不稳定，在此不做过多讨论。

表 3—8　　未来单位性质与心理健康变化关系

	未恶化（%）	健康恶化（%）	合计（%）	样本数（人）
党政机关	96.80	3.20	100.00	31
学校	75.00	25.00	100.00	12
科研机构	100.00	0	100.00	10
除学校和科研机构外的其他事业单位	93.50	6.50	100.00	31
中央国家企业（“央企”）	90.90	9.10	100.00	77
“央企”以外的其他国有或集体企业	91.30	8.70	100.00	104
外企、港澳台资或合资企业	90.30	9.70	100.00	72
民营企业	88.90	11.10	100.00	99
总体	90.80	9.20	100.00	436

第 2 节　大学生成就动机的发展

一、大学生学业成就动机的发展变化

大量研究发现，学习动机对学习有重要影响，包括对学习目标的设定、学习任务的选择、学习过程的坚持以及学习效果的获得等等。同时，个体的学习动机与其成就动机密切相关，因此，大学生的学习动机一方面影响了大学生的学习行为，另一方面也是个体心理特征的重要表现。

德威克（Dweck）最早提出成就目标定向理论，认为学生学习过程中所追求的成就目标包括两类：掌握目标定向和成绩目标定向。前者是以学习、掌握为目标取向，关注对任务的掌握和理解，关注能力的发展；后者是以追求高成绩、证明自身能力为目标取向，关注与他人的比较，以获得对自己能力的有利评价。艾略特（Elliott）在成就目标定向理论的基础上提出趋避成就层次理论，认为除了目标追求以外，在成就动机上表现出对目标的“接近—避免倾向”。接近是指通过自己的努力以达到相应的目标，而避免是指通过自己的努力避免已经达到的目标受到影响。根据掌握—成绩区分和接近—避免倾向的结合，将学业成就目标分为掌握—接近目标、掌握—避免目标、成绩—接近目标和成绩—避免目标 4 类。掌握—接近目标关注任务掌握、学习和理解，根据自己的进步和提高，以及对任务的理解尝试来评价自身的表现（如：我想从课堂上学到尽可能多的知识）；掌握—避免目标关心如何避免不理解，指尽力避免完不成任务或尽力避免失去已有的知识技能，关注和自己设置的标准相比较（如：我经常担心不能学会课堂上学到的所有内容）；成绩—接

近目标关注于表现得比他人更好或更聪明，指向于得到能力的积极判断（如：我在班级当中的目标是，得到比其他大多数同学更好的分数）；成绩—避免关注于不比别人显得更差或更蠢笨，指向于回避对能力的消极判断（如：我只是希望避免在课程学习中表现太差）。

CEPS使用由艾略特与麦戈瑞格（Mcgregor）（2001）编制的学业成就目标量表，该表包括掌握—接近目标、掌握—避免目标、成绩—接近目标和成绩—避免目标四个维度，每个维度包括三个项目，维度最低为3分，最高为15分。在国内研究中，同质性信度为0.732。对其结构进行验证性因素分析，结果发现，各拟合指数基本达到可以接受的水平，所有题目标准化载荷都达到0.33以上，并且达到显著水平。

可从动机强度和动机成分两个角度解读该量表得分的意义。一是动机强度，某维度得分越高，说明此种动机越强，四维度总分可说明学生学习的整体动机强度。二是动机成分，相对于其他维度，得分相对高的维度说明该动机在推动学生学习过程中起主导作用。掌握—接近是对个体长远成长最有利的；成绩—接近对个体短期的表现有促进，但对长远发展无明显作用；掌握—避免有助于个体扎实掌握学习的基本要求，但对个体能力提高不利；成绩—避免只能保证个体做出基本及格表现。

（一）学习动机发展变化的总体倾向

大学四年间，大学生的学习动机基本呈下降趋势，从大一到大三持续下降，到大四稍有回升，但大四时学习动机中的三个维度（掌握—接近、掌握—避免和成绩—接近）仍低于大一（见图3—11）。从动机强度来看，不管是为了掌握能力还是获得成绩，大学生的学习动力越来越弱。从动机成分看，虽然到最后，学习本着提高能力（掌握—接近）的动机依然占据主导地位，但其相对力量在下降；与此同时，成绩—避免维度的得分持续得最好，也就是其相对力量在增强，说明大学生越来越信奉“60分万岁”，仅仅为了通过考试而学习的想法在大学生学习中所起作用逐渐增大。

（二）学习动机发展变化的性别差异

从动机强度上看，女生的学习动机高于男生，在各维度各年级都有此特点。动机强度的性别差异在成绩取向方向更为明显，女生追求获得好成绩的动机更强；在掌握取向方面的性别差异没有统计学意义，男生和女生在对知识的渴求与真实能力提升的需求基本相近。

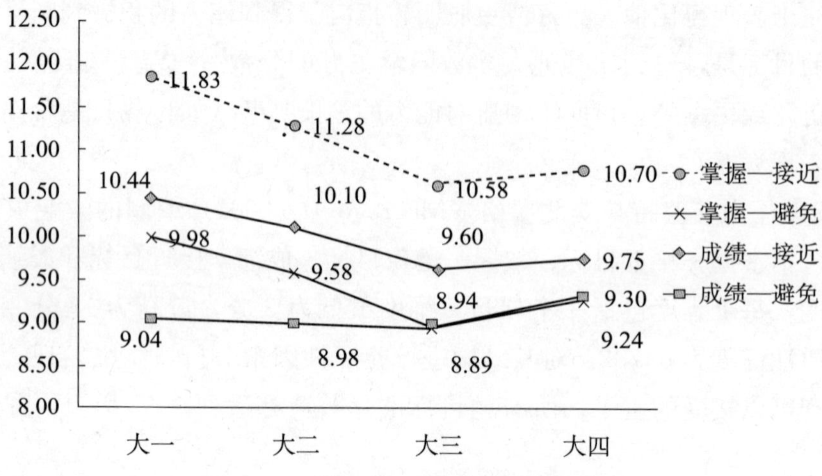

图 3—11　学习动机变化发展的整体模式

从动机类型上看，不管是男生还是女生，大学四年中占主导地位的学习动机都是“掌握—接近”，这让人感到欣慰。虽然社会上认为不少大学生不务正业，或者是诟病大学教育“紧进松出”，但在整个大学教育过程中，大部分学生还是秉持学真本领的初衷。

从动机发展模式上看，掌握倾向两个维度发展模式基本不存在性别差异，男生和女生在这两个维度上同升同降，表现出几乎一样的发展模式（见图 3—12）。成绩倾向两个维度发展模式的性别差异相对明显（见图 3—13）：在成绩—接近维度，大一到大三男生比女生下降更加明显，随着年级上升，男生追求获得好成绩的动力比女生下降更严重；在成绩—避免维度，大三到大四男生比女生上升更加明显，说明“及格万岁”的力量在男生群体中作用的增强比在女生群体中更显著。

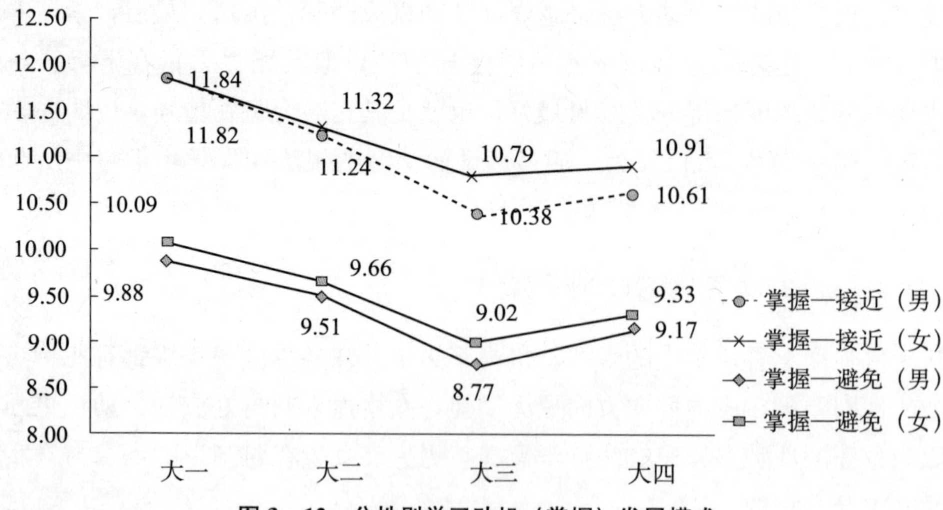

图 3—12　分性别学习动机（掌握）发展模式

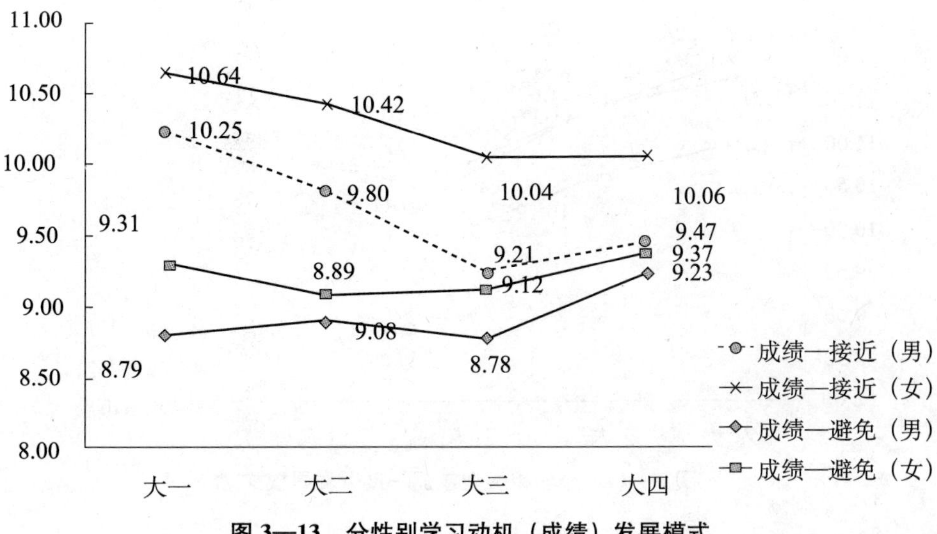

图 3—13　分性别学习动机（成绩）发展模式

（三）学习动机发展变化的学校类型差异

大学生学习动机水平和发展模式在不同类型的学校中存在一定的差异。为了更清晰地说明学习动机发展变化在学校类型间的差异，以下的分析选取对个体成长最有利的“掌握—接近”和最不利的“成绩—避免”两个维度进行分析。

从动机强度上看，各类学校学生总体水平差异不大，主要的差别体现在动机类型上。从主导动机上看，各类学校的主导动机都是“掌握—接近”，但北京市属高校的情况明显特殊。北京市属高校的“掌握—接近”得分是四类高校中最低的，与其他类型高校差异明显，且持续大学四年；而“成绩—避免”得分是四类高校中最高的，特别是大一和大二。相对而言，北京市属高校学生的学习动机不如其他三类高校强烈，特别是获取知识的动力明显不足，却有强烈的“及格万岁”思想。

从动机的发展模式上，各类高校在“掌握—接近”维度的得分变化趋势基本一致（见图 3—14、图 3—15）；“成绩—避免”维度得分变化模式存在差异，北清人三校和部属 211 高校从大一到大三呈低水平稳定状态，到大四显著提高，部属非 211 高校和北京市属高校都有一个下降再上升的过程。也就是说，北清人三校和部属 211 高校的同学，直到毕业班阶段才会比较强调“通过考试”。从高校间的差异来看，北京市属高校的“成绩—避免”得分在大一大二时明显高于其他三类高校，到大三趋于接近，到大四水平几乎一致。

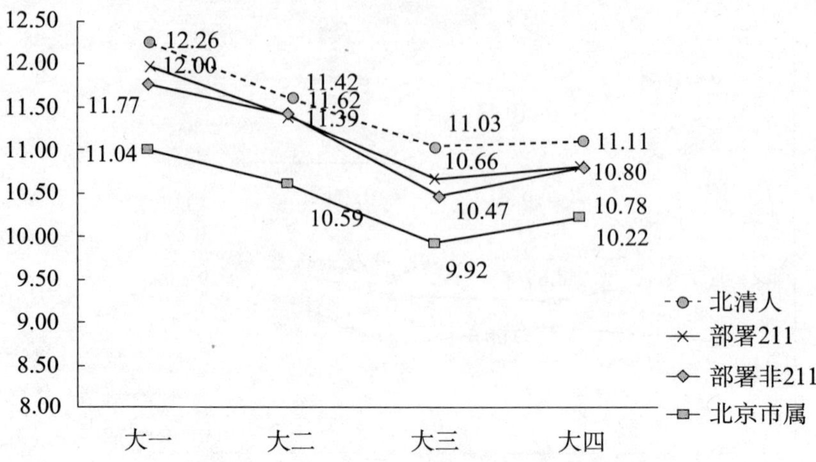

图 3—14　分学校类型掌握—接近发展模式

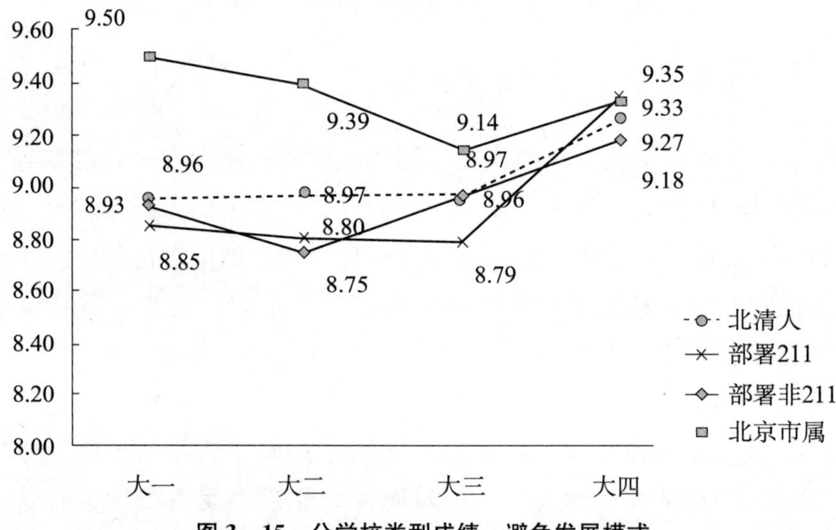

图 3—15　分学校类型成绩—避免发展模式

（四）是否当学生干部对学业动机发展模式的影响

数据分析发现，是否当学生干部与学业动机发展变化之间并没有直接关系，不管是否当学生干部，其学业动机各维度的变化趋势是类似的。从表 3—9 可以看到，学生干部“成绩—接近”的得分明显高于非学生干部，同时，“成绩—避免”得分低于非学生干部。与以往人们所认为学生干部热衷社会工作而忽视学习的观念相矛盾，当学生干部的同学对成绩的追求明显强于没有当学生干部的同学。同时，学生干部也不是一味地追求高分，而对知识不求甚解，他们在“掌握—接近”上的得分也明显高于非学生干部。

表 3—9　　是否当学生干部与学业动机发展模式的关系

		大一	大二	大三	大四	样本数（人）
掌握—接近	非干部	11.72	11.12	10.36	10.58	1 091
	学生干部	11.95	11.46	10.81	10.95	1 008
掌握—避免	非干部	9.93	9.53	8.82	9.20	1 091
	学生干部	10.04	9.64	8.95	9.28	1 008
成绩—接近	非干部	10.21	9.81	9.28	9.51	1 091
	学生干部	10.68	10.41	9.95	10.01	1 008
成绩—避免	非干部	9.16	9.15	9.08	9.41	1 091
	学生干部	8.91	8.79	8.78	9.17	1 008

二、大学生心理特征与日后发展的关系

常言道："性格决定命运。"大学生的心理特征与其最终的选择和发展有着千丝万缕的联系，比较毕业前不同去向的同学在大学一年级时的性格、心理健康和学习动机，可以让我们在一定程度上看到心理特征与日后发展之间的关系，具体结果见表 3—10。

表 3—10　　出路类型与心理特征

	工作已定，已签协议	工作已定，未签协议	未确定工作	上研究生	出国	从未找工作	合计
性格	5.54	5.54	5.45	5.54	5.88	5.35	5.56
抑郁	7.87	8.40	8.20	6.93	6.98	7.19	7.49
焦虑	8.25	7.73	8.32	8.07	7.53	7.37	7.95
掌握—接近	11.38	11.43	11.61	12.35	12.05	11.88	11.85
掌握—避免	9.80	9.92	9.50	10.28	10.09	10.09	9.99
成绩—接近	10.17	10.01	9.80	10.89	11.01	10.35	10.46
成绩—避免	9.40	9.23	9.33	8.76	8.66	8.98	9.03
样本数（人）	465	225	238	587	305	229	2 049

在性格上，最终选择出国的同学，在大一时就表现出性格明显比其他同学更为外向，而到毕业前仍从未找工作又未能上研究生或出国的同学在大一时性格相对较其他同学内向；在心理健康的抑郁水平上，最终上研究生和出国的同学，抑郁水平明显低于其他同学，而到大四临近毕业时，处于工作已定但未签协议的同学抑郁水平较其他同学更高；在学习动机方面，上研究生和出国的同学在入学之初就表现出对知识和能力更强的渴望，也更努力追求好成绩，同时相对来说不会把"及格万岁"作为学习的座右铭。

由于未做严格的回归分析，在此仅做了较为粗浅的探讨。但的确可以发现，学生在大一时的心理特征与四年后大学毕业时的发展的关系是有规律可循的，也值得

用更高级的统计方法做更深入系统的探讨。

第3节　小结

一、大学生的心理健康教育

根据以往的经验，大一新生是学校心理健康工作的重点。由于刚进入大学，面临着多种转变，如果缺乏良好的适应能力和环境支持，学生很可能出现这样或那样的心理问题。此外，大四学生也是心理健康工作特别关注的对象，毕业生面临着就业、升学等多种选择和多重压力，如不能正确对待，也有可能出现问题，在毕业前夕出现极端事件的案例也不为少见。但是通过分析抑郁水平和焦虑水平在大学四年间的发展变化模式，我们却发现大一的心理健康水平并不比其他年级差，反而抑郁水平还较大二、大三低，也就是说从群体层面来说，大一新生并非“重灾区”。当然数据结果也与调查时间有关系，调查都在下学期进行，大一的数据已经是经过一个多学期的适应之后的表现。无论如何，对大学生的心理健康教育必须有发展的视角，关注不同阶段学生可能出现的心理问题和心理症状，从而提供适应的心理健康教育和服务。

二、大学生心理健康的个体特征与群体现象

对毕业生的心理健康分析发现，在抑郁水平和焦虑水平在群体层面明显好转的同时，仍有10.2%的同学出现了心理健康恶化的现象。在工作未完全落实（包括已经确定但未签约和工作未确定）的男生和女生、即将出国的男生中心理健康恶化的人数比例更高，我们应对此类人群重点关注。这些数据的结果提示着高校心理健康工作者，除了在群体层面关心不同阶段大学生心理健康的特征外，对重点个体的识别和追踪可能是更重要的内容。

三、大学中的“老油条”现象

对大学生学习动机的发展模式进行分析发现，随着年级上升，大学生学习动机

强度总体呈下降趋势，表现为掌握知识的主动性减弱、对不能掌握知识和能力的担心减少、对优秀成绩的追求减弱，更多地只是追求在学业上过得去就行。结合大学生抑郁水平随年级上升的特征，可以发现，在大学中的确存在明显的“老油条”现象，随着大学学习时间的增长，同学们进入无所谓、无追求的状态，这提示高校教育工作者应通过灵活多样的方法激发学生的学习动机，提升学生价值感，从而使青年人保持应有的朝气和活力，提高高等教育的效率。

第 4 章　大学生的恋爱行为与婚恋观念

大学时代是人生发展最重要的阶段。大学生大部分年龄处在 18～26 岁之间。在这一人生阶段，他们除了学习知识、形成价值观之外，很多人也有更多时间和机会接触异性，寻找人生伴侣。大学生处在从青春期到成年期的过渡阶段，生理上趋于成熟，对爱与性的向往尤为突出，恋爱成为大学生中一个自然现象。以往的中文文献中有关爱情的研究主要集中于对婚姻本身及婚姻基础的探讨（范春林，1993；徐旭如，2002），而且这些有限的研究以质性研究为基础，由于理论视角的差异，且缺乏科学抽样的数据，对恋爱及其与婚姻关系的探讨得出的结论也很不一致。因此，对大学生的恋爱现象进行深入系统的实证研究，是分析当今社会主流婚恋取向与价值观的重要部分。

利用“首都大学生成长追踪调查”积累的数据，本章对大学生的恋爱状况、择偶标准以及婚恋观进行了系统的探讨。“首都大学生成长追踪调查”涉及 2008 级和 2006 级两个目标群体，对于 2008 级而言，四年追踪反映的是他们从大一到大四整个大学时代的变化；而对于后者，四年追踪映射了他们从大学走向社会的过程。因此，我们在分析大学生的恋爱行为与婚恋观时区分了不同入学年份的学生群体，以此来观察他们所处的社会情境（social situation）变化是如何形塑其恋爱机遇与观念的。

本章包含四节内容：第 1 节，大学生的恋爱状况，描述了大学生恋爱随时间的趋势变化以及大学生恋爱概率与次数的影响因素；第 2 节就大学生的择偶标准进行了简要的探讨；第 3 节主要描述了大学生的婚恋与性观念；第 4 节是简要的总结。

第 1 节 大学生的恋爱状况

一、恋爱的变化趋势

在大学校园里，恋爱是非常普遍的现象。学习情境的变化、与家庭在地理距离和心理距离上的变化、生理和心理的成熟催化了大学生对异性感情的需求。随着高等教育扩招，大学生群体逐年壮大，使得大学生自身成为社会学所关注的群体。近年来，越来越多的学者开始研究大学生恋爱的现象，并在一定意义上得出了很有价值的结论。

调查显示，大学生中有恋爱经历的比例很高，且恋爱年龄呈现不断下降的趋势。就这一问题，表 4—1 根据 CEPS 调查问卷问题——“请问您是否正在谈恋爱?”计算出了 2009—2012 年大学生恋爱百分比，并描述了该比例随时间（年）变化的趋势。数据显示，对于 2008 级学生，大一时，处于恋爱中的学生比例为 28.2%，该比例逐年升高，到大四恋爱中的学生占比达到 42.6%。对于 2006 级学生，该比例也随调查年的变化呈现逐年升高的趋势：在第一期调查中处于恋爱中的学生比例为 39.0%，毕业两年后这一比例已达 55.1%。进一步比较 2006 级与 2008 级在大三及大四时的恋爱百分比，可以发现，两者在统计上并不显著，可能的原因在于：一方面，2006 级学生与 2008 级学生仅相差两年，还不足以产生恋爱经历上的显著变化；另一方面，尽管在恋爱比例上无显著区别，但两类群体在其他恋爱行为上可能有所差异。

表 4—1　　2006 级与 2008 级大学生恋爱比例随时间（年）的变化趋势

2008 级				
状态	大一	大二	大三	大四
恋爱比例（%）	28.2	34.0	38.2	42.6
样本量	2 312	2 279	2 255	2 183
2006 级				
	大学期间		本科毕业后	
状态	大三	大四	一年	两年
恋爱比例（%）	39.0	45.1	50.9	55.1
样本量	2 265	2 040	1 869	1 785

基于这一假设，我们进一步来看恋爱次数。对任一调查年份，问卷包含的问题为“到目前为止，您一共谈了几次恋爱?”。考虑到变量可能呈现偏态分布，我们将恋爱次数编码为五分变量，从 1 到 5 分别表示从未谈过恋爱、谈过 1 次恋爱、谈过

2次恋爱、谈过3次恋爱、谈过4次或以上恋爱。

按表4—2所示，2008级学生中从未谈过恋爱的比例在首次调查中为46.4%，在2010、2011以及2012年调查中，该比例逐渐减小，分别为38.6%、31.7%及25.7%。谈过4次或4次以上的大学生比例逐渐增加，可以发现，大一时这一百分比仅为4.6%，到了大四，相应百分比已达26.1%。这一趋势在2006级学生中也非常明显。大学期间，约有近30%的学生从未谈过恋爱，而本科毕业两年后，该比例降至12.7%。谈过4次或4次以上的比例也由5.6%升至37.7%。

与之前不同，2006级与2008级在大三及大四时的恋爱次数在统计上存在显著差异，2008级恋爱次数更多。可以发现，2008级大学生在大三时谈过1次恋爱的学生为19.6%，谈过2次恋爱的为15.2%，2次以上的为33.6%，而2006级学生相应的百分比分别为33.0%、19.8%和15.4%。大四时，2008级学生谈过1次恋爱的比例为20.7%，2次的为14.7%，2次以上的为38.9%，而2006级学生的相应比例分别为17.6%、25.3%和28.4%。

表4—2　　2006级与2008级大学生恋爱次数随时间（年）的变化趋势（%）

恋爱次数	2008级			
	大一	大二	大三	大四
从未谈过恋爱	46.4	38.6	31.7	25.7
1次	29.5	20.7	19.6	20.7
2次	12.9	19.8	15.2	14.7
3次	6.6	11.9	17.2	12.8
4次或以上	4.6	9.0	16.4	26.1
恋爱次数	2006级			
	大学期间		本科毕业后	
	大三	大四	一年	两年
从未谈过恋爱	31.9	28.8	22.4	12.7
1次	33.0	17.6	15.9	17.2
2次	19.8	25.3	16.7	15.0
3次	9.8	15.8	22.0	17.4
4次或以上	5.6	12.6	23.0	37.7

二、恋爱的影响因素

很明显，时间是决定一个人是否恋爱的重要变量。首先，恋爱作为婚姻的前奏，在生命历程中必然存在随时间逐渐增加的风险率。再次，就大学生个体而言，时间的推移又直接反映了个体生理及心理的发展状况。随着生理及心理的成熟，恋爱的形成完全是本能使然。然而，恋爱本身是两性间的相互吸引，具有什么特征的人恋爱的概率更高、恋爱的经历更丰富，是接下来所要介绍的内容。

谈及有关恋爱概率与恋爱经历的影响因素时，为减小虚假相关的可能性，我们在分析中通过回归模型控制了其他的变量特征。考虑到该调查基于固定样本追踪的重要特点，对所报告回归结果的标准误均进行了集聚效应（clustering effect）的调整。

表 4—3 显示的是通过 Logit 模型预测 2008 级学生的恋爱发生比率。其中因变量为虚拟变量——调查时点是否正在恋爱，自变量包括性别、来京前的户口性质（1＝农业户口；0＝非农户口）、是否北京生源（1＝是；0＝否）、家庭社会经济地位（1＝中上层；2＝中层；3＝中下层）、学校类型（1＝非 211；2＝211；3＝北清人）、专业类别（1＝社会科学；2＝人文学科；3＝理工农业）、班级百分比排名（＝班级名次/班上人数）、时间（1＝大一；2＝大二；3＝大三；4＝大四）以及自我效能感①和性格的外向性。

结果显示，恋爱发生比存在逐年增加的趋势。控制相关变量后，性格越外向，恋爱发生比越高；相较于男生，女生呈现更大的恋爱发生比；就生源差异而言，北京的学生更可能恋爱，尽管这两者仅边际显著。值得注意的是，家庭社会经济地位对于大学生的恋爱行为并没有显著影响。在模型 1 中，班级排名对恋爱也并没有显著影响。时间交互作用的结果（模型 2）显示，对于大一学生，班级排名与恋爱发生比存在显著正相关，即排名越后或成绩越差的学生，谈恋爱的概率越大。具体而言，成绩每下降 10%，恋爱的发生比就会增加 6.75%。这一趋势不断减缓，到了大四，成绩每下降 10%，恋爱的发生比降低 3.20%。对比性别差异，我们发现排名与时间的交互效应仅存在于男生当中，对于女生并不显著。该发现与菲斯曼（Fisman）等（2006）基于速配试验的结果在某种程度上是一致的。即女性在寻找伴侣时更看重伴侣的智商潜能，因此男生成绩的效应越发显得重要。就自我效能感而言，自我效能感越强的学生，恋爱发生比越高，然而，这一效应仅存在于男生中，而对女生并无显著影响。按专业来看，相对于社会科学的男生而言，理工农专业男生的恋爱发生比率更低；相反，这些专业的女生有更高的恋爱发生比，尽管这里仅存在边际显著。一种可能的解释是专业内的性别比差异。即，对于理工农专业，男生的比例较高，男生恋爱的发生比相对较小；类似的解释适用于社会科学专业女生的恋爱发生比较小的现象。

---

① 为顺应更多情况，该变量的构建是通过对问卷中 B4 题所涉及所有条目进行等权处理，而非通过因子分析所得权重估计。变量数值越大，表明自我效能感越强。

表 4—3　　分性别预测对本科时代恋爱概率的 Logit 模型

变量	总体		男性	女性
	模型 1	模型 2		
女性	0.151+	0.147+		
	(0.084)	(0.084)		
农村	−0.069	−0.07	0.003	−0.128
	(0.092)	(0.092)	(0.121)	(0.144)
北京生源	0.175+	0.169+	0.198	0.113
	(0.096)	(0.097)	(0.135)	(0.136)
家庭社会经济地位（参照组：中下层）				
中层	−0.005	−0.004	−0.021	0.045
	(0.092)	(0.092)	(0.121)	(0.143)
中上层	−0.002	0.001	−0.035	0.097
	(0.116)	(0.116)	(0.162)	(0.175)
自我效能感	0.279***	0.276***	0.472***	0.084
	(0.068)	(0.068)	(0.093)	(0.097)
外向型性格	0.171***	0.171***	0.153***	0.183***
	(0.023)	(0.023)	(0.031)	(0.035)
班级排名	0.090	0.516*	0.536+	0.529
	(0.146)	(0.223)	(0.310)	(0.330)
年级				
大二	0.289 ***	0.424***	0.428*	0.403*
	(0.051)	(0.122)	(0.193)	(0.162)
大三	0.466***	0.677***	0.656**	0.729***
	(0.057)	(0.130)	(0.199)	(0.177)
大四	0.513***	0.897***	1.105***	0.754***
	(0.065)	(0.138)	(0.208)	(0.191)
班级排名×年级				
班级排名×大二		−0.286	−0.331	−0.171
		(0.239)	(0.345)	(0.357)
班级排名×大三		−0.462+	−0.346	−0.615
		(0.260)	(0.366)	(0.398)
班级排名×大四		−0.901**	−1.168**	−0.623
		(0.284)	(0.394)	(0.436)
专业（参照组：社会科学）				
人文学科	0.103	0.106	0.237	0.044
	(0.117)	(0.117)	(0.196)	(0.145)
理工农业	−0.057	−0.056	−0.378**	0.257+
	(0.095)	(0.095)	(0.131)	(0.133)
学校类型	已控制	已控制	已控制	已控制
常数项	−2.821***	−3.010***	−3.285***	−2.504***
	(0.270)	(0.279)	(0.390)	(0.388)

续前表

变量	总体		男性	女性
	模型 1	模型 2		
样本量	9 029	9 029	4 823	4 206
模型卡方	218.735	229.180	152.736	99.687
对数似然率	−5 737.910	−5 732.010	−2 903.504	−2 787.963

注：*** $p<0.001$，** $p<0.01$，* $p<0.05$，＋ $p<0.1$，回归结果经过加权处理，括号中的数字为调整过集群效应的稳健标准误。模型基于 2008 级学生样本。

表 4—4 预测了 2008 级学生的恋爱次数分布。由于该变量属于过度离散型变量，且呈右偏分布（如图 4—1 所示），因此此处采用负二项回归进行建模。由表 4—4 可见，回归结果与恋爱发生比预测大致相同，期望恋爱次数随年增加。在控制了其他特征之后，男女生在期望恋爱次数上并无显著差异，来自农村的学生的期望恋爱次数相对于城市学生更低，北京学生相对来自其他省份学生的期望恋爱次数更高。就成绩而言，班级排名越后的学生期望恋爱次数越高。考虑了成绩与时间的交互作用之后可以发现，对于大一学生，成绩每下降 10%，期望恋爱次数就会增加 0.058。这一趋势逐年减弱，到大四，成绩对期望恋爱次数几乎不存在显著影响。进一步分性别来看，与之前一致，显著的成绩时间交互效应仅存在于男生当中，即，成绩越差，期望恋爱次数越高在低年级中尤甚，然而趋势随年不断减弱；进入大四后，成绩的效应变为负（−0.648＋0.571＝−0.077），尽管在统计上并不显著。对于女生，班级排名对期望恋爱次数的影响随年级的升高并无显著变化。

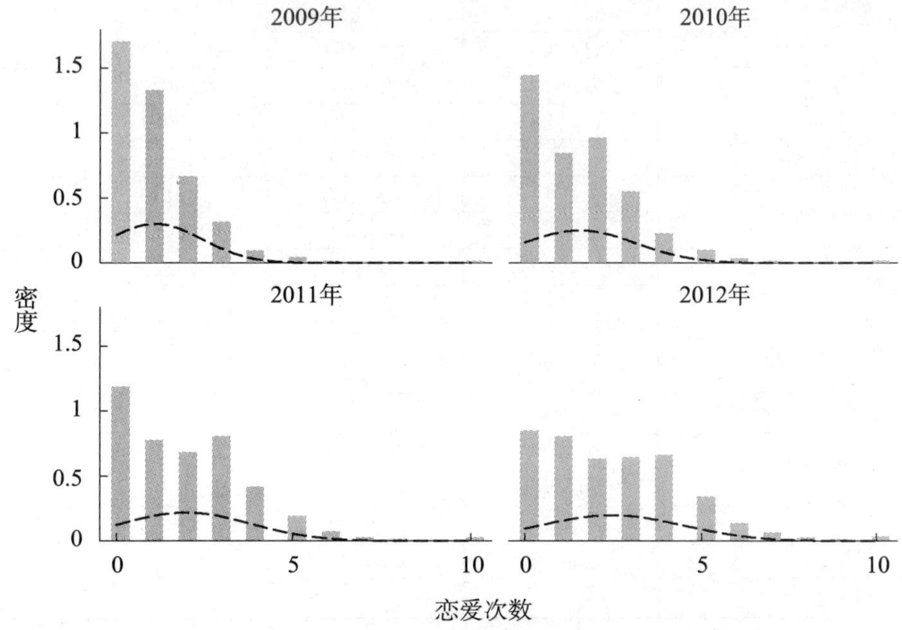

图 4—1　恋爱次数随年直方图

表 4—4　　分性别预测大学时代恋爱次数的负二项回归模型

变量	总体		男性	女性
	模型 1	模型 2		
女性	−0.035	−0.038		
	(0.047)	(0.047)		
农村	−0.197***	−0.197***	−0.176**	−0.203*
	(0.053)	(0.053)	(0.068)	(0.084)
北京生源	0.170**	0.167**	0.108	0.215**
	(0.053)	(0.053)	(0.077)	(0.072)
自我效能感	0.170***	0.167***	0.214***	0.120*
	(0.037)	(0.037)	(0.049)	(0.055)
外向型性格	0.150***	0.150***	0.159***	0.136***
	(0.013)	(0.013)	(0.018)	(0.019)
家庭社会经济地位（参照组：中下层）				
中层	−0.004	−0.004	−0.028	0.052
	(0.055)	(0.055)	(0.070)	(0.087)
中上层	0.110	0.111	0.076	0.195+
	(0.068)	(0.068)	(0.090)	(0.104)
班级排名	0.304***	0.579***	0.571***	0.579**
	(0.088)	(0.137)	(0.173)	(0.213)
年级				
大二	0.381***	0.472***	0.489***	0.439***
	(0.018)	(0.063)	(0.091)	(0.086)
大三	0.643***	0.798***	0.790***	0.805***
	(0.023)	(0.068)	(0.091)	(0.102)
大四	0.700***	0.916***	0.964***	0.863***
	(0.028)	(0.070)	(0.096)	(0.104)
班级排名×年级				
班级排名×大二		−0.185	−0.239	−0.084
		(0.121)	(0.165)	(0.174)
班级排名×大三		−0.333*	−0.311+	−0.336
		(0.134)	(0.170)	(0.213)
班级排名×大四		−0.489***	−0.648***	−0.233
		(0.136)	(0.172)	(0.217)
专业（参照组：社会科学）				
人文学科	0.143*	0.146*	0.196+	0.118
	(0.067)	(0.067)	(0.106)	(0.085)
理工农业	−0.086	−0.086	−0.261***	0.101
	(0.052)	(0.052)	(0.068)	(0.076)
学校类型				

续前表

变量	总体		男性	女性
	模型 1	模型 2		
常数项	-1.460^{***}	-1.584^{***}	-1.572^{***}	-1.570^{***}
	(0.156)	(0.167)	(0.212)	(0.254)
样本量	9 027	9 027	4 822	4 205
模型卡方	1 485.238	1 480.443	798.983	810.636
对数似然率	−14 983.925	−14 977.013	−7 726.377	−7 200.545

注：*** $p<0.001$，** $p<0.01$，* $p<0.05$，+ $p<0.1$，回归结果经过加权处理，括号中的数字为调整过集群效应的稳健标准误，lnalpha 均在 0.001 显著性水平下显著。模型基于 2008 级学生样本。

以上分析是基于大学本科四年大学生的恋爱状况而言的，对于那些正在经历毕业，走向社会过程的大学生们，影响他们的恋爱状况的因素是否会有所不同仍需讨论。因此，接下来我们构建了类似的回归模型对 2006 级学生的恋爱状况进行了分析。其中，表 4—5 展示了有关恋爱概率的 Logit 模型回归结果。由该表可见，在控制了其他特征之后，女生相对于男生的恋爱发生比更高。不论读研还是工作，他们相对于处于本科阶段的学生的恋爱概率更高。就家庭社会经济地位而言，值得注意的是，与 2008 级学生不同，来自中上层家庭的大学生的恋爱发生比与来自中下层家庭的大学生相比高出 25.1%。进一步分性别探究发现，家庭背景这一效应仅存在于女生当中，而对男生并无显著影响。类似地，生源地对女生而非男生产生显著影响，具体而言，相对于来自其他省份的女生，北京的女生的恋爱概率更高；而对于男生，该效应并不显著。另外，分专业来看，与 2006 级学生相似，理工农专业男生的恋爱概率相比于社会科学的男生更低。

表 4—5　　分性别预测 2006 级学生恋爱概率的 Logit 模型

变量	总体	男性	女性
女性	0.329^{***}		
	(0.081)		
农村	−0.077	−0.202+	0.054
	(0.087)	(0.117)	(0.132)
北京生源	0.180+	0.088	0.302^{*}
	(0.096)	(0.135)	(0.137)
自我效能感	0.313^{***}	0.586^{***}	0.062
	(0.073)	(0.105)	(0.102)
外向型性格	0.082^{***}	0.081^{**}	0.093^{**}
	(0.023)	(0.030)	(0.034)
家庭社会经济地位（参照组：中下层）			

续前表

变量	总体	男性	女性
中层	0.096	0.033	0.137
	(0.086)	(0.117)	(0.127)
中上层	0.224*	0.057	0.345*
	(0.115)	(0.166)	(0.161)
专业（参照组：社会科学）			
人文学科	0.011	−0.320	0.163
	(0.126)	(0.237)	(0.149)
理工农业	−0.008	−0.356**	0.231+
	(0.091)	(0.134)	(0.122)
身份（参照组：本科）			
研究生	0.669***	0.716***	0.660***
	(0.084)	(0.119)	(0.120)
工作	0.648***	0.789***	0.525***
	(0.071)	(0.101)	(0.102)
学校类型	已控制	已控制	已控制
时间	已控制	已控制	已控制
常数项	−2.139***	−2.512***	−1.450***
	(0.260)	(0.365)	(0.359)
样本量	7 948	4 169	3 779
模型卡方	200.147	136.119	79.615
对数似然率	−5 430.022	−2 756.200	−2 631.698

注：*** $p<0.001$，** $p<0.01$，* $p<0.05$，+ $p<0.1$，回归结果经过加权处理，括号中的数字为调整过集群效应的稳健标准误。模型基于2006级学生样本。

就恋爱次数进行预测（见表4—6）可以发现，对于2006级学生，在控制了其他因素之后，期望恋爱次数不存在性别差异。且不论工作还是读研，期望恋爱次数都显著多于本科生，而工作的学生比读研的学生的期望恋爱次数多0.090（$p=0.026<0.05$）。与2008级学生相似，来自农村的学生的期望恋爱次数显著更少，北京学生相对来自其他省份学生的期望恋爱次数更多。就家庭社会经济地位而言，来自中上层家庭的学生的期望恋爱次数比来自中下层家庭的学生多0.149。且家庭背景及生源地对期望恋爱次数的显著性影响仅限于女生。

表4—6　　预测2006级恋爱次数的负二项回归模型

变量	总体	男性	女性
女性	0.027		
	(0.043)		
农村	−0.199***	−0.225***	−0.178**
	(0.045)	(0.060)	(0.066)

续前表

变量	总体	男性	女性
北京生源	0.161***	0.103	0.215**
	(0.047)	(0.066)	(0.067)
自我效能感	0.187***	0.281***	0.096+
	(0.038)	(0.052)	(0.053)
外向型性格	0.066***	0.078***	0.059***
	(0.013)	(0.017)	(0.018)
家庭社会经济地位（参照组：中下层）			
中层	0.068	0.047	0.077
	(0.045)	(0.060)	(0.066)
中上层	0.149**	0.006	0.241**
	(0.057)	(0.078)	(0.079)
专业（参照组：社会科学）			
人文学科	0.059	−0.147	0.149*
	(0.064)	(0.122)	(0.074)
理工农业	−0.072	−0.295***	0.094
	(0.048)	(0.064)	(0.064)
身份（参照组：本科）			
研究生	0.734***	0.643***	0.838***
	(0.033)	(0.048)	(0.043)
工作	0.824***	0.826***	0.828***
	(0.024)	(0.036)	(0.031)
学校类型	已控制	已控制	已控制
时间	已控制	已控制	已控制
常数项	−0.687***	−0.770***	−0.574***
	(0.137)	(0.182)	(0.188)
样本量	6 053	3 164	2 889
模型卡方	2 152.748	925.036	1 456.928
对数似然率	−10 685.882	−5 415.495	−5 213.383

注：*** $p<0.001$，** $p<0.01$，* $p<0.05$，+ $p<0.1$，回归结果经过加权处理，括号中的数字为调整过集群效应的稳健标准误，lnalpha 均在 0.001 显著性水平下显著。模型基于 2006 级学生样本。

第 2 节　大学生的择偶标准

上一节内容着重于讨论大学生本身的特征如何影响恋爱概率以及恋爱次数。恋爱是两性间相互吸引并且进一步互动的过程，因此研究恋人的特征对认识大学生的择偶标准同样重要。在这一节，我们就恋人或爱人的特征进行了简要探讨。该节分为两部分，第一部分是对大学生在选择恋人或爱人的标准的描述，第二部分基于回归分析研究了恋爱中的大学生的结婚意愿。

一、择偶标准

有关恋人特征的系列问题是第四期调查中新加入的题目，其中包括8个是非问题“你俩是高中校友?”，“你俩来自同一个县?”，“你俩来自同一个省?”，“你俩是大学校友?”，“你俩读了同一个专业?”，“你俩是大学同班同学?”，“你俩同一年进入大学?”和“你俩来自同一个社会阶层?”。问题回答对象为调查时点正在恋爱或者已婚的大学生。由图4—2中的数据显示，这些大学生恋人中，76.5%是来自同一社会阶层，54.8%来自同省，49.5%同年入学，36.8%为大学校友。

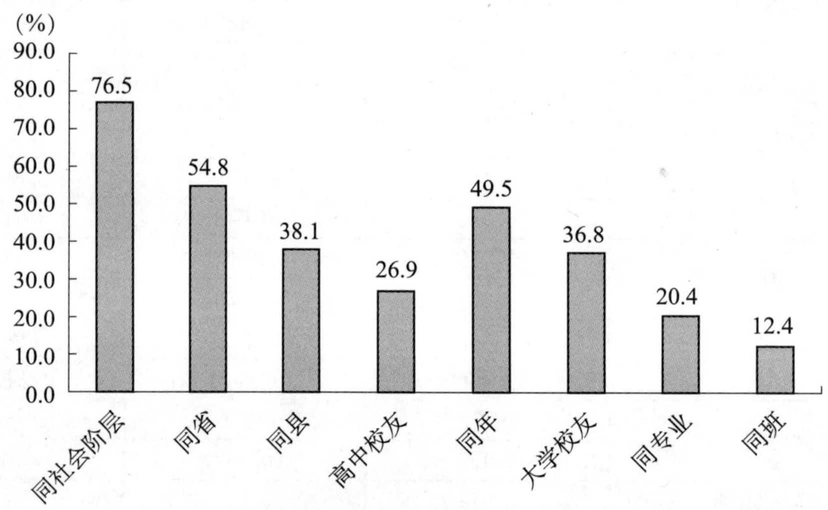

图4—2　恋人特征的分类统计

考虑到这8道题目之间存在一定程度的等级性与相关性，比如，来自同县的恋人，必然来自同省；若为同班同学，专业和学校也必然相同等等，基于线性主成分分析与分类的主观逻辑判断，我们构造了3个因子——同乡、校友同学及同社会阶层（见图4—3）以尽可能涵盖这8个问题包含的意义。其中，同乡由“是否高中校友”、“是否来自同县”及“是否来自同省”构成；校友同学由“是否大学校友”、“是否同一专业”、“是否大学同班同学”及“是否同年进入大学”构成；由于“是否来自同一个社会阶层”反映的是家庭背景的影响，即受访人与恋人家庭是否“门当户对”，与其他7个问题在性质上有别，从而单列为一项。

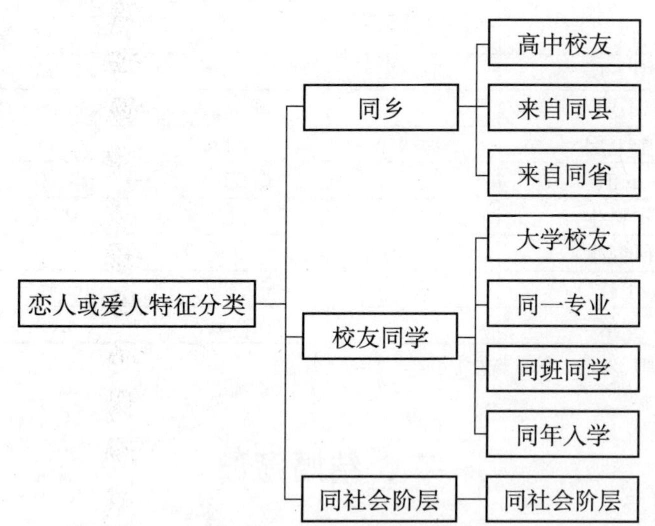

图4—3　恋人特征分类

根据该分类法，我们就不同社会人口学特征的大学生的恋人或爱人特征进行了简单的描述性统计（见表4—7）。结果显示，就同乡、校友同学与同社会阶层的分类而言，男女在选择恋人或爱人上并无显著差别。北京学生找同乡比例更高，找大学校友及同学的比例更低，然而生源地的影响在是否找同社会阶层的伴侣上并无显著差异。就家庭背景而言，来自不同家庭背景的大学生在找同乡及同社会阶层的恋人或爱人上没有显著差异，然而来自中上层家庭的大学生更倾向于找大学校友或同学。进一步观察不同阶段的大学生的恋人特征分布我们可以发现，本科生及进入劳动力市场的大学生找同乡的比例更高。工作的大学生找大学校友或同学的比例最低，其次是本科生，研究生的伴侣为大学校友或同学的比例最高。且不论处于哪种阶段的大学生恋人在社会阶层上均不存在显著差异。

表4—7　　恋人特征的描述性统计

		本人特征	恋人或爱人特征		
			同乡	大学校友同学	同社会阶层
合计			56.12	62.20	76.55
性别	男性	49.84	58.37	63.73	77.20
	女性	50.16	53.88	60.69	75.91
	p 值		0.072	0.158	0.390
生源地	非北京生源	64.58	47.94	64.57	75.09
	北京生源	35.42	71.04	57.89	79.21
	p 值		0.000	0.001	0.203

续前表

		本人特征	恋人或爱人特征		
			同乡	大学校友同学	同社会阶层
家庭背景	中下层	31.63	56.12	57.98	74.73
	中层	50.27	56.72	63.69	78.02
	中上层	18.10	54.44	65.44	75.64
	p 值		0.257	0.000	0.116
状态	本科生	53.19	57.65	68.20	76.32
	研究生	16.19	44.97	72.32	75.03
	工作	30.61	59.35	46.44	77.75
	p 值		0.000	0.000	0.756

注：表中百分比加权处理，观测数为 1 852。

二、结婚意愿

恋爱被视为婚姻的前奏。然而在现实生活中，并不是每一次恋爱终究会令两人携手步入婚姻的殿堂。什么因素会影响大学生恋人结婚的决定，什么匹配才会令他们更确定对方就是自己想要白头偕老的对象？

表 4—8 为大学生情侣是否准备结婚的概率预测结果。模型 1、模型 2、模型 3 为分别放入三个恋人特征的回归结果，模型 4 则为将所构建的三个恋人特征一同放入回归中所得的结果。纵观模型 1、2、3、4，我们可以发现，有关结婚准备在性别间及不同家庭背景间不存在显著差异。恋爱时长与准备结婚的比率呈正相关，即恋爱的时间越长，准备结婚的概率越大。相较于 2008 级学生，2006 级大学生恋人更打算结婚：一方面他们的年龄较大，对恋爱与婚姻的考虑相对更成熟；另一方面，他们经历了人生一大转折——毕业，不论是选择工作或是读研，其未来发展相对于 2008 级学生更明确，从而婚姻也相对更有保障。分别看模型 1、2、3，若恋人是同乡，他们准备结婚的概率比两个非同乡恋人高出 38.4%；就家庭背景而言，来自同社会阶层的恋人比来自不同阶层的恋人准备结婚的概率高出 44.2%；相对于来自不同大学的恋人，相恋双方为大学校友或同学准备结婚的概率更高，尽管结果为边际显著。如果同时将所构建的三个恋人特征归入模型中，同乡及来自同社会阶层仍旧对婚姻准备起着正向影响，然而此时是否为校友同学则不再显著，且绝对值也有所减少，原因在于恋人是否为大学校友或同学的影响主要通过中介变量是否来自同一社会阶层作用。由于两变量协方差为正，在进一步控制了另一个变量后，变量效应在大小及显著性上均有所变化。类似地，同乡作用的减小也可以通过该变量与同社会阶层的正协方差所解释。

表 4—8　　预测恋爱中的大学生准备结婚的概率的 Logit 模型

变量	模型 1	模型 2	模型 3	模型 4
恋人特征				
同乡	0.325**			0.294*
	(0.116)			(0.118)
大学校友同学		0.201+		0.170
		(0.117)		(0.119)
同社会阶层			0.366**	0.285*
			(0.129)	(0.132)
女性	−0.061	−0.078	−0.077	−0.059
	(0.118)	(0.118)	(0.118)	(0.119)
农村	0.210	0.232+	0.238+	0.232+
	(0.130)	(0.131)	(0.131)	(0.131)
北京生源	−0.016	0.058	0.038	−0.015
	(0.145)	(0.143)	(0.143)	(0.146)
恋爱时长	0.211***	0.213***	0.218***	0.199***
	(0.032)	(0.032)	(0.032)	(0.032)
2006 级	0.644***	0.656***	0.629***	0.670***
	(0.110)	(0.111)	(0.110)	(0.112)
家庭社会经济地位				
中层	0.003	0.002	−0.002	−0.011
	(0.128)	(0.129)	(0.129)	(0.129)
中上层	0.086	0.089	0.096	0.073
	(0.170)	(0.170)	(0.169)	(0.170)
专业				
人文学科	0.222	0.191	0.187	0.227
	(0.181)	(0.181)	(0.180)	(0.181)
理工农业	0.252+	0.246+	0.239+	0.238+
	(0.134)	(0.134)	(0.134)	(0.135)
学校类型	已控制	已控制	已控制	已控制
常数项	−0.811***	−0.765***	−0.919***	−1.077***
	(0.224)	(0.229)	(0.236)	(0.244)
样本量	1 824	1 824	1 824	1 824
模型卡方	104.076	98.43	105.049	111.483
对数似然率	−1 178.54	−1 181.63	−1 178.43	−1 173.60

注：*** $p<0.001$，** $p<0.01$，* $p<0.05$，+ $p<0.1$，括号中的数字为稳健标准误。

婚姻是结婚意愿的最终体现，了解恋人的结婚意愿对于研究真正意义上的择偶以及婚姻匹配有着重要的意义。国内外相关文献大多强调了匹配中教育同质性的重要性，在 CEPS 抽样调查数据中，由于调查对象为首都大学生，且绝大多数大学生与恋人相遇在大学，教育同质性显而易见。然而越过表面的教育同质性，我们可以发现，地理上以及社会阶层同源的影响不可小觑，一方面，它们在一定程度上调节了教育的作用；另一方面，这种地理上及社会阶层上的同源可以维护和复制既有社会结构以抗衡浪漫爱情对原有秩序的冲击，从而在一定程度上影响了未来婚姻结合的概率。

第3节　大学生的婚恋与性观念

婚恋观是人们价值观在婚姻、恋爱问题上的体现。大学生婚恋观直观反映了当今时代的婚姻恋爱取向的基本特征，以及社会主流价值观的发展方向。该节主要探讨了婚恋观的两个重要组成部分，恋爱观与性态度。

一、恋爱观

爱情是一种抽象的复杂现象，是受社会因素影响的生理、心理和主观情感的结合体。诺克斯与斯帕克斯基（1968）曾提出，爱情包含两种基本态度——浪漫主义爱情与现实主义爱情。浪漫主义爱情观认为除了爱情，其他不论习俗、传统、阶级还是宗教都无法成为选择伴侣的理由；对立于浪漫主义爱情，现实主义爱情观视爱情为一种平静、可靠和安慰性的情感。基于此，结合《中国大学生成长报告2012》第8章有关爱情观的测量，我们将CEPS调研所用量表中的23道题目分为两类——浪漫与现实。其中，构建浪漫与现实分数所包含的题目有①：

浪漫：

- 尽管他/她的朋友很讨厌，但这不会影响我爱他/她。
- 与爱情相比，社会地位等其他方面的差异都不重要。
- 不管其他什么因素，只要我爱他/她，就足以结婚。
- 如果与恋人分手，我的世界将变得乏味和痛苦。
- 爱是非理性的，只能跟着感觉走。
- 爱情可以创造一切奇迹。
- 如果爱上一个人，我就会主动去追求。
- 爱是最重要的，其他一切都可以不考虑。
- 不能与所爱的人结合，我会觉得人生毫无意义。

---

① 所构建因子的Cronbach's α——信度系数均超过0.70。其中，现实因子的信度系数为0.700 5，浪漫因子的信度系数为0.774 3。

● 爱情会使人神魂颠倒。

● 我所爱的人即使父母亲友都反对，我也不在乎。

● 我深信有情人终成眷属。

现实[①]：

● 与爱情相比，社会地位等其他方面的差异都不重要。

● 在确定关系前，我会考虑对方未来的发展情况。

● 择偶时一个重要的考虑因素是对方对我事业的影响。

● 在确定关系前，我会考虑对方的遗传基因对我们将来孩子的影响。

● 爱情要有一定物质基础，只有爱情是不能长久的。

● 择偶时我会认真考虑对方的经济条件。

有关爱情观量表自第一期调查开始每年都有涉及，为适应每年由于样本流失与损耗造成的样本偏差，构建因子时，我们采用等量加权法。所得因子的描述统计可见表 4—9。数据显示，对于 2008 级大学生，浪漫分数随年并无显著变化，从大一到大三，现实分数不断升高，而到了大四，现实分数却在一定程度上有所回落。对于 2006 级学生，其浪漫分数随年不断升高，而现实指数也呈现出先升高然后稍有回落的趋势。

表 4—9　　2006 级、2008 级学生的恋爱观变化趋势的描述性统计

年份		2008 级		2006 级	
		浪漫	现实	浪漫	现实
2009	均值	2.804	3.170	2.816	3.217
	标准差	0.593	0.718	0.602	0.719
2010	均值	2.786	3.265	2.847	3.290
	标准差	0.567	0.666	0.578	0.678
2011	均值	2.809	3.290		
	标准差	0.586	0.646		
2012	均值	2.779	3.245	2.870	3.248
	标准差	0.617	0.645	0.633	0.680
	p 值	0.234	0.000	0.018	0.002

注：对于 2006 级学生，由于 2011 年爱情观缺失值过多因此在分析中去除。

表 4—10 为 2008 级和 2006 级大学生的爱情观的 OLS 结果预测。对于 2008 级学生，结果显示，在控制了其他特征后，女生的浪漫分数比男生低 0.302；相应地，她们的现实分数比男生高 0.263。正处于恋爱中的学生的浪漫分数更高，现实分数更低。恋爱次数不显著影响大学生的浪漫分数，但是与现实分数呈正相关，即恋爱

① “与爱情相比，社会地位等其他方面的差异都不重要”与其他 5 个量表题目存在方向上的差异。为保证构建因子的内部有效性，在构建现实因子时，我们将该题的量度反转之后，对该 6 道题进行平等加权。

次数越多越现实。就来京前户口而言，来自农村的学生相较于城市学生更浪漫。值得注意的是，家庭社会经济地位对大学生的爱情观也存在一定影响。就浪漫分数而言，家庭背景对其并未产生显著影响；然而家庭背景对现实分数的影响不可忽略，相较于来自中下层家庭的学生，来自中上层家庭的学生更加现实。另外，我们还可以发现，不同班级排名、学校类型及专业背景的爱情观没有显著差异。

对2006级学生，不论他们两年后选择读研或是工作，四年中包含了从毕业到立业的转变，在进一步控制了他们所处状态，即本科生、研究生还是正在就业后，回归结果显示如表4—10最后两列显现。大多数变量的影响与2008级学生相似（如性别、来京前户口、恋爱次数、北京生源、家庭社会经济地位等），其主要区别在于，这里的学校类型及所学专业均对爱情观产生一定程度的影响。相对于非211学校的学生，来自北大、清华以及人大的学生更加现实。就专业而言，理工农业的学生比社会科学的学生更加浪漫，相应地，他们的现实分数也相对较低，尽管后者仅边际显著。就所处状态而言，读研的学生相较于本科生更加现实。而就业的学生不论在浪漫分数或是现实分数上均与本科生没有显著区别。

表4—10　　预测大学生爱情观的OLS回归模型

变量	2008级		2006级	
	浪漫	现实	浪漫	现实
女性	−0.302***	0.263***	−0.230***	0.241***
	(0.022)	(0.025)	(0.023)	(0.028)
恋爱中	0.175***	−0.206***	0.134***	−0.203***
	(0.021)	(0.024)	(0.023)	(0.026)
恋爱次数	−0.008	0.017*	−0.003	0.025**
	(0.006)	(0.008)	(0.008)	(0.009)
农村	0.081***	−0.144***	0.044+	−0.081**
	(0.024)	(0.026)	(0.026)	(0.029)
北京生源	0.01	−0.003	0.036	0.046
	(0.025)	(0.029)	(0.027)	(0.033)
自我效能感	0.098***	0.084***	0.084***	0.116***
	(0.021)	(0.022)	(0.022)	(0.026)
外向性格	0.003	0.021**	0.014*	0.007
	(0.006)	(0.007)	(0.007)	(0.008)
家庭社会经济地位（参照组：中下层）				
中层	0.025	0.035	−0.010	0.006
	(0.024)	(0.027)	(0.025)	(0.029)
中上层	−0.012	0.078*	−0.017	0.098*
	(0.032)	(0.036)	(0.034)	(0.041)

续前表

变量	2008 级		2006 级	
	浪漫	现实	浪漫	现实
学校类型（参照组：非 211）				
211 学校	−0.041+	0.025	0.009	0.029
	(0.024)	(0.028)	(0.026)	(0.032)
北清人	−0.003	0.044	−0.018	0.097**
	(0.026)	(0.030)	(0.029)	(0.033)
专业（参照组：社会科学）				
人文学科	−0.044	0.037	0.012	0.022
	(0.031)	(0.036)	(0.035)	(0.044)
理工农业	0.014	−0.028	0.055*	−0.051
	(0.025)	(0.028)	(0.026)	(0.031)
班级排名	0.014	−0.056		
	(0.041)	(0.046)		
状态（参照组：本科）				
研究生			0.001	0.090**
			(0.026)	(0.030)
工作			0.035	−0.002
			(0.025)	(0.028)
时间（参照组：2009）				
2010	−0.014	0.096***	0.026+	0.077***
	(0.013)	(0.016)	(0.015)	(0.017)
2011	0.003	0.121***		
	(0.015)	(0.017)		
2012	−0.036*	0.060**		
	(0.017)	(0.020)		
常数项	2.573***	2.763***	2.500***	2.757***
	(0.077)	(0.085)	(0.077)	(0.091)
样本量	9 027	9 027	6 034	6 034
R^2	0.100	0.091	0.067	0.07

注：*** $p<0.001$，** $p<0.01$，* $p<0.05$，+ $p<0.1$，括号中的数字为稳健标准误。

二、性观念

性观念体现了文化上与性行为相关的道德准则，有关性观念的确立不仅仅存在于两个人之间，在一定程度上反映了社会通行的规范，因此，考察处于从青春期向成人过渡时期的大学生的婚恋观时，他们的性观念不容忽视。

CEPS调查在2012年新增了有关性观念的问题。本分析就婚前性行为、婚外性行为以及同性性行为的态度做了简要讨论。调查中问题的具体问法为："你认为婚前性行为对不对?"，"你认为婚外性行为对不对?"以及"你认为同性性行为对不对?"，选项为5分制，从1至5分别表示总是不对的、大多数情况是不对的、说不上对与不对、有时是对和完全是对的。相关性观念的分布如图4—4所示，在有关婚前性行为看法上，有79.74%的学生持宽容态度，21.63%的学生表示同意；对于婚外性行为，相应百分比为16.05%、3.09%；而对于同性性行为的态度上，持宽容态度的大学生比例达64.49%，其中仅有12.46%表明同意态度。

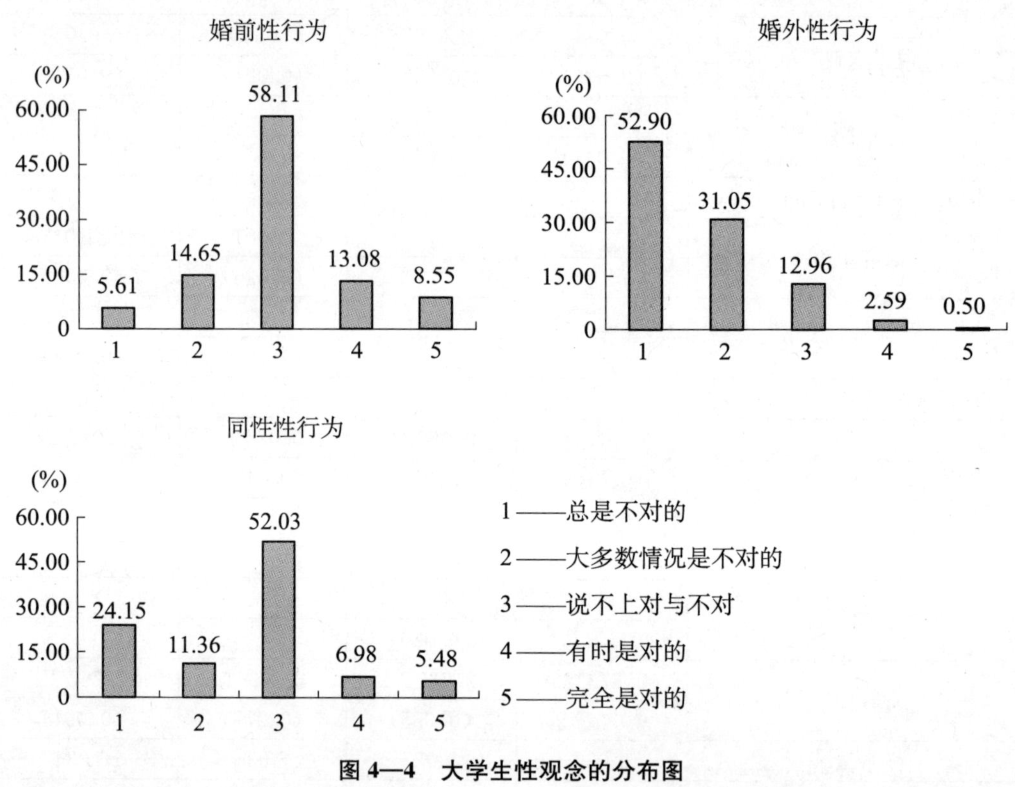

图4—4 大学生性观念的分布图

在接下来的OLS分析中，我们就在大学生中，有关婚前性行为、婚外性行为以及同性性行为这三种性观念的影响因素进行了讨论，回归结果见表4—11。数据显示，性观念存在性别差异，具体而言，女性相对于男性对婚前性行为以及婚外性行为的同意度更低，而对同性性行为的同意度更高。恋爱中的学生更倾向于同意婚前性行为，而对婚外性行为以及同性性行为的同意度更低。就来京前户口而言，来自农村的学生性观念相对保守，他们与城市的学生相比对婚前性行为以及同性性行为的同意度均更低。就家庭社会经济地位而言，来自中上层家庭的大学生相对于来自中下层家庭的大学生持相对开放的性观念，他们更可以接受婚前性行为，也更支持同性性行为。按学校类型来看，相对于在非 211 学校就读的学生，就读于北清人的学生对婚前性行为以及同性性行为的同意度更高。就所读专业而言，人文学科的学生性观念更开放。与社会科学或是理工农业的学生相比，他们更支持婚前性行为，也更支持同性性行为。

表 4—11　　预测大学生性观念的 OLS 回归模型

变量	婚前性行为	婚外性行为	同性性行为
女性	−0.297***	−0.376***	0.413***
	(0.034)	(0.031)	(0.041)
恋爱中	0.150***	−0.140***	−0.128***
	(0.031)	(0.028)	(0.037)
农村	−0.105**	−0.044	−0.136**
	(0.034)	(0.033)	(0.043)
北京生源	0.05	−0.011	−0.046
	(0.041)	(0.037)	(0.049)
家庭社会经济地位（参照组：中下层）			
中层	0.020	0.040	0.033
	(0.036)	(0.034)	(0.043)
中上层	0.109*	0.06	0.154**
	(0.050)	(0.044)	(0.056)
状态（参照组：本科）			
研究生	0.098*	−0.032	0.007
	(0.044)	(0.038)	(0.049)
工作	0.150***	0.070*	0.029
	(0.037)	(0.035)	(0.045)
学校类型（参照组：非 211）			
211	−0.003	0.059	0.115*
	(0.040)	(0.036)	(0.047)
北清人	0.136**	0.073+	0.392***
	(0.043)	(0.038)	(0.050)
专业（参照组：社会科学）			
人文学科	0.191***	0.053	0.175**
	(0.050)	(0.045)	(0.060)
理工农业	−0.022	−0.054	−0.001
	(0.038)	(0.035)	(0.046)
常数项	2.983***	1.866***	2.266***
	(0.059)	(0.055)	(0.071)
样本量	3 945	3 945	3 945
R^2	0.045	0.059	0.067

注：*** $p<0.001$，** $p<0.01$，* $p<0.05$，+ $p<0.1$，括号中的数字为稳健标准误。

第4节 小结

一直以来，大学生恋爱都是广为关注的话题。本分析用CEPS数据就大学生的恋爱行为与态度进行了系统的分析与讨论。考虑到2006级与2008级学生所经历社会情境的差异性，我们在研究中对两个目标群体进行了区分。

就恋爱行为而言，2008级和2006级的恋爱比例在同阶段下（即同处于大三或大四时）并无明显差异，均呈现逐年增加的趋势，然而两群体在恋爱次数上的差异显著。相较于2006级学生，2008级学生的恋爱次数更多。进一步对恋爱发生比建模，我们发现，大多变量效应在两群体中相似。就差异来看，对于2008级学生，家庭社会经济地位对于这些一直处于大学时代的学生的恋爱概率并无显著影响。排名与时间的交互效应显著存在于男生当中，从大一到大四，男生成绩的效应对恋爱概率起着越来越重要的作用。对于2006级学生，影响他们的恋爱状况的因素略有不同。就家庭背景而言，来自中上层家庭的大学生相对于来自中下层家庭的大学生的恋爱发生比更高，这一效应显著存在于女生当中。且不论读研还是工作，相比于本科阶段的学生，他们的恋爱概率均更高。进一步就两群体的恋爱次数进行估计，所得结果大致相同。

就择偶标准而言，不论性别、生源地、家庭背景，或所处的社会情境（本科生，读研或工作），大学生恋人在社会阶层上均不存在显著差异。进一步利用逻辑回归模型估计大学生恋人的结婚意愿，可以发现，恋人为同乡、校友同学或来自同社会阶层对结婚意愿均起着正向影响，而在同时控制了三个变量后，恋人双方为校友同学的效应不再显著。因此，在择偶及婚姻匹配研究中，越过教育同质性这一普适理论，地理及社会阶层同源的影响不可小觑。

就婚恋观而言，不论对于2006级还是2008级学生，男女在爱情观上均存在差异，相较之下，女生的浪漫分数更低，现实分数更高。恋爱次数越多的大学生爱情观越现实。相比城市的学生，来自农村的学生更浪漫。就家庭背景而言，来自中上层家庭的学生相较于来自中下层家庭的学生在爱情观上更加现实。两群体区别在于，对于2008级学生，学校类型与所读专业对爱情观并无显著差异。这点对2006级学生则不然，相对于非211学校的学生，来自北大、清华以及人大的学生更加现实。而就专业而言，理工农业的学生比社会科学的学生的爱情观更浪漫且更不现实。就所处状态而言，研究生相较于本科生更加现实，而就业的学生在爱情观上与本科生没有显著区别。作为婚恋观的一个重要组成部分，我们进一步对大学生的性观念（婚前性行为、婚外性行为及同性性行为）进行了探讨。结果显示，性观念存在性别差异，具体而言，女性相对于男性对婚前性行为以及婚外性行为的同意度更低。另外，来自城市、中上层家庭、就读于北清人或是专注于人文学科的学生，性观念更开放，相较之下，他们更支持婚前性行为，也更能理解同性性行为。

参考文献

范春林．论婚姻的爱情基础．社会科学，1993（1）.

刘聪颖，邹泓．国外爱情观研究综述．国外社会科学，2009（6）.

徐旭如．论当代婚姻的非爱情基础．四川教育学院学报，2002（7）.

Fisman，R.，Lyengar，S. S.，Kamenica，E.，Simonson，I.. Gender Differences in Mate Selection：Evidence from a Speed Dating Experiment. *Quarterly Journal of Economics*，2006，121（2）：673-697.

Knox，D. H.，Sporakowski，M. J.. Attitudes of College Students Towards Love. *Journal of Marriage and the Family*，1968，30：638-642.

第 5 章　大学生的社会价值观

在对人们主观世界（例如态度、评价、幸福感、价值观、社会观等）的社会科学研究中，教育和世代是两个经常被强调的区分社会群体的重要变量。例如，较高的受教育程度与自由主义之间有着相当稳定的联系，而这一关系可以由认知发展理论和/或社会化理论来解释（Kingston et al.，2003；Phelan et al.，1995）；世代之间在对社会整体收入不平等的态度上有着差异，虽然具体的差异模式在成熟的市场经济国家和转型国家中可能有所不同（Kelley and Evans，1993；Saar，2008）。第二次世界大战后，伴随着许多国家的经济社会发展和高等教育的扩张，年轻人的受教育程度越来越高，尤其是接受了高等教育的年轻人占社会总人口的比例越来越高，教育和世代对人们态度观念与行为倾向的影响可能还会相互加强。近年来在一些国家发生的频繁或大规模的青年社会运动及其所造成的深远影响，可以理解为这种相互强化效应的社会后果。这一群体在将来必然会成为社会的中坚力量。因此，研究青年文化精英的社会价值观这一重要议题使我们不仅可以深入了解这一特殊群体的特征，而且能够预判社会主流价值观的变化趋势。

我们所说的青年文化精英，在这里就是大学生群体。大学时代是人生发展至关重要的阶段。一个人对社会和国家的看法，当然与其家庭背景和成长环境有关，在接受高等教育这一人生阶段，他们除了学习知识，也是世界观、人生观逐渐形成的时期。大学毕业之后，绝大部分人将会从事管理和专业技术工作，不少人将成为社会的精英人才。称大学生为当代青年中的文化精英并不为过。一个国家的大学生的社会价值观，一方面是集中反映当时的国家和社会发展的整体精神风貌的指针，另一方面也对国家和社会的未来有着重要的影响。近十几年来，国内学者对青年价值观的研究开始成为一个热点议题和重要领域（王沛沛，2010；李春玲等，2011），但是，以往关于大学生或青年的价值观的研究，要么从政治思想工作的角度泛泛而谈，缺乏实证数据，要么基于个别学校的一些不太系统的截面调查数据的描述，缺乏对价值观形成的动态过程的把握。

大学是追求理想，也是摧毁理想的地方。大部分风华正茂的高中毕业生，怀着对人生理想和未来的憧憬进入大学。与高中时代不一样，他们有更多的时间，与不同的人交往，阅读教科书以外的正面的或负面的东西，对很多问题开始形成独立思考的批判性思维。当他们从学校走向社会的时候，又面临着另外一次理想和现实的冲突。个人的生活经历和际遇，也对形塑他们的人生观、社会观和对国家的看法有着重要的影响。

本章探讨首都大学生的社会价值观的总体状况、群组差异和变化趋势。首先我们对大学生社会价值观的总体特征进行描述，构造测量社会价值观的多维变量，描述包括他们对国家发展的评价、对社会冲突的评价、民主倾向以及对成功因素的评价。接着我们探讨在不同维度的价值观上的群组差异，考虑个体随时间和人生经历而产生的变化。最后是总结发现和简短的讨论。

第 1 节　社会价值观的总体特征

调查问卷中共有四组态度或主观评价题目与社会价值观有关。

第一组题目是对国家发展的评价，具体又包括两个题项：(1) 你对当前我国各方面发展现状的满意度可以打多少分（0～100 分）？(2) 你对我国各方面发展前景的乐观程度可以打多少分（0～100 分）？这两个测量可分别称为“现状评价”和“前景评价”。

第二组题目是对社会冲突的评价，具体是让样本分别评估以下 6 种社会冲突的严重程度（5 分制，1 表示冲突很小，5 表示冲突严重）：(1) 穷人与富人之间的冲突；(2) 工人阶级与白领阶层之间的冲突；(3) 干部与群众之间的冲突；(4) 管理人员与一般工作人员之间的冲突；(5) 工厂老板与工人之间的冲突；(6) 社会上层与社会下层之间的冲突。

第三组题目是一组态度量表题，事先并没有严格的概念指向，包括以下 9 项表述（1～5 分，从完全同意到完全不同意）：(1) 穷人之所以穷，是因为社会对他们不公平；(2) 知识水平越高，在政治上的发言权就应该越大；(3) 服从政府总是不会错的；(4) 应该从收入高的人那里征更多的税来帮助穷人；(5) 政治的事情太复杂，最好离得远点；(6) 经济发展才是关键，政治制度民主与否是次要的；(7) 财产越多，在政治上的发言权应该越大；(8) 穷人之所以穷，是因为他们工作不努力；(9) 当法律与政策不一致时，应当以政策为准。

第四组题目是对以下各因素在一个人获得事业成功上的重要性评价（1～5 分，1 表示毫不重要，5 表示极为重要）[①]：(1) 家境富裕；(2) 父母教育程度高；(3) 自己受过良好教育；(4) 年龄；(5) 容貌；(6) 性别；(7) 出生在好地方；(8) 个人的聪明才智；(9) 有进取心/有事业心；(10) 努力工作；(11) 社会关系多；(12) 认识有权的人；(13) 政治表现；(14) 运气。

我们从这些测量题项入手，利用因子分析，将社会价值观操作化为包括国家发展评价、社会阶层冲突评价、民主倾向、家庭背景和个人才干（对事业成功）的重要性评价几个主要方面的多维度综合体，并着重从这几个方面来描述北京大学生社会价值观的总体状况。

一、对国家发展的评价

该评价包括两个测量指标，即国家发展现状评价和国家发展前景评价。从表 5—1 可见，大部分样本历年来对国家发展的评价都在 60～80 分之间，且对前景的评价还要略高于对现状的评价。因此，总体上来看，当代大学生对国家发展是持肯定态度的，对发展前景也是看好的。

表 5—1　　国家发展现状评价和前景评价变量的均值（2009—2012 年）

	现状评价（均值）	前景评价（均值）
2009 年	77.13	81.19
2010 年	74.11	76.88
2011 年	63.51	67.08
2012 年	69.82	72.01

二、对社会冲突的评价

各期数据的因子分析结果表明，大学生对社会冲突的评价可以归纳为两个因子。第一个因子可以概括为“阶层冲突”，包括穷—富冲突、干—群冲突、上层—

① 注意，由于问卷设计的原因，2011 年调查时只对在校学生样本（包括本科生和研究生）而不是全部样本询问了这组题目；到 2012 年调查时，又恢复了对全部样本都询问这组题目。

下层冲突 3 个题项；第二个因子可以概括为“职场冲突”，包括管理人员——一般人员冲突、老板—工人冲突 2 个题项。[①] 这两个因子在各期数据中都解释了样本 80%以上的变异。鉴于在校大学生对“职场冲突”或许有一定的隔膜，我们重点关注他们对“阶层冲突”的评价。

因子分析的结果进一步表明，如果用穷—富冲突、干—群冲突、上层—下层冲突这 3 个题项来构造关于阶层冲突评价的单一测量指标，则反映测量效度的 α 值在 2009—2012 年的各期数据中都分别达到了 0.70、0.72、0.80。因此，我们可以通过对这 3 个题项求平均值，得到一项关于阶层冲突评价的单一测量指标（连续型变量），取值范围在 1～5 之间。为了数据展示的方便，我们将 1～3 之间的取值合并为“冲突不严重”，将取值 3 表示为“一般”，将 3～5 之间的取值合并为“冲突严重”，得到北京大学生对社会阶层冲突的评价分布如表 5—2 所示。

表 5—2　　社会冲突评价变量的离散分布（2009—2012 年）（%）

	冲突不严重	一般	冲突严重	合计
2009 年	13.55	14.11	72.34	100
2010 年	7.74	9.94	82.32	100
2011 年	4.91	9.39	85.71	100
2012 年	5.31	11.91	82.78	100

可见，在 2009 年首期调查时，样本认为社会阶层冲突“严重”的比例就已经达到了 72.34%！到了 2010—2012 年，该数字更是达到了 82%以上！这表明，大学生群体对社会阶层冲突有着很深的担忧，这一数据无疑是令人警醒、发人深省的。

三、对民主的倾向和态度

调查问卷中所列举的 9 个态度题项，并没有严格的概念指向，我们仍然利用因子分析方法来识别潜在的测量维度。结果表明，这 9 个态度题项可以归纳为两个因子。第一个因子包括第（6）题“经济发展才是关键，政治制度民主与否是次要的”和第（7）题“财产越多，在政治上的发言权应该越大”；第二个因子包括第（3）题“服从政府总是不会错的”和第（9）题“当法律与政策不一致时，应当以政策为准”。这两个因子在各期数据中都解释了样本 50%以上的变异。

从潜在概念上来看，这 4 个题项似乎都反映的是民主倾向。进一步比较合并第

① 剩余 1 个题项在因子分析的结果中表现得很差，因此不再作考虑。

(6) 和第 (7) 两个题项的 α 值、合并第 (3) 和第 (9) 两个题项的 α 值，以及合并所有这四个题项的 α 值，发现最后一个变量构造策略是最好的。因此，我们通过对这 4 个题求平均值，得到关于民主倾向的单一测量指标（连续型变量）。它的取值范围在 1～5 之间。[①] 为了数据展示的方便，我们再次将 1～3 之间的取值合并为“民主倾向较弱”，将取值 3 表示为“一般”，将3～5之间的取值合并为“民主倾向较强”，得到样本的民主倾向分布情况如表 5—3 所示。

表 5—3 的数据显示，当代大学生的民主倾向是相当明显的，属“较强”的比例各期均在 80%左右。然而，他们的民主倾向程度在随后的几年间似乎略有下降的趋势，表现为“一般”的比例在稳步扩大：从 7.76%到 8.38%，再到 10.20%，最后到 16.09%。同时，“较弱”的比例也在下降，从 9.92%到 8.93%，再到 7.94%，再到 7.03%。这表明，首都大学生的民主倾向虽然相对维持在高位的水平，但也有不少人开始慢慢褪去理想主义的色彩，趋于温和与现实。

表 5—3　民主倾向变量的离散分布（2009—2012 年）（%）

	民主倾向较弱	一般	民主倾向较强	合计
2009 年	9.92	7.76	82.33	100
2010 年	8.93	8.38	82.69	100
2011 年	7.94	10.20	81.86	100
2012 年	7.03	16.09	76.88	100

四、对成功因素的评价

调查问卷中所列举的各项因素，直观来看可以划分为家庭背景、先天条件、个人才干、社会关系等几大类。因子分析的结果也支持了这种潜在的概念谱系，识别出了 4 个因子：“家庭背景”因子包括第 (1) 和第 (2) 题（家境富裕、父母教育程度高）；“先天条件”因子包括第 (4)、第 (5)、第 (6) 题（年龄、容貌、性别）；“个人才干”因子包括第 (8)、第 (9)、第 (10) 题（个人的聪明才智、有进取心/有事业心、努力工作）；“社会关系”因子包括第 (11) 和第 (12) 题（社会关系多、认识有权的人）。这四个因子在各期数据中都解释了样本 80%以上的变异。有趣的是，“自己受过良好教育”并不在这些因子之列，可能是由于大学生这个群体的特殊性所致，因为相对于绝大多数的同龄人来说，他们都受过良好的教育。

由于“家庭背景”和“个人才干”分别体现了社会意义上的先赋和自致因素，

① 注意，这里作了反向处理，即新构造的民主倾向测量与问卷中的原始态度测量是反向的。

我们这里重点关注大学生对这两个因素在个人事业成功上的重要性评价。通过对属于同一因子的相应题项求平均值，我们得到了对家庭背景重要性和对个人才干重要性的单一测量（连续型变量），取值范围均在 1～5 之间。同样，为了展示数据的方便，我们再次将 1～3 之间的取值合并为“不重要”，将取值 3 表示为“一般”，将 3～5之间的取值合并为“重要”，则总样本对家庭背景和个人才干重要性的评价分布如表 5—4 所示。

表 5—4　家庭背景重要性评价和个人才干重要性评价的离散分布（2009—2012 年）（%）

		2009 年	2010 年	2011 年*	2012 年
家庭背景	不重要	16.38	13.22	10.62	10.29
	一般	19.21	18.83	20.07	20.36
	重要	64.42	67.95	69.31	69.35
	合计	100	100	100	100
个人才干	不重要	0.69	0.86	1.04	1.78
	一般	1.15	1.31	4.42	6.25
	重要	98.16	97.83	94.54	91.97
	合计	100	100	100	100

注：* 本期数据仅限在校生。

可见，对个人才干重要性的评价变异性非常小，大部分（90%以上）的人都认为该因素对事业成功来说是重要的。相比而言，对家庭背景重要性的评价有一定程度的变异，虽然 60%以上的人认为该因素重要，但也有不少比例的人认为该因素并不那么重要。从变化趋势上来看，受访者对家庭背景重要性的评价似乎有上升的趋势，认为该因素“重要”的比例从 2009 年的 64.42%上升到 2012 年的 69.35%，相应地，认为该因素“不重要”的比例从 16.38%下降至 10.29%。对个人才干重要性的评价则似乎有下降的趋势，认为该因素“重要”的比例从 98.16%下降至 91.97%。这可能反映了大学生从学校走向社会、特别是找工作过程中的一些挫折感受。

总之，我们将社会价值观视为包括国家发展评价、社会阶层冲突评价、民主倾向和成功因素评价的多维度综合体。前两者侧重反映“社会观”，即如何评价社会发展的水平和社会冲突的严重性，总体情况是喜忧参半：一方面，样本对发展现状基本感到满意，对发展前景也基本感到乐观；但另一方面，样本又普遍认为目前存在严重的社会阶层冲突。后两者更多反映的是“价值观”，对民主原则的秉持和对先赋与自致因素各自重要性的评价，总体情况是，首都大学生普遍具有较强的民主倾向，且认同“个人才干”这一自致因素对于成功的重要性。

第2节　社会价值观的群组差异

在描述了当代大学生的社会价值观的总体状况后，我们在这一节将深入探讨社会价值观的群组差异。从前文已经可以看出，在不少指标上，大学生内部是存在一定差异的。例如，在国家发展评价上，明显能看出有些人较高而有些人较低；对于家庭背景因素，也能看出有些人更重视而有些人不那么重视。那么，究竟有没有群组差异，如果有，它们又是沿着哪些维度在产生分化？

分析群组差异首先要选取有效的因变量。根据前面对样本总体情况的描述，我们决定依次分析以下四个因变量。前两个因变量大致反映了“社会观”，后两个因变量大致反映了“价值观”。

因变量1是国家发展前景评价。[①] 该变量是一个连续型变量，取值范围为0～100分。因变量2是社会阶层冲突评价。它是通过对3个测量题项求平均值得到的一个连续型变量，该变量的取值范围为1～5，取值越大表示认为社会阶层冲突越严重。因变量3是民主价值倾向。它是通过对4个测量题项求平均值得到的一个连续型变量，该变量的取值范围为1～5，取值越大表示民主价值倾向越高。因变量4是家庭因素评价，它是通过对2个测量题项求平均值得到的一个连续型变量，该变量的取值范围为1～5，取值越大表示对家庭背景因素在个人事业成功上的重要性评价越高。

对作为本书研究对象的大学生来说，群组差异应该主要来自三大方面：一是家庭背景的差异，二是学校环境的差异，三是自身成长的差异。另外，由于“首都大学生成长追踪调查”在抽样时就设计了两个年级（2006级和2008级）的构成形式，年级又可以单独构成一个方面的群组差异。理论上，每个方面都涉及许多变量，但囿于数据和篇幅局限，我们在这里只挑选出其中的一些进入分析模型。在这些进入模型的所有变量中，我们最关心的群组变量主要有以下四个（分别对应于四大方面）：

（1）年级。它是一个二分变量，0表示2006级（参照组），1表示2008级。

（2）城乡出身。在测量上，我们既可以选择用样本上大学之前的户籍类型（城镇户籍或农村户籍）来反映城乡出身，也可以选择用样本上大学之前家庭所在地的

① 由于前景评价与现状评价是高度相关的，我们选择分析其中一个即国家发展前景即可。

城乡类型（城市地区或农村地区）来反映城乡出身。但是，由于这两个变量高度相关，所以最终只选择城乡类型变量进入模型。它是一个二分变量，0 表示城市出身（参照组），1 表示农村出身。

（3）学校层次。我们将样本所属的大学划分为三个层次：一般大学（非 211 大学）、重点大学（211 大学）、精英大学（北大/清华/人大）。

（4）党员身份。它是一个随着时间变化的二分变量，0 表示样本在当期接受调查时不是中共党员（参照组），1 表示样本在当期接受调查时是中共党员。

其他控制变量包括性别、生源地、专业学科、是否学生干部、校外兼职、是否毕业进入社会、是否调查时出境/出国。其中，后四个变量可以看作时期变量，因为只有在特定的调查时期才会涉及这些信息。[①] 限于篇幅，在下面呈现分析结果时将只报告群组变量而不报告控制变量和时期变量。

一、国家发展前景评价的群组差异

对国家发展前景评价的 OLS 回归模型的结果见表 5—5。就我们最关心的四个群组差异来说，综合各期数据的情况整体来看，年级、城乡出身、党员三个变量的影响是显著的，只有学校层次变量不显著。其中偶尔也有例外，例如，城乡出身差异在 2010 年时不显著，学校差异在 2011 年时显著。但总体而言，2008 级比 2006 级对国家发展前景的评价更高，农村出身的大学生比城市出身的大学生对国家发展前景的评价更高，党员比非党员对国家发展前景的评价更高。

表 5—5　　对国家发展前景评价的 OLS 回归结果（2009—2012 年）

群组变量	2009 年		2010 年		2011 年		2012 年	
	模型 1	模型 2	模型 1	模型 2	模型 1	模型 2	模型 1	模型 2
2008 级	1.314*	1.342*	3.091***	3.077***	12.343***	8.037***	4.854***	3.679***
	(0.472)	(0.464)	(0.557)	(0.540)	(0.788)	(0.899)	(0.711)	(0.740)
农村出身	1.305**	1.387**	0.605	0.697	1.357*	1.432**	1.314**	1.323**
	(0.367)	(0.360)	(0.544)	(0.537)	(0.489)	(0.453)	(0.381)	(0.353)
重点大学	−0.013	−0.039	0.200	0.129	1.603	1.319	0.841	0.732
	(0.475)	(0.476)	(0.467)	(0.485)	(1.111)	(0.964)	(1.094)	(1.019)
精英大学	0.015	−0.001	−0.517	−0.568	2.826*	1.972*	1.548	1.156
	(0.548)	(0.515)	(0.569)	(0.557)	(0.964)	(0.861)	(0.894)	(0.851)

① 是否学生干部和校外兼职这两个变量只会在第一期和第二期数据中使用，因为第三期和第四期时 2006 级的大部分样本已经离校进入社会，这个变量不再适合于所有人；是否毕业进入社会和是否调查时出境/出国这两个变量只会在第三期和第四期数据中使用，因为第一期和第二期时全部样本都是在校生。

续前表

群组变量	2009 年		2010 年		2011 年		2012 年	
	模型 1	模型 2	模型 1	模型 2	模型 1	模型 2	模型 1	模型 2
党员	2.725**	2.361*	3.476***	3.239***	6.605***	5.773***	5.074***	4.719***
	(0.773)	(0.797)	(0.562)	(0.599)	(0.648)	(0.649)	(0.638)	(0.689)
控制变量	yes	yes	yes	yes	yes	yes	yes	yes
时期变量	no	yes	no	yes	no	yes	no	yes
常数项	80.503***	80.072***	75.314***	75.270***	58.765***	63.023***	67.863***	69.396***
	(0.526)	(0.532)	(0.441)	(0.653)	(1.427)	(1.056)	(1.266)	(1.289)
F	14.95***	34.67***	10.15***	8.47***	73.67***	57.21***	22.49***	28.15***
R^2	0.012	0.015	0.021	0.022	0.119	0.129	0.051	0.055
N	4 713	4 713	4 374	4 374	4 070	4 070	3 970	3 970

注：表中报告的是非标准化回归系数，括号中的数字是调整了样本在学校层次聚集的稳健标准误，数据经过加权处理。

*** $p<0.001$，** $p<0.01$，* $p<0.05$。

年级差异应该是来源于人生发展阶段的差异。首期调查时，2008 级学生时为大一，考上大学的成就感和自豪感可能还笼罩着他们；但 2006 级学生时为大三，他们入学时的喜悦情绪可能已经消去，开始考虑未来的不确定性，面临着考研、找工作等各种压力；所以，大一和大三学生在发展阶段上的这种差异会使前者比后者更乐观，因而延伸体现在他们对国家发展前景的评价上。

城乡差异可能来自人生经历或社会经历的差异。农村学生为了能够成功考上大学，在中学阶段基本都是埋头苦读，而且又多是住校而非走读，所以基本生活在校园这个非常封闭的环境中；又由于当下中学的应试教育大行其道，学校基本上不讲授教科书以外的内容，自然会导致农村学生在一成不变的校园环境中对国家和社会的现实情况变得日益隔膜。相反，城市学生自小生活在城市社会环境中，每日上下学往返于学校和家庭之间，经常通过报纸、电视、网络接触到各种社会信息，包括媒体的各种批判性报道乃至各种负面社会新闻。因此，这种中小学期间的社会经历差异可能会使农村学生对国家发展更多持笼统肯定的态度，而使城市学生更多持审慎和批评的态度。当然，城乡学生之间的差异也可能是因为他们的标准或参照系不同所导致的，例如，同样的大学校园设施与生活水平，城市学生跟城市总体水准或家庭生活条件相比，可能会觉得较差；但农村学生跟农村总体水准或家庭生活条件相比，反而会觉得较好；这也会影响到他们对国家发展的评价。但是，这种参照标准的不同归根到底也是由早期的城乡生活经历所形塑的。

党员与非党员的差异可能来自前者经常参加一些党组织活动，经常学习党中央的最新方针、政策、文件，了解到党和政府在经常关心和努力解决各种社会重大问题，因而对国家发展的前景较为看好；也可能来自两组人之间的选择性差异，因为入党的大学生自然在政治上更积极要求进步，对促进社会公平正义与和谐发展有更高的追求，所以对国家发展前景更为乐观。有基于个别大学的实证研究表明，当代大学生对中国共产党执政效能的认同程度总体较低，而且对执政效能的认同程度又显著影响着大学生的入党愿望（蒋荣、代礼忠，2011）。如果可以认为大学生对执政党执政效能的认同与对国家发展的评价是密切相关的，那么我们这里的研究发现与该研究发现可以说是相互印证的，即党员比非党员对执政党执政效能的认同程度更高，因而对国家发展前景的评价也更高。

就控制变量来说，在第三期和第四期数据中，毕业后进入社会这个变量的影响是负的，而且统计上是显著的，意味着大学生离开校园进入社会后，可能接触到很多社会的实际状况乃至阴暗面，导致对国家发展的预期或信心会有所降低。①

从模型的整体解释力来看，还会发现，在使用完全相同的变量的情况下，判定系数 R^2 在逐步提升，从 2009 年的 0.012 到 2010 年的 0.021，再到 2012 年的 0.051。这说明，大学生对国家发展前景的评价不仅由始至终存在着有意义的群组差异，而且使用这些群组维度来理解大学生的国家发展评价差异是越来越有意义的。需要注意的是，2011 年时模型的 R^2 甚至曾经猛增至 0.119，可能是由于调查时学生正处于人生发展阶段的分水岭时期（2008 级学生时为大三，开始面临考研与找工作的压力；2006 级学生时为本科刚毕业，工作与生活可能很不稳定），导致他们更容易将对个体经历的感悟投射到对国家发展的评价上去，所以这时会出现一个剧烈波动。②

综上所述，大学生对国家发展前景的评价确实是沿着一些有意义的群组维度而分化的。这些重要的群组差异，既有先天家庭背景的差异（例如城乡出身），又有成长阶段的差异（例如年级），还有后来成长模式的差异（例如是党员还是非党员，是留在校园还是进入社会）。这些群组差异是一直持续存在的。

二、社会冲突评价的群组差异

对社会冲突评价的 OLS 回归模型的结果见表 5—6。从上文表 5—2 已经可以看出，大学生对社会冲突的评价可能差异较小，因为在每期数据中，绝大多数人都认为社会冲突“严重”。表 5—6 中回归模型的判定系数 R^2 确实也很小，这从另一个角度反映了这一点。

---

① 限于篇幅，控制变量的回归系数未在表中给出。

② 2011 年数据的这种剧烈波动还体现在年级变量的回归系数上，它与其他各期相比明显增大过多。

表 5—6　　对社会冲突评价的 OLS 回归结果（2009—2012 年）

群组变量	2009 年		2010 年		2011 年		2012 年	
	模型 1	模型 2	模型 1	模型 2	模型 1	模型 2	模型 1	模型 2
2008 级	−0.085***	−0.083***	0.000	0.007	−0.224***	−0.292***	−0.086**	−0.105**
	(0.014)	(0.013)	(0.020)	(0.020)	(0.023)	(0.036)	(0.023)	(0.031)
农村出身	0.009	0.007	0.000	−0.004	0.009	0.012	0.026	0.030
	(0.018)	(0.018)	(0.025)	(0.025)	(0.028)	(0.028)	(0.029)	(0.029)
重点大学	−0.031	−0.032	0.023	0.025	−0.014	−0.019	−0.000	−0.005
	(0.034)	(0.033)	(0.041)	(0.040)	(0.035)	(0.034)	(0.022)	(0.023)
精英大学	0.146***	0.147***	0.191**	0.194**	0.088	0.071	0.084*	0.071
	(0.024)	(0.024)	(0.052)	(0.052)	(0.046)	(0.044)	(0.031)	(0.034)
党员	−0.029	−0.022	−0.014	−0.014	−0.055	−0.068	−0.051	−0.056
	(0.032)	(0.033)	(0.027)	(0.023)	(0.037)	(0.037)	(0.026)	(0.028)
控制变量	yes	yes	yes	yes	yes	yes	yes	yes
时期变量	no	yes	no	yes	no	yes	no	yes
截距项	3.587***	3.590***	3.752***	3.730***	4.149***	4.216***	3.979***	4.003***
	(0.030)	(0.032)	(0.041)	(0.037)	(0.050)	(0.045)	(0.029)	(0.039)
F	70.71***	61.20***	3.45*	4.69**	27.47***	162.17***	8.44***	16.57***
R^2	0.012	0.013	0.006	0.008	0.023	0.025	0.005	0.006
N	4 712	4 712	4 370	4 370	4 165	4 165	3 970	3 970

注：表中报告的是非标准化回归系数，括号中的数字是调整了样本在学校层次聚集的稳健标准误，数据经过加权处理。

*** $p<0.001$，** $p<0.01$，* $p<0.05$。

对我们最关心的四个群组差异来说，结果也不甚理想。年级变量在 2009 年、2011 年和 2012 年的三期数据中都是负向显著，表明 2008 级样本对社会冲突严重性的评价要比 2006 级样本显著更低，但在 2010 年的数据中此效应却并不显著。精英大学与一般大学相比，在 2009 年和 2010 年时对社会冲突严重性的评价要显著更高，但在 2011 年和 2012 年时这一效应变得不显著了。此外，城乡出身和党员两个变量在各期数据中都不显著。因此我们认为，大学生在对社会冲突的评价上可能并没有一个稳定的、系统性的群组差异。造成这一现象的原因可能是由于大学生日常生活的校园环境与社会大环境之间还是存在着一定的距离，缺乏足够的社会生活阅历，对社会阶层或群体冲突的了解渠道和了解程度毕竟有限（可能主要局限于媒体报道）。

三、民主价值倾向的群组差异

对民主价值倾向的 OLS 回归模型的结果见表 5—7。在四个群组变量中，学校层次变量是始终显著的，更准确和具体地来说，学校之间的显著差别在于精英大学与一般大学之间，前者的民主价值倾向高于后者。城乡出身变量在第一期时是显著的，农村出身的大学生比城市出身的大学生具有更高的民主价值倾向，但是，到了第二期、第三期和第四期时，该变量变得不再显著了。类似地，年级变量一开始也是显著的，2008 级比 2006 级具有更高的民主价值倾向，但是，到了第三期和第四期，该变量也变得不显著了。最后，有意思的是，党员变量始终不显著，也就是说，党员和非党员之间在民主价值倾向上没有差别。

伴随着上述若干群组变量由显著变得不显著，各期模型的判定系数 R^2 也在减小，从 2009 年和 2010 年的 0.047 和 0.043 降到 2011 年的 0.029，再降到 2012 年的 0.022。这说明，随着时间的推移，大学生在民主价值倾向上的差异在减小，或者更准确地说，在用我们所关心的群组变量和其他控制变量来作分析时，这一差异在逐渐变小。总之，大学生的民主价值倾向在学生生活的早期存在一些有意义的群组差异（例如年级差异和城乡差异），但到了后期，其中的一些差异消失了，只有精英大学与一般大学之间的差异始终存在。

上文在解释大学生对国家发展前景评价的年级差异与城乡差异时，曾经将其分别归结为人生阶段和人生经历的差异。这种解释也适用于他们在民主价值倾向上的差异。上文表 5—3 的总体描述也曾指出，大学生的民主倾向虽然相对维持在高位的水平，但从时期变化来看，也有不少人开始慢慢褪去理想主义的色彩，趋于温和与现实。所以，这里的群组比较结果与总体分析结果是一致的。如果我们将年级差异理解为年龄或阶段差异（两个变量高度相关），则年级差异的消失就表明当年轻人到达一定的年龄时，他们身上原来所具有的更浓厚的理想主义色彩被抹平了。如果我们将城乡差异理解为人生阅历或社会经历差异（正如上文所分析的那样），则城乡差异的消失就表明农村学生身上原来所具有的更浓厚的理想主义色彩也被抹平了。所以，大学生在民主价值倾向上的年级差异与城乡差异的消失，共同反映的是青年人随着时间的推移从理想走向现实的成长历程。

但是，同样在从理想走向现实，精英大学的学生却始终保持了更高的民主价值倾向，表明这个群体真的具有特殊性。他们的大学生身份已经使他们与一般民众有了区别，而他们的精英大学身份更使他们与一般的大学生有了区别。但是，他们的这种特殊性到底来自他们自身的先天特质——能够进入精英大学的人自然不是普通人，还是来自精英大学对他们的后天培养——精英大学特殊的校园历史文化氛围的熏陶，这个问题还有待深入讨论和研究。

表 5—7　　对民主价值倾向的 OLS 回归结果（2009—2012 年）

群组变量	2009 年		2010 年		2011 年		2012 年	
	模型 1	模型 2	模型 1	模型 2	模型 1	模型 2	模型 1	模型 2
2008 级	0.178***	0.176***	0.148***	0.156***	−0.063**	−0.067	0.019	−0.009
	(0.019)	(0.019)	(0.033)	(0.033)	(0.018)	(0.037)	(0.030)	(0.027)

续前表

群组变量	2009年		2010年		2011年		2012年	
	模型1	模型2	模型1	模型2	模型1	模型2	模型1	模型2
农村出身	0.101***	0.107***	0.011	0.012	−0.008	−0.004	0.017	0.017
	(0.017)	(0.017)	(0.029)	(0.030)	(0.028)	(0.028)	(0.036)	(0.035)
重点大学	0.060	0.059	0.075	0.074	0.118**	0.116**	0.057	0.056
	(0.033)	(0.032)	(0.055)	(0.055)	(0.039)	(0.038)	(0.040)	(0.040)
精英大学	0.171***	0.170***	0.238***	0.239***	0.203**	0.192**	0.190***	0.182***
	(0.030)	(0.028)	(0.041)	(0.038)	(0.050)	(0.048)	(0.031)	(0.031)
党员	−0.011	−0.031	−0.030	−0.048	0.021	0.021	0.025	0.016
	(0.036)	(0.033)	(0.028)	(0.029)	(0.023)	(0.024)	(0.026)	(0.023)
控制变量	yes	yes	yes	yes	yes	yes	yes	yes
时期变量	no	yes	no	yes	no	yes	no	yes
截距项	3.642***	3.623***	3.716***	3.681***	3.800***	3.803***	3.648***	3.685***
	(0.032)	(0.036)	(0.059)	(0.058)	(0.055)	(0.066)	(0.063)	(0.054)
F	31.67***	62.80***	20.69***	50.58***	26.79***	24.10***	21.13***	17.42***
R^2	0.047	0.052	0.043	0.045	0.029	0.031	0.022	0.023
N	4 713	4 713	4 365	4 365	4 162	4 162	3 884	3 884

注：表中报告的是非标准化回归系数，括号中的数字是调整了样本在学校层次聚集的稳健标准误，数据经过加权处理。

*** $p<0.001$，** $p<0.01$，* $p<0.05$。

四、家庭因素评价的群组差异

对家庭因素评价的OLS回归模型的结果见表5—8。在四个群组变量中，只有学校层次变量是始终显著的，更准确和具体地来说，精英大学的学生对家庭因素重要性的评价要显著高于一般大学。城乡出身变量和年级变量一开始是显著的，但到后来就变得不显著了。在前三期调查时，农村出身的大学生对家庭因素重要性的认识显著低于城市出身的大学生，但到第四期时，这一差别差不多消失了（2012年时的模型1显著但模型2不显著）；类似地，在第一期调查时，2008级学生对家庭因素重要性的认识显著低于2006级学生，但到第二期、第三期和第四期时，这一差别在统计显著性上就变得较弱了（2010年和2011年时都不显著，2012年时的模型1也不显著但模型2显著）。

与前面的分析相似，城乡差异和年级差异的消失可以理解为大学生在成长过程中逐步从理想走向现实。也就是说，随着农村学生在社会经历上与城市学生的差异逐步减小，他们也变得与城市学生同样重视家庭因素对个人事业成功的重要性了，不再那么理想主义了；随着2008级学生准备告别校园进入社会，成人的脚步越来越近，他们也变得与2006级学生同样重视家庭因素对个人事业成功的重要性了，不再那么理想主义了。但是，同样在从理想走向现实，精英大学的学生却始终保持了对家庭因素重要性的更高评价，再一次表明这个群体真的具有某种特殊性。

十分有意思的是，党员变量在前三期都不显著（意味着党员与非党员对家庭因素重要性的评价没差别），但在第四期时却负向显著（意味着党员比非党员对家庭因素重要性的评价较低）。另外，模型的判定系数 R^2 也有逐渐减小的趋势，从 2009 年的 0.043 降到 2010 年的 0.022，再降到 2012 年的 0.014。这说明，随着时间的推移，大学生在对家庭因素重要性的评价上的差异在减小，或者更准确地说，在用我们所关心的群组变量和其他控制变量来作分析时，这一差异在逐渐变小。

表 5—8　　对家庭因素评价的 OLS 回归结果（2009—2012 年）

群组变量	2009 年		2010 年		2011 年*	2012 年	
	模型 1	模型 2	模型 1	模型 2	模型 1	模型 1	模型 2
2008 级	−0.242***	−0.245***	−0.056	−0.057	0.220	−0.089	−0.177*
	(0.028)	(0.028)	(0.027)	(0.027)	(0.150)	(0.052)	(0.062)
农村出身	−0.205***	−0.206***	−0.184***	−0.185***	−0.133**	−0.076*	−0.076
	(0.036)	(0.035)	(0.033)	(0.033)	(0.040)	(0.035)	(0.036)
重点大学	0.038	0.039	0.052	0.053	0.036	0.071	0.071
	(0.025)	(0.026)	(0.031)	(0.032)	(0.050)	(0.048)	(0.048)
精英大学	0.138**	0.138**	0.135**	0.135**	0.165**	0.158***	0.148**
	(0.035)	(0.034)	(0.036)	(0.036)	(0.043)	(0.037)	(0.037)
党员	−0.057	−0.050	0.008	0.013	−0.052	−0.097**	−0.101**
	(0.028)	(0.032)	(0.019)	(0.022)	(0.034)	(0.029)	(0.028)
控制变量	yes	yes	yes	yes	yes	yes	yes
时期变量	no	yes	no	yes	no	no	yes
截距项	3.564***	3.577***	3.538***	3.543***	3.356***	3.652***	3.754***
	(0.044)	(0.050)	(0.041)	(0.048)	(0.148)	(0.056)	(0.062)
F	45.09***	139.00***	10.18***	20.98***	12.97***	29.09***	80.54***
R^2	0.043	0.044	0.022	0.022	0.016	0.014	0.016
N	4 712	4 712	4 370	4 370	2 293	3 176	3 176

注：* 本期数据仅限在校生样本。

表中报告的是非标准化回归系数，括号中的数字是调整了样本在学校层次聚集的稳健标准误，数据经过加权处理。

*** $p<0.001$，** $p<0.01$，* $p<0.05$。

根据上面对每个因变量的单独分析，我们总结出表 5—9，它舍弃了具体的回归结果，而是从我们最关心的群组差异的角度集中给出了实证数据中的变量关系。由于因变量“社会冲突评价”的分析结果并没有太大的意义，所以这里将之舍弃。由于因变量“家庭因素评价”在 2011 年时并没有对全部样本都作测量，所以这里将 2011 年的数据舍弃。因此，表 5—9 其实是想在总体上归纳出社会价值观的群组差异，我们用“+”表示统计上正向显著，用“−”表示统计上负向显著，用“/”表示统计上不显著。

表 5—9　国家发展背景评价、民主价值倾向、家庭因素评价的群组差异（2009—2012 年）

	2009 年	2010 年	2012 年
国家发展前景评价			
2008 级	+	+	+
农村出身	+	/	+
精英大学	/	/	/
党员	+	+	+
民主价值倾向			
2008 级	+	+	/
农村出身	+	/	/
精英大学	+	+	+
党员	/	/	/
家庭因素评价			
2008 级	—	/	/
农村出身	—	—	/
精英大学	+	+	+
党员	/	/	—

根据表 5—9，对于大学生的社会价值观的群组差异，我们可以得出以下两点结论：

（1）社会价值观的群组差异总体上是存在的，不过，差异沿着哪些维度产生、表现为哪些面向，则要具体问题具体分析。在对国家发展前景的评价上（反映的是“社会观”），只有学校层次之间的差异不存在，在年级、城乡出身和党员身份上的差异是存在的。在民主价值倾向和家庭因素评价上（反映的是“价值观”），情形似乎相反，只有精英大学与非精英大学之间的差异始终存在，而在年级、城乡出身上的差异却只存在于学生经历的早期，另外党员与非党员之间基本没有差别。

（2）从群组差异的变化趋势上来看，大学生在“社会观”上的群组差异似乎是沿着既有的群组维度分化下去的，但在“价值观”上的群组差异却似乎逐渐在消弭，或者更加准确地说，是既有的群组差异在消失。“价值观”的既有群组差异主要体现在年级和城乡出身两个变量上，2008 级比 2006 级的民主价值倾向更高、对家庭因素重要性的评价更低，类似地，农村出身的大学生比城市出身的大学生的民主价值倾向更高、对家庭因素重要性的评价更低。但是，这种年级差异（可视为人生阶段的差异）和城乡差异（可视为人生经历的差异）随着时间的推移而消失了。

第 3 节　社会价值观的变化趋势

在本章第 1 节对社会价值观的总体情况的描述中，我们已经可以看出一些变化趋势：大学生对社会阶层冲突严重性的担忧在加深，在民主倾向上开始有部分人从过度理想走向温和中间派，对家庭背景重要性的认识在上升而对个人才干重要性的认识在下降。但是，当时为了数据展示的方便，我们对某些连续变量作了分类处理，因而损失了信息；此外，单变量的描述分析没有考虑到在四期数据中，样本在人生经历中的许多方面都已经发生了一些重要变化（例如年龄的增长、参加工作等），也没有考虑到在四期数据中样本在某些特征上的总体分布可能会发生一些变化（如党员的比例等）。因此，我们在这一节专门来探讨社会价值观的变化趋势。

需要说明的是，由于因变量“社会冲突评价”的前期分析结果没有太大的意义（见第 2 节），我们这里将之舍弃。由于因变量“家庭因素评价”在 2011 年时并没有对全部样本都作测量，所以这里也将 2011 年的数据舍弃。因而，以下分析将只涉及三个因变量，分别是“国家发展前景评价”、“民主价值倾向”、“家庭因素评价”，且只涉及 2009 年、2010 年和 2012 年的三期数据。

首先，在不损失数据信息的情况下，我们对三个（连续型）因变量在三期数据中的均值情况作图示，以便对社会价值观的总体变化趋势有一个大致的了解。结果见图 5—1。

图 5—1 显示，对同样的一组人，可以看到他们三年间的变化：

（1）被调查的大学生对国家发展前景的评价有降低趋势。2009 年时的均值为 81 分，2010 年时降至 77 分，2012 年时更降至 72 分。

（2）被调查的大学生民主价值倾向似乎没有稳定的趋势。与 2009 年时的均值 3.74 分相比，2010 年时的均值上升至 3.80 分，但 2012 年时的均值又下降至 3.73 分。

（3）被调查的大学生对家庭因素重要性的评价有上升趋势。2009 年时的均值为 3.50 分，2010 年时升至 3.55 分，2012 年时继续升至 3.64 分。

接下来，我们再对群组差异的变化趋势作图示。根据第 2 节中表 5—9 的结论，在国家发展前景评价变量上，年级、城乡出身、党员三个群组变量是显著的；在民主价值倾向和家庭因素评价两个变量上，精英大学与非精英大学之间的群组差异是始终显著的。所以，我们只展示这些始终有统计意义的群组差异。

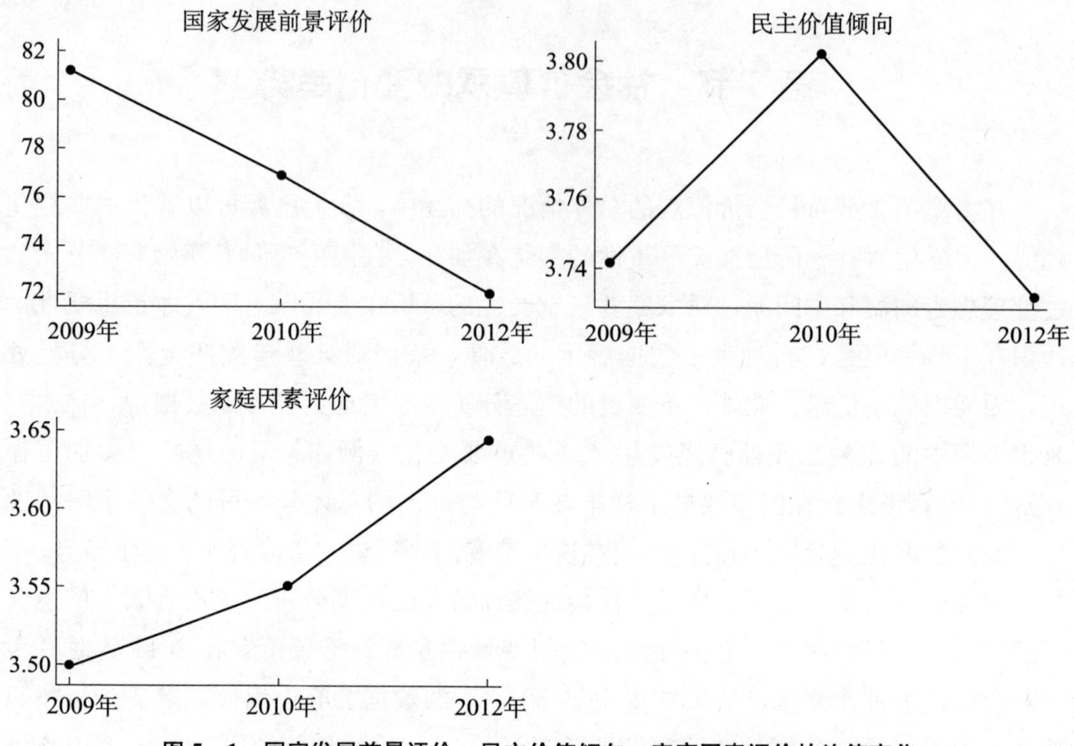

图 5—1　国家发展前景评价、民主价值倾向、家庭因素评价的均值变化

2006 级与 2008 级、城市出身与农村出身、非党员与党员之间在国家发展前景评价变量上的差异趋势见图 5—2。直观来看，年级差异有逐步扩大的趋势，城乡差异有先减小后扩大的趋势，党员与非党员的差异有从不变到扩大的趋势。但是，由于 2009 年和 2010 年时所有样本都还处于上学阶段，所以更有意义的是将这个阶段与 2012 年相比。从这种比较角度来看，三个群组差异都有扩大的趋势（城乡出身的差异扩大趋势较弱）。

精英大学与非精英大学之间在民主价值倾向和家庭因素评价变量上的差异趋势见图 5—3。总体来说，民主价值倾向的群组差异波动较大，而家庭因素评价的群组差异较为稳定。

上述分组图示与总体图示所显示的社会价值观的变化趋势看起来是一致的，即对国家发展前景评价有降低趋势，家庭因素重要性的评价有上升趋势，而民主价值倾向的趋势不明朗。但这些图示都只是单变量的描述统计，还没有考虑到样本特征在各期的变化。所以，最后，我们将借助适用于追踪数据的固定效应模型（fixed-effects model）来考察在控制各种时变变量后的趋势变化。

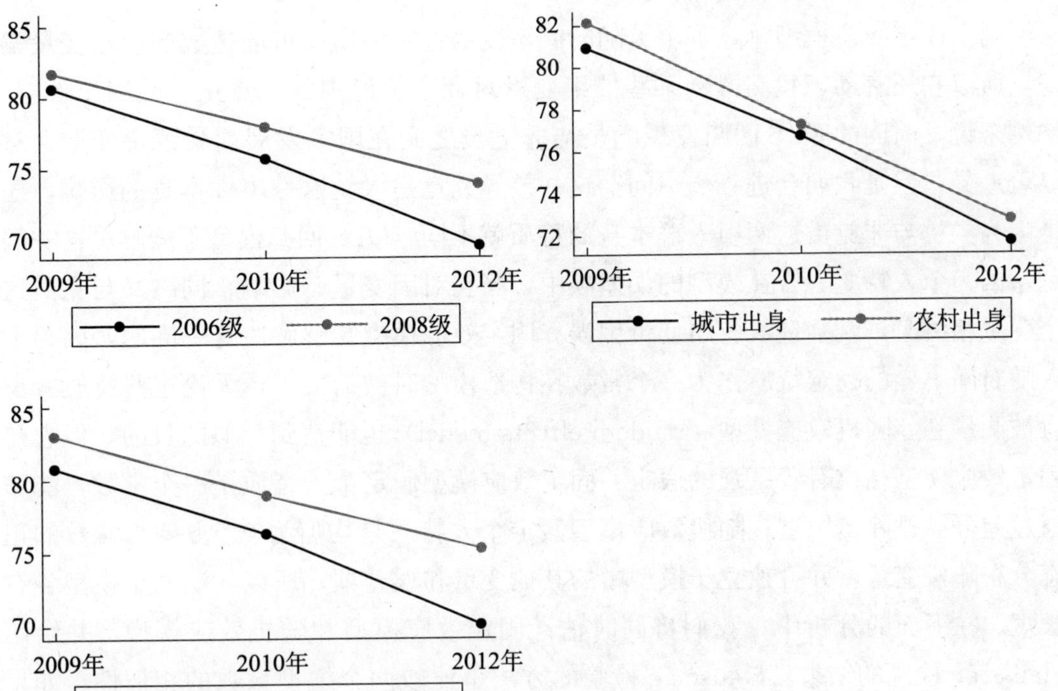

图 5—2　国家发展前景评价的群组均值差异变化

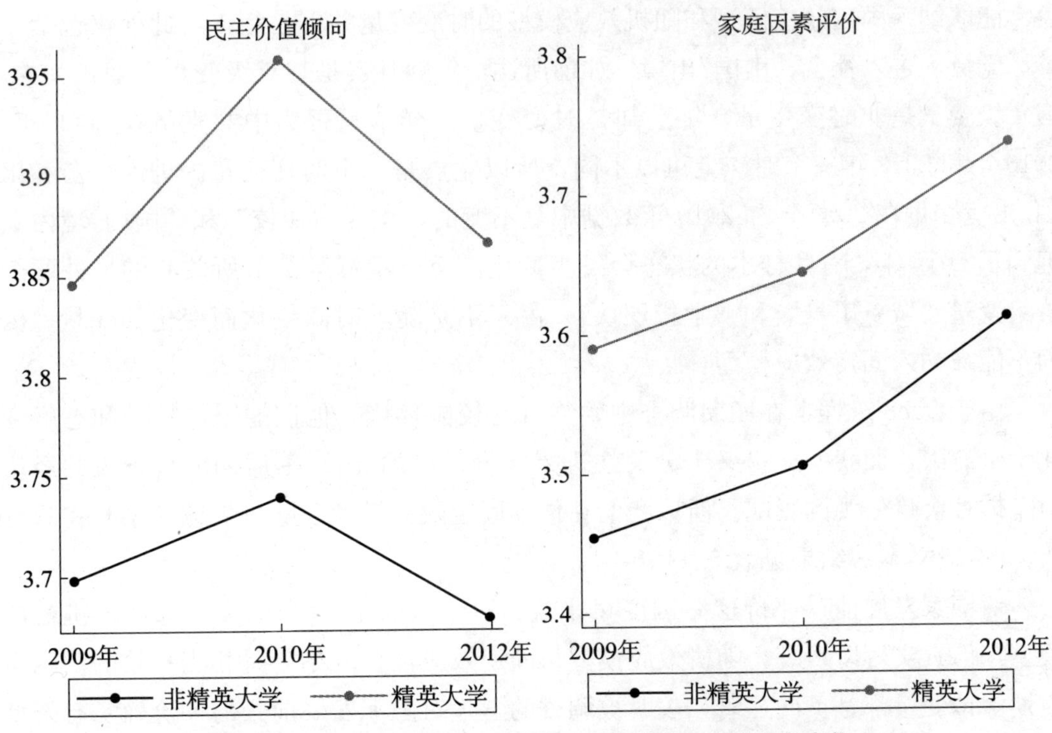

图 5—3　民主价值倾向、家庭因素评价的群组均值差异变化

由于固定效应模型排除了个人随时间不变的稳定特质所可能造成的忽略变量偏误，所以它还有助于我们得到某些群组变量对社会价值观的“真正”的因果效应。举例来说，前面的OLS回归发现党员与非党员之间在国家发展前景评价变量上有显著差异，但是我们会进一步追问，这一差异究竟是入党这一事件本身的影响，还是因为党员与非党员这两组人群本身的特质就不同？OLS回归模型不能解决这一问题，因为个人特质隐含在模型的误差项中，当它对因变量有影响、同时又与党员这个变量相关时，就会造成忽略变量偏误。固定效应模型能够解决这一问题，因为个人随时间不变的稳定特质作为一个常数在构造模型时被消去了，无论这些特质有没有被测量到。随机效应模型（random effects model）也能达到相似的目的，但它与固定效应模型相比有着更强的假定：固定效应模型假定个人特质是一个常数，能够通过差分被排除出模型；随机效应模型假定个人特质是均值为0、方差为常数的正态分布随机变量，并且独立于模型中的其他变量和误差项。所以，这两个模型各有长短。在下面的分析中，我们将同时估计固定效应模型和随机效应模型，并给出Hausman检验的结果。Hausman检验的方法是比较两个模型系数的相似性，如果系数无差异的零假设不被拒绝，就意味着随机效应模型更好；如果系数无差异的零假设被拒绝，则意味着固定效应模型更好。

能够纳入固定效应模型和随机效应模型的时变变量并不是很多，此处仅包括年龄、党员、进入社会、出国/出境。如前所述，年龄其实是与年级变量高度相关的，但年级变量是非时变变量，年龄却是时变变量。样本是否为中共党员在2009年、2010年和2012年三个时点上可以不同，所以党员是一个时变变量。进入社会和出国/出境变量在2009年和2010年数据中是不变的，均为“在校”和“国内/境内”，但到了2012年，有些样本的状态会发生变化。至于本章第2节所关心的另外两个群组变量“城乡出身”和“学校层次”，由于不是随着时间变化而变化的变量，因而不能被纳入固定效应模型。

由于2008级样本在四期调查中始终身处校园环境，他们的个体特征和态度变化十分有限，而我们这里又十分关注进入社会、出国/出境等后期成长阶段的经历对个体社会价值观的影响，所以我们在估计固定效应模型和随机效应模型时将只分析2006级样本。结果见表5—10。

对国家发展前景评价这一因变量来说，Hausman检验的结果是选择随机效应模型，但其实可以发现，随机效应模型与固定效应模型的结果是相当一致的。两个时期虚拟变量都是负向显著，表明被调查的学生对国家发展前景的评价确实有降低的趋势，这与前面的单变量趋势结论是一致的。另外，党员变量为正向显著，表明入党确实会使被调查者对国家发展前景持更高或更好的评价，可能与党组织对党员的形势政策的学习教育有关；相反，进入社会变量为负向显著，表明大学生离开校园进入社会后会降低他们对国家发展前景的评价。这些发现也与前面各期数据的 OLS 回归结果完全一致。

表 5—10　社会价值观变化的固定效应与随机效应模型

	国家发展前景评价		民主价值倾向		家庭因素评价	
	固定效应模型	随机效应模型	固定效应模型	随机效应模型	固定效应模型	随机效应模型
2010 年	−5.839***	−5.806***	0.086	0.119***	−0.046	0.004
	(1.234)	(0.456)	(0.056)	(0.021)	(0.077)	(0.025)
2012 年	−10.706**	−10.656***	0.158	0.264***	0.105	0.283**
	(3.601)	(0.948)	(0.163)	(0.045)	(0.231)	(0.092)
年龄	0.543	0.410	−0.017	−0.048***	0.010	−0.042**
	(1.205)	(0.260)	(0.055)	(0.013)	(0.076)	(0.015)
党员	1.893*	3.532***	−0.002	0.022	−0.066	−0.047
	(0.881)	(0.480)	(0.039)	(0.023)	(0.055)	(0.028)
进入社会	−4.170***	−4.044***	−0.049	−0.083**	−0.057	−0.091
	(0.755)	(0.684)	(0.034)	(0.031)	(0.093)	(0.084)
出国/出境	−0.425	−0.015	−0.007	0.022	−0.162	−0.190
	(1.310)	(1.179)	(0.059)	(0.054)	(0.112)	(0.101)
截距项	68.556**	70.969***	4.011***	4.689***	3.422*	4.532***
	(25.987)	(5.616)	(1.178)	(0.276)	(1.633)	(0.317)
观察个案数	6 117	6 117	6 057	6 057	5 339	5 339
固定样本数	2 298	2 298	2 298	2 298	2 298	2 298
Hausman 检验	p=0.400 7		p=0.027 8		p=0.937 6	

注：表中报告的是非标准化回归系数（括号中的数字是标准误）。
*** $p<0.001$，** $p<0.01$，* $p<0.05$。

对民主价值倾向这一因变量来说，Hausman 检验的结果是选择固定效应模型。根据这一模型的结果，几乎所有的时变变量都不显著。前面初步的单变量趋势考察曾发现，样本民主价值倾向的整体变化趋势不明朗；这里固定效应模型中的两个时期虚拟变量虽然是正向的但却是不显著的，也意味着（上升）趋势确实没有得到数据的支持。

对家庭因素评价这一因变量来说，Hausman 检验的结果是选择随机效应模型。根据这一模型的结果，2010 年的时期虚拟变量正向不显著，但 2012 年的时期虚拟变量正向显著，表明这一上升趋势在后面才真正显现出来。另外，年龄变量负向显著，表明年龄增长或自然成长本身会使个体对家庭因素重要性的评价降低。注意，时期虚拟变量和年龄变量的作用是同时存在但方向却恰好相反的，这一发现颇值得进一步深入探讨。

总之，借助适用于追踪数据的固定效应和随机效应模型，我们之前所观察和总结的样本社会价值观的总体变化趋势结论有了更有力的数据支撑，即国家发展前景评价有降低趋势，家庭因素评价有上升趋势（但主要表现在大学毕业后的新的人生发展阶段，可能与找工作的经历有关），而民主价值倾向的变化趋势不明显。

第4节　小结

本章主要从国家发展评价、社会冲突评价、民主价值倾向和成功因素评价四个方面或维度综合探讨了北京大学生的社会价值观，既描述了总体情况，也考察了群组差异，并分析了变化趋势。

从总体情况来看，北京大学生的“社会观”喜忧参半。一方面，他们对国家发展现状基本感到满意，对发展前景也基本感到乐观；但另一方面，他们又普遍认为目前存在严重的社会阶层冲突。至于他们的“价值观”，总体特征是普遍具有较强的民主倾向，且认同“个人才干”这一自致因素对于成功的重要性（当然也不否认“家庭背景”这一先赋因素对于成功的重要性）。所以，北京大学生在社会价值观上的群体肖像可以概括为：心忧天下，认同民主和能力价值。

在这一总体特征之下，我们所关心的一些重要群组差异也是客观存在的。但是，差异沿着哪些维度产生、表现为哪些面向，则要具体问题具体分析。在对国家发展前景的评价上（反映的是“社会观”），只有学校层次之间的差异不存在，在不同年级、城乡出身和党员身份学生间存在一定差异。具体来说，2008级比2006级、农村出身比城市出身、党员比非党员对国家发展前景的评价更乐观。在民主价值倾向和家庭因素评价上（反映的是“价值观”），情形似乎相反，只有学校层次之间的差异始终存在，而在年级、城乡出身上的差异却只存在于学生经历的早期，另外党员与非党员之间基本没有差别。具体来说，精英大学学生比一般大学学生更认同民主价值、更重视家庭因素（此差别始终存在），2008级比2006级、农村学生比城市学生更认同民主价值、更不那么重视家庭因素（此差别只在调查早期存在）。我们认为，年级差异（可视为发展阶段的差异）和城乡差异（可视为人生经历的差异）在调查后期的消失，共同反映的是青年人随着时间的推移从理想走向现实的成长历程。但是，在此成长过程中，精英大学学生比一般大学学生始终更认同民主价值、更重视家庭因素，表明这个群体——“精英中的精英”——具有很强的特殊性。

至于北京大学生社会价值观的变化趋势，不管是从总体还是从各个群组来看，都得到了较为一致的发现：即对国家发展前景的评价有降低趋势，对家庭因素重要性的评价有上升趋势，而民主价值倾向的变化趋势不明朗。适用于追踪数据的固定效应和随机效应模型的结果，也对该结论给予了更有力的数据支持。大学生对家庭背景因素在个人事业成功上的重要性评价在上升，反映了青年精英在人生发展的新阶段（结束学业进入社会）对现实社会的理解也有了新变化，之前成功考上大学的简单人生经历使其主要强调个人能力的价值而相对忽略家庭背景的作用，而现在复杂的考研、求职、接触社会的经历使其开始重新考虑个人能力与家庭背景的影响。大学生对国家发展前景的评价在降低，可能是对目前我国经济运行和社会发展所存在的种种问题、矛盾和冲突的一种主观上的自然反应。这意味着，不仅普通民众对全面深化改革有期待，而且青年精英对此也有期待。2013 年 11 月召开的党的十八届三中全会所通过的《中共中央关于全面深化改革若干重大问题的决定》回应了社会的改革期待，提出了全面的改革计划，它今后的落实和成效情况是否会改善青年精英对国家发展前景的评价，有待于“首都大学生成长追踪调查”的后续数据加以分析。

参考文献

蒋荣，代礼忠．从执政效能和执政价值认同看当代大学生的政党认同．青年研究，2011（3）．

李春玲，等．新时代的新主题：2007—2010 年青年研究综述．青年研究，2011（3）．

王沛沛．青年研究中的热点、趋势及核心作者群分析．青年研究，2010（1）．

Kelley，Jonathan，M. D. R. Evans. The Legitimation of Inequality：Occupational Earnings in Nine Nations. *The American Journal of Sociology*，1993，99：1.

Kingston，Paul W.，Ryan Hubbard，Brent Lapp，Paul Schroeder，Julia Wilson. Why Education Matters. *Sociology of Education*，2003，76：1.

Phelan，Jo，Bruce G. Link，Ann Stueve，Robert E. Moore. Education，Social Liberalism，and Economic Conservatism：Attitudes toward Homeless People. *American Sociological Review*，1995，60：1.

Saar，Ellu. Different Cohorts and Evaluation of Income Differences in Estonia. *International Sociology*，2008，23：3.

第 6 章　大学生党员与入党行为

第 1 节　序言

2013 年 5 月 4 日中共中央总书记习近平同志在参加同各界优秀青年代表座谈时讲道："在革命、建设、改革各个历史时期，中国共产党始终高度重视青年、关怀青年、信任青年，对青年一代寄予殷切期望。中国共产党从来都把青年看作是祖国的未来、民族的希望，从来都把青年作为党和人民事业发展的生力军……青年兴则国家兴，青年强则国家强。我们党自成立之日起，就始终代表广大青年、赢得广大青年、依靠广大青年"。

高校大学生是青年群体的重要组成部分，是未来知识精英的主要来源，也是未来建设国家的主力军，因此党组织高度重视在他们当中发展和培养党员。2004 年中共中央、国务院下发《关于进一步加强和改进大学生思想政治教育的意见》（中发［2004］16 号），提出"要高度重视学生党员发展工作，坚持标准，保证质量，把优秀大学生吸纳到党的队伍中来"。2005 年，中共中央组织部、中共教育部党组、共青团中央又联合发布《关于加强和改进在大学生中发展党员工作和大学生党支部建设的意见》，强调"加大工作力度，把大学生中的先进分子吸收到党的队伍中来，通过几年努力，使在校大学生党员数占学生总数的比例在整体上有较大幅度提高"。

在中央的号召下，目前大学生已经成为共产党新鲜血液的重要来源。每年新发展的大学生党员的数量、新党员中大学生党员所占的比重、所有党员中大学生党员的数量以及大学生党员占所有党员的比重都在节节攀升。数据显示（见表 6—1），自 2003 年至 2010 年，不仅每年新发展的大学生党员的数量成倍增长，从 2003 年的约 40.2 万增长到 2010 年的 123.6 万；并且大学生新党员所占的比重也翻了一番，从 2003 年的约 18.0%（根据 2004 年数据估计[①]）上升至 2010 年的 40.2%。问题在于：大学生党员数量和所占比重的不断增加，是仅仅表明了党对大学生群体的重视，将越来越多的大学生纳入自己的队伍，还是也可以同时反映出共产党对大学生具有强大吸引力，有越来越多的大学生志愿选择加入中国共产党？更进一步，党所吸引的学生是否具有一定的群体特征，这些特征是什么？党从大学生中选拔成员是否又有一套自己的标准，这些标准又是什么？它最终所选择的成员是否满足了这些标准？——这些都是我们期望在本章中探讨的问题。

表 6—1　　历年发展党员情况

年份	党员总数（万）	学生党员总数（万）	学生党员占比（%）	发展党员总数（万）	发展学生党员数量（万）	发展学生党员占比（%）
2003	6 823.2			223.5	40.2	18.0
2004	6 960.3	97.44	1.4	241.8	59.7	24.7
2005	7 080	128.9	1.8	247.5	73.4	29.7
2006	7 239.1			263.5		
2007	7 415.3			278.2		35.8
2008	7 593.1	201.4	2.7	280.7	106.7	38.0
2009	7 799.5	226.9		297.1	118.5	38.5
2010	8 026.9	253.9		307.5	123.6	40.2

注：(1) 2003 年和 2004 年的学生党员数量信息是根据 2004 年和 2005 年数据推算而得。

(2) 2003—2008 年的学生党员没有明确指明是大学生党员，可能包含了各类学生党员；2009 年和 2010 年的学生党员指大学生党员。

(3) 2010 年之后新闻媒体没有再公布（发布）有关学生党员的具体统计信息。

数据来源：2003—2010 年数据分别来源于《人民日报》2004-07-01（第 5 版）；2005-05-24（第 9 版）；2006-07-01（第 5 版）；2007-07-01（第 1 版）；2008-07-02（第 1 版）；2009-07-02（第 4 版）；2010-06-29（第 1 版）和 2011-06-25（第 1 版）。后文引述的有关全国党员的统计，若未注明出处，皆来自这些文献。

毋庸置疑，一个政治党派如果期望未来能够发展延续，就需要不断吸收新成员。而如何能得到足够的合格的新成员，则取决于党所能提供的各种资源和一套行之有效的选拔标准。当然，资源的内涵很广，可能包括政治、经济利益，也可能包括意识形态因素，也可能是目前唾手可得的利益，也可能是未来潜在的利益。而选拔的标准也会根据社会环境的改变而调整。

① 参见《人民日报》，2005-05-24，第 9 版，报道指出截至 2004 年底，“与上年相比，发展学生党员增幅最为明显，共增加了 19.5 万名，所占比重增长 6.7 个百分点”。

入党是一个双向选择的过程。它首先通常表现为个体的自我选择[①]，即受党吸引、对党有兴趣者自己主动提出申请，向党表达加入组织的意愿。其次是党从这些申请者中挑选出满足其标准的人，准予其加入党组织。党所吸引的人（申请入党）和党所选拔的人（被党接纳）都不是随机产生的。一方面，具有某些特征的个体更有可能提出申请；另一方面，某种特征的人群也更有可能被党所看重和吸纳。葛柏（Gerber，2002）通过对苏联共产党员和非党员的收入比较研究发现，即使在苏联解体之后（1993 年），苏共党员的收入仍然高于非党员（以前从未加入过苏联共产党）。有些研究者将此差异归因为“党员身份效应”，即苏共党员的身份优势使其比非党员拥有更多资源，比如社会资本，这些资源使得他们即使在新的制度环境下依然可以保持优势。但葛柏则提出“选择效应”（selection effect）的解释，即党员具有某种没有被观察到的个人层次的特征（unobserved characteristics），诸如雄心、事业心、更愿意服从组织纪律、喜欢组织工作和行政管理工作，或者机会主义等。这些特征驱动他们有更高的意愿加入党组织，也增加了他们被党吸纳的机会，而这些个体特征也同样使得他们可以在新的制度环境下做得比他人更好。

而党的选拔标准也不是对各群体一视同仁，或者一成不变的。对于中国共产党来说，其筛选标准在不同的历史时期也有所不同。人们的阶级出身、政治态度、政治参与积极性等曾经是影响人们能否获得党员身份的重要因素。但是 1978 年之后，由于国家的历史任务逐渐从“恢复生产、进行革命”转变成“发展现代经济”，需要更多的人才来完成这一使命，受教育程度逐渐成为与政治审查并行的另一个影响人们能否入党的重要因素（Bian，Shu and Logan，2001）。党组织在选择其成员时更加青睐那些受教育程度更高的人，包括作为后备人才库的高校大学生。但如何从数量众多、教育背景相似、生活经历比较单一的大学生中选拔出自己期望的人才，其选拔的标准又是什么，对此的研究不是很多，尚未能得出一个比较统一的结论。

随着中国的改革开放和经济发展，人们的生活方式越来越多元化，政治因素对人们日常生活的影响力逐渐淡化。但党对大学生的吸引力在近年却看似并没有减弱，反映在高校中依然有数量众多的大学生志愿申请加入中国共产党。这背后更多的是意识形态、政治追求、现实考虑因素抑或兼而有之，现有的研究还无法给出比较明确和比较全面的解答。虽然以往关于大学生党员的研究经常涉及对大学生入党动机的探讨（Guo，2005；马元斌，2008；包丽颖，2010；唐伯武，2013），但常常

---

① 有些部门，党建部门可能会动员某些目标群体（比如高知、工作骨干等）的人员提出申请，但这种情况并不适合还在学校读书的大学生。

囿于规模较小、内容单一，资料比较零碎，因此结论难以推广。

本章所用数据来源于 2009—2012 年“首都大学生成长追踪调查”，涵盖了 2006 年和 2008 年入校的、首都 15 所高校的大学本科生自 2009 年至 2012 年的各方面信息，包括社会人口特征、入党行为、学业表现、政治态度、人际交往、社会活动参与等内容。初期样本数量达到 4 700 余人，四年追踪之后累计样本超过 17 000 人，因此，样本量大，信息量丰富，更重要的是通过四年的追踪调查，研究不仅可以发现大学生入党行为的动态变化过程，同时可以进行时间序列上的比较，发现大学生在申请入党、被党接纳前后的变化特征。首都大学生群体虽然不能完全代表大学生群体的基本情况，但是也可以帮助我们管中窥豹。

本章期望通过考察大学生中入党申请者和被党接纳者这两个群体的特征，并通过与非申请者或者非党员大学生的对比，了解大学生入党申请者和大学生党员队伍的整体面貌，探讨影响大学生申请和被接纳的各种客观因素、入党对大学生学业和生活的影响、共产党在大学生中选择自身成员的标准，以及所吸收的成员是否满足这些标准。

具体来说，本章主要考察了大学生党员与非党员的群体特征，影响大学生入党的因素，大学生入党前后的变化，大学生党员与非党员（包括申请入党者）在学业、政治态度、价值观、社会活动和个性等方面的差异。我们首先考察了大学生党员的基本情况，以“差别”为取向，揭示不同性别、民族、家庭背景、户口类型、学校和专业的大学生在申请与加入中国共产党方面存在的差异；其次，考察了党员和非党员在政治态度、学业、社团活动参与性、人际关系等方面存在的差异，以揭示共产党选择大学生党员的标准；之后，我们考察了大学生在入党前后所产生的变化，期望揭示出大学生入党行为和入党选择对他们的学业和人际关系产生的影响。

由于本章试图展示大学生在大学四年中申请入党与被党接纳的状况，要求所研究样本在调查中有比较完整的大学经历，因此本章虽然在某些部分同时使用了 2006 级和 2008 级学生的信息，但有些部分（比如涉及大学各年的变动情况）则只是使用了 2008 级大学生的数据（2006 级大学生仅有两年本科在校数据）。

此外，本章使用的样本中剔除了来自国外的生源。并且，由于本章考察的对象经常在全体学生、入党申请者和学生党员之间转换，因此数据分析没有使用加权系数。

本章所定义的“入党申请者”包括了所有曾经递交入党申请书的人员，日期自第一次递交申请书算起。因此，一名大学生一旦递交过申请书，即使日后未能加入共产党并且也不再递交申请书，也被计入申请者之列。

对于本章涉及的大学生党员来说，他们的入党日期自成为预备党员算起。所有的党员均被视为曾经递交过入党申请书。另外，大学生党员包括了在高中时期入党的学生。

第2节　申请与批准

共产党作为我国最大的政党，也是唯一的执政党，吸引着众多大学生的追求；但是，党组织选择成员时标准严格、审查期限长又决定了仅有少数申请者最终能够成功入党。

入党的过程开始于个体的“自我选择”（成年人向党组织递交入党申请书表达自己的入党意愿），申请者必须要表明自己认同党的信念，对党忠诚，并且积极参与党组织的各种活动：如党支部组织的讲课、党章和现行政策学习班、志愿服务、党组织的社区活动等。党组织在收到入党申请之后，会从中选出多名积极分子，这些积极分子需要定期向党组织递交思想汇报，同时党组织会为每位积极分子指定两名入党介绍人，由介绍人定期向党支部汇报积极分子的各方面状况和进步情况。随后，党支部召开民主评议会，组织全体支部党员全面审查申请者的政治可信度，包括其政治表现、自身和个人历史、亲戚和婚姻关系，经党支部投票确定其是否能成为党员。得到足够支持的申请者会参加正式的党员注册，成为预备党员，开始一年的考察期。考察期通过才能成为正式党员，但党龄从成为预备党员算起。因此，一般而言，递交申请的学生通常要经过1～2年的时间才能发展成为党员。

本节中，我们从申请和批准两个方面，考察了大学生申请入党的比例、提出申请的时间、被批准成为党员的比例和时间、申请与批准之间的关系以及不同年级的学生在申请和批准方面存在的差异，以展示大学生中申请与批准的全面状况。

（一）超过七成大学生曾递交入党申请书

调查发现，大学生不仅入党积极性持续高涨，并且越来越早地开始考虑入党问题。数据显示（见表6—2），多达71%的大学生曾向共产党递交入党申请书，其中有10%的大学生在高中期间就提交了入党申请，另外60%的学生在大学期间向党提交申请。在大学期间递交入党申请书的学生中，又有接近79%（47.45/(70.59—10.38)）的学生是大一时期就提交了申请。另外一部分学生随着自己对共产党了解的深入或者逐渐意识到入党对于自己的意义，会在随后两三年中递交申请，但这类学生在所有申请入党的大学生中所占的比例仅为21%，并且随着年级的升高，大学生递交入党申请的比例大幅下降，到大四递交申请的比例仅为0.77%。

表6—2　　大学生申请入党的比例及年级分布

申请者身份与递交年级	2006级	2008级	合计
从未递交（%）	31.46	27.52	29.41
递交申请者（%）	68.54	72.48	70.59
其中：大学之前（%）	9.22	11.45	10.38
大一（%）	43.59	51.01	47.45
大二（%）	10.29	7.02	8.59
大三（%）	4.66	2.24	3.40
大四（%）	0.78	0.76	0.77
合计比例(%)及样本数(人)	100.00（2 060）	100.00（2 235）	100.00（4 295）

注：申请时间以学生第一次递交入党申请的时间为准。只要递交过入党申请即被计入申请者，无论是否多次递交。

比较2006级和2008级大学生提交申请的状况，我们发现，2008级大学生不仅入党的积极性高于2006级（高出约4个百分点），并且提出申请的时间也更早。超过11%的2008级的大学生早在高中时期就提交了入党申请书，高出2006级学生两个百分点。另有51%的学生是在大学一年级的时候提交了入党申请，高出2006级接近8个百分点。这表明党对大学生的吸引力持续增长，或者说越来越多的大学生、越来越早地向共产党表达了入党意愿。

（二）超过三分之一的大学生是党员

统计发现，大学生中党员所占的比重远远超过普通人群中党员所占的比重。根据相关信息，2010年18至34岁的人口中，党员大约占5.3%。[①] 而大学生中，党员所占比重则达到了34.7%，即超过三分之一的大学生是共产党员（见表6—3）。

虽然越来越多的大学生、越来越早地申请加入共产党，但党在大学生群体中选拔的比例却相差不大。临近大学毕业时的统计显示，2006级中的大学生党员所占比重和2008级的相差不大，前者甚至还略高于后者（差异太小，不具统计显著性）。

① 根据2010年的党员统计和全国第六次人口普查数据计算而得。

表 6—3　　大学生党员的比例及入党时的年级分布

党员身份与入党年级	2006 级	2008 级	合计
非党员（%）	65.05	65.46	65.26
党员（%）	34.95	34.54	34.74
其中：入学之前（%）	4.76	6.22	5.52
大一（%）	0.73	0.98	0.86
大二（%）	5.87	7.47	6.71
大三（%）	15.68	11.68	13.6
大四（%）	7.91	8.19	8.06
合计比例（%）及样本数（人）	100.00（2 060）	100.00（2 235）	100.00（4 295）

此外，对于递交了入党申请书的大学生来说，最终有约 49%的人被党接纳，在大学时期加入共产党（见表 6—4，剔除了高中时期入党的大学生）。由于党在每一级学生中发展党员的比例相似，也由于相较于 2006 级学生来说，有更高比例的 2008 级学生在高中时期入党，因此大学时期入党的 2008 级学生的比例低于 2006 级（分别为 46.93%和 50.47%）。

表 6—4　　大学时期申请入党者被批准的状况

党员身份	2006 级	2008 级	合计
非党员（%）	49.53	53.07	51.42
党员（%）	50.47	46.93	48.58
合计比例（%）及样本数（人）	100.00（1 397）	100.00（1 598）	100.00（2 995）

不过，虽然大学生党员的占比很高，最终的累计申请成功率也不低，但如果分成四年来看的话，其实年平均成功率并不算是很高。就 2008 级学生来看，大学四年的申请成功率分别为：2%、12%、20%和 18%，一年级时最低，三年级时最高，一年级至三年级的成功率增长迅猛，四年级时则开始下降。四年平均成功率约为 13%。① 而根据中央组织部的统计，在 2011 年，全国有 2 160.4 万人申请入党，全国发展党员 316.7 万名，发展党员占申请人数的 14.7%。② 当然，大学生入党的年级效应也与入党需要一定时长的考察期有关，因此，何时递交入党申请书就成为能否入党的一个关键因素。

（三）申请时间越早，被批准成为党员的机会越大

研究发现，在不同年级递交入党申请书最终被批准成为党员的机会存在很大差异。在大一大二递交入党申请书的学生最终被批准的比例分别高达 46.5%和

① 根据当年调查截止日期的申请人数和入党人数计算。

② 参见《人民日报》，2012-07-01，第 4 版。没有见到对申请者最终成功率（入党）的统计。

40.9%（见表 6—5），而在大三或者大四递交入党申请书的学生当中，被批准成为党员的比例只有 29.5%和 12.1%，可见在大一和大二时申请入党，其成功率要远高于在大三和大四时申请。这种差异一方面可能是由于党组织倾向于选择那些较早申请的、入党积极性高的学生，另一方面，也可能是由于入党的考察期较长，在大三大四期间申请入党的学生很难在大学期间完成考察而入党。由此我们就不难理解为什么绝大多数的学生在进入大学之初就递交了入党申请，并且越来越多的大学生一进入大学就递交申请书（2006 级与 2008 级比较）。

表 6—5　　2006 级和 2008 级大学生提交申请书时间与入党时间状况

批准时间＼申请时间	入学前	大一	大二	大三	大四	合计
入学前（%）	53.14					7.82
大一（%）	3.59	1.03				1.22
大二（%）	8.07	11.58	4.34			9.5
大三（%）	9.42	22.08	21.95	7.53		19.26
大四（%）	3.36	11.83	14.63	21.92	12.12	11.41
未能加入（%）	22.42	53.48	59.08	70.55	87.88	50.79
合计（%）	100.00	100.00	100.00	100.00	100.00	100.00
样本量	446	2 038	369	146	33	3 032

本节的研究发现，一方面党对大学生的吸引力不减，甚至有增强的趋势，反映在 2008 级的大学生比 2006 级学生的入党积极性更高，提出申请的时间更早。另一方面，共产党极为重视从大学生队伍中吸纳成员，大学生中党员所占比重远超过一般人群。不过，党在每届学生中发展的党员的比例接近，2006 级和 2008 级学生中党员占比基本相等。申请者增加，而被接纳者的比例却并未增加，也就是说申请的成功率降低。那么大学生的申请积极性、积极性的变化（体现在各级学生间的差异）、申请是否获得批准以及批准率的变动是否受到了大学生某些群体特征的影响等等，是我们将要探讨的问题。

第 3 节　大学生党员的群体特征

本节中，我们主要考察大学生入党申请者和党员队伍的构成，揭示了不同背景的大学生在申请入党、被批准入党和申请成功率方面存在的差异。所考察的背景因素既包括个体的（性别、民族、户籍）、家庭的（家庭背景和不同家庭居住地类型等），也包括学校的（学校类型和专业）等。

本节所使用的“申请率”是指所有提出过申请的大学生占全体大学生的比重，“入党率”指党员大学生在所有大学生中的占比，“申请—批准比”指对于所有申请者来说，获得批准的比率，等于入党人数除以申请人数。此处的统计基于被调查者在大学四年级时的状况（因为调查是在5、6月份完成的，收集的信息基本上是被调查者大学本科生活的最终状况）。

（一）大学生党员中女性占据半边天

大学生党员中，女性超过50%（见表6—6），达到50.4%，与男性所占比重基本持平，并且在2006和2008两个年级中的分布差异不大，这与全国党员中的性别分布非常不一致。全国党员的统计表明，近些年来女性所占比重逐渐升高，但在2012年也只是达到了23.8%。[①] 因此党所提倡的提高女性党员比重的任务首先在大学生党员队伍中实现了。

表6—6　　大学生党员的性别构成

年级	男性（%）	女性（%）	合计比例（%）及样本数（人）
2006级	49.44	50.56	100.00（720）
2008级	49.74	50.26	100.00（772）
合计	49.60	50.40	100.00（1 492）

大学女性党员所占比重高并不是因为党在大学生中选拔成员的时候更加青睐女生，而是因为女性比男性在申请入党方面更加积极（见表6—7）。大学中女生申请入党的比例和被批准的比率均高于男生，但申请获得批准的比率则与男生不相上下。从申请率看，男生申请入党的比例为67.49%（见“申请率”项目中的“合计”一栏），女生当中这一比例达到了74%，比男生高出约6个百分点。但在入党率方面性别差异则缩小了：男生中党员的比例为33.05%，女生中党员的比例为36.58%，比男生高出约3.5个百分点。因此在申请—批准比方面，女生只比男生高出不到0.5个百分点（49.44%与48.97%），差异小到可以忽视。

表6—7　　不同性别的大学生的申请与批准状况

项目 性别	申请率			入党率			申请—批准比		
	2006级	2008级	合计	2006级	2008级	合计	2006级	2008级	合计
男性	65.00%	69.73%	67.49%	33.49%	32.65%	33.05%	51.52%	46.83%	48.97%
女性	72.32%	75.54%	73.98%	36.51%	36.64%	36.58%	50.49%	48.50%	49.44%
合计	68.54%	72.48%	70.59%	34.95%	34.54%	34.74%	50.99%	47.65%	49.21%
总样本量	2 060	2 235	4 295	2 060	2 235	4 295	1 412	1 620	3 032

注：申请—批准比＝批准入党的人数/申请入党的人数。

① 参见《人民日报》，2013-07-01，第1版。

比较 2006 级和 2008 级的两性内部的申请率、党员比率和申请—批准比，我们发现，女性在申请入党方面一直比男性更积极，女性中的党员比率也一直高于男性，但党在选拔成员的时候很难说存在着性别差异，因为对这两级学生来说，男女的申请—批准比相差都不是很大。对 2006 级学生来说，男生申请之后的批准率略高于女生（相差 1 个百分点），而对于 2008 级的学生来说，女生申请之后的批准比高出男生约 1.67 个百分点。由于差异很小，并且观察时期不长，因此很难说男生比女生、或者女生比男生在入党方面更有优势。也就是说，在涉及入党的双向选择方面（申请与批准），性别是影响申请的一个因素，但不是影响批准的因素。

（二）少数民族大学生比汉族大学生入党难度大

从大学生党员中的民族构成看，大学生党员中少数民族学生所占比例高于全国党员中的少数民族比例。全国党员的统计数据显示，少数民族党员在党员队伍中所占比重一直比较小，自 2006 年至 2012 年，少数民族党员在全国党员中所占比例从 6.6%略微上升至 6.8%。在大学生党员中，少数民族党员所占比例为 9.3%（见表 6—8），大学生党员队伍中少数民族的比例高于全国平均水平。并且比较 2006 级和 2008 级大学生党员中的民族构成，我们还发现，少数民族党员所占的比重略微上升，虽然上升不到 1 个百分点，但上升的速度却高于自 2006 年至 2012 年六年间全国党员统计中的相应数据。

表 6—8　　大学生党员的民族构成

年级	汉族（%）	少数民族（%）	合计比例（%）及样本数（人）
2006 级	91.10	8.90	100.00（719）
2008 级	90.28	9.72	100.00（772）
合计	90.68	9.32	100.00（1 491）

不过虽然大学生中少数民族党员的比率高出全国党员中的相应数据，但并不表明在高校中，少数民族学生比汉族大学生更容易获得党的接纳。正好相反，少数民族大学生在入党方面的难度高于汉族大学生。表 6—9 显示，少数民族大学生申请入党的比率与汉族大学生相差不大（“申请率”项目中的“合计”栏），两个年级的学生合计起来看，只比汉族大学生低约 1.6 个百分点，但在入党率方面却比后者低约 6.4 个百分点，因此在申请的成功率方面比汉族大学生低 8.1 个百分点。

表 6—9　　不同民族大学生的申请与批准状况

项目 / 民族	申请率			入党率			申请—批准比		
	2006 级	2008 级	合计	2006 级	2008 级	合计	2006 级	2008 级	合计
汉族	69.11%	72.32%	70.78%	35.81%	35.27%	35.53%	51.82%	48.78%	50.20%
少数民族	63.56%	74.21%	69.18%	28.44%	29.76%	29.14%	44.76%	40.11%	42.12%
合计	68.50%	72.53%	70.60%	35.00%	34.65%	34.82%	51.10%	47.77%	49.32%
总样本量	2 054	2 228	4 282	2 054	2 228	4 282	1 407	1 616	3 023

比较 2006 级和 2008 级两个年级的民族与申请/批准之间的关系，我们发现，相较于 2006 级大学生，2008 级大学生中少数民族学生申请入党的比率大增，提高了接近 11（74.21—63.56）个百分点，而同期的汉族大学生中申请入党的比率只提高了 3 个百分点。但 2008 级少数民族学生中党员所占比例却并未高出 2006 级多少（1 个百分点），因此，相较于 2006 级少数民族大学生申请者，2008 级的少数民族大学生申请者入党的成功率更低，与汉族申请者在申请—批准比方面的差异也进一步拉大（2006 级学生中二者相差 7 个百分点，2008 级学生中二者相差达到 8.67 个百分点）。因此，我们可以说，虽然少数民族大学生与汉族大学生都向往入党，但前者比后者更难入党。

（三）父母为党员的大学生申请入党的比率低但成功率高

以往对入党行为的研究发现，家庭背景是影响入党的一个重要因素，家庭背景包括父母的教育程度、职业与家庭收入状况等等。但此处我们用父母的党员身份作为家庭背景的指标，考察其对大学生申请与批准的影响（见表 6—10）。

表 6—10　　父母的党员身份对大学生申请与批准的影响

项目 / 父母身份	申请率			入党率			申请—批准比		
	2006 级	2008 级	合计	2006 级	2008 级	合计	2006 级	2008 级	合计
非党员父母	68.43%	74.10%	71.35%	33.67%	32.70%	33.17%	49.20%	44.13%	46.49%
党员父母	69.21%	70.87%	70.09%	37.59%	36.09%	36.79%	54.31%	50.92%	52.49%
合计	68.81%	72.47%	70.72%	35.58%	34.41%	34.97%	51.71%	47.48%	49.45%
总样本量	1 956	2 136	4 092	1 956	2 136	4 092	1 346	1 548	2 894

数据显示，父母一方或者双方为党员的大学生在申请入党方面并不比父母为非党员的大学生更为积极。2006 级的大学生中，父母为党员的大学生的申请率略高于父母为非党员的大学生。但对于 2008 级学生来说，父母为党员的大学生在申请入党率方面却显著性地低于父母为非党员的大学生，前者比后者低 3 个百分点。因此总的来看，父母为党员的大学生的入党积极性略低于父母为非党员的大学生，不过二者的差异不是很显著。

然而拥有党员父母的大学生的入党率却要高于父母为非党员的大学生。无论是对于 2006 级学生还是 2008 级学生，抑或二者总和起来看，父母为党员的大学生中，成为党员的比率均高出父母为非党员的大学生 3～4 个百分点（见表 6—10“入党率”）。

父母为党员的大学生入党积极性相对并不高，但党员的比率却相对较高，这表明他们申请的成功率比较高。事实也是如此，在申请—批准比方面，数据显示，父母为党员的学生申请成功的比率显著性地高于父母为非党员的申请者。前者比后者要高出约 6 个百分点。这既可能说明党在选拔其成员时比较看重父母的政治身份，也可能说明父母为党员的大学生在申请入党方面，更加明了党的选拔标准，或者更加靠拢党的选拔标准。

（四）原为农业户籍的大学生入党的积极性更高

本研究中我们也考察了大学生入学前不同户口类型与申请入党和被批准入党之间的关系。研究发现，入学前持有农业户口的大学生比非农户口大学生入党积极性更高（见表 6—11）。数据显示，农业户口大学生申请入党的比例高达 77.8%（见表 6—11，“申请率”项目“合计”栏），比非农大学生申请比例高出近 10 个百分点。

表 6—11　　入学前户口类型对申请与批准入党的影响

项目 户籍	申请率			入党率			申请—批准比		
	2006 级	2008 级	合计	2006 级	2008 级	合计	2006 级	2008 级	合计
城镇户口	66.17%	69.80%	68.07%	33.22%	33.52%	33.38%	50.20%	48.02%	49.03%
农村户口	75.44%	80.03%	77.80%	39.90%	37.46%	38.64%	52.89%	46.80%	49.67%
合计	68.76%	72.58%	70.75%	35.09%	34.59%	34.83%	51.03%	47.65%	49.22%
总样本量	2 052	2 232	4 284	2 052	2 232	4 284	1 411	1 620	3 031

从党员比例看，农业户口大学生当中党员的比例也高于非农户口大学生，前者为 38.64%，后者为 33.38%，二者相差 5 个百分点，差异性小于申请率方面的差异。因此在申请—批准比方面，原农业户籍的大学生与非农户籍大学生几乎相等。也就是说，户籍因素会影响到大学生申请入党的积极性，但不会影响到党对大学生党员的选择。

纵向比较 2006 级和 2008 级不同户籍大学生在申请率和批准率方面的差异，我们发现，相较于 2006 级学生，2008 级两种户籍大学生申请入党的比率都有显著增加，但 2008 级农业户籍学生中党员所占比例却低于 2006 级学生，非农户籍学生中党员的比例在这两个年级没有什么变化。因此相对于 2006 级农业户籍的大学生，

2008 级农业户籍大学生在申请—批准比方面降低了 6 个百分点，而同期的非农户籍大学生则只降低了 2 个百分点。

（五）大学生家庭所在地城市规模与其入党积极性成反比

对大学生家庭居住地城市类别和大学生申请—批准比关系的研究发现，大学生家庭所在地的城市规模会影响其入党积极性，二者大致呈反比关系（见表 6—12）。

居住在县级地方（包括农村、乡镇、县城和县级市）的大学生申请入党的比例最高，随后是地级市。申请入党比例最低的是来自省城或直辖市的学生，三者的申请比例分别为 77.98%、73.04%和 62.67%。来自县级地方的学生申请比例和来自省城、直辖市学生的申请比例相差超过 15 个百分点。

表 6—12　　2008 级大学生入学前家庭所在地对入党的影响

生源地	申请率	入党率	申请—批准比
县及县级市	77.98%	37.72%	48.37%
地级市	73.04%	37.79%	51.74%
省城、直辖市	62.67%	26.86%	42.86%
合计	72.50%	34.53%	47.62%
样本量	2 233	2 233	1 619

注：由于问卷没有直接询问学生入学前的家庭所在地信息，此处用大学一年级时的家庭所在地指代。2006 级学生因为没有相应的信息，因此不计入统计。

从党员比例来看，省城和直辖市的大学生中党员比例与其他大学生中党员比例存在较大差异。来自县级地方的大学生当中党员所占比例与来自地级市的大学生中的党员比例相当，均为 38%左右，而来自省城和直辖市的大学生中党员比例最低，仅为 26.86%。与来自其他地域的大学生相比，省城和直辖市大学生中党员比例要低出近 11 个百分点。

而在申请—批准比方面，来自地级市的大学生申请者获批的比率最高，为 51.7%；来自县级地方的大学生申请者次之，为 48.4%；来自省城、直辖市的大学生申请者获批的比率依然最低，为 42.9%。

（六）211 高校的党员比例远高于非 211 高校

调查显示，来自 211 院校和非 211 院校的学生申请入党比例和最终实际党员比例差异显著，非 211 院校学生的申请入党比例高于 211 院校的学生，但党员的比例却远不及 211 院校，因此在申请—批准比方面存在非常显著的差异（见表 6—13）。

表 6—13　　211 院校和非 211 院校大学生入党状况

项目 学校	申请率			入党率			申请—批准比		
	2006 级	2008 级	合计	2006 级	2008 级	合计	2006 级	2008 级	合计
211 院校	66.06%	69.16%	67.69%	37.95%	37.98%	37.97%	57.45%	54.92%	56.09%
北京大学	47.06%	52.49%	50.00%	29.41%	36.65%	33.33%	62.50%	69.83%	66.67%
清华大学	57.63%	60.00%	58.96%	48.02%	44.00%	45.77%	83.33%	73.33%	77.64%
中国人民大学	72.90%	73.85%	73.38%	45.33%	46.79%	46.06%	62.18%	63.35%	62.78%
其他 211 院校	70.89%	75.13%	73.08%	35.58%	34.22%	34.88%	50.19%	45.55%	47.73%
非 211 院校	72.97%	78.69%	75.91%	29.59%	28.11%	28.83%	40.56%	35.73%	37.99%
合计	68.54%	72.48%	70.59%	34.95%	34.54%	34.74%	50.99%	47.65%	49.21%
总样本量	2 060	2 235	4 295	2 060	2 235	4 295	1 412	1 620	3 032

数据显示，非 211 院校的学生比 211 院校学生入党积极性更高，申请比例高达 75.9%（见表 6—13，“申请率”项目“合计”一栏），比 211 院校高出 8 个百分点。但最终非 211 院校的党员比例仅占 28.83%，比 211 院校的党员比例低近 9 个百分点（211 院校为 37.97%）。由此，非 211 院校的学生比 211 院校的学生入党难度大很多。非 211 院校的申请—批准比为 37.99%，而 211 院校的则为 56.09%，前者比后者低 18 个百分点。可见党在选拔自身成员的过程中，会受到学校类型的显著影响，更加重视一流大学的党员招募工作。共产党曾多次指出要“吸收优秀大学生进入共产党队伍”，落实到实际生活中，很可能一流大学的大学生就有更高的可能性被视为“优秀大学生”。

把 211 院校再进一步分成为清华、北大、人大等一流大学与其他 211 院校之后再进行考察，党的这种“差别对待”的态度也更加明显。总体而言，北大（50%）和清华（58.96%）的申请比例均远远低于其他 211 院校的平均申请比例（73.08%。人大与其他 211 院校在申请率上的差异不大），但其党员比例（包括人大）却要明显高于 211 院校的平均水平（34.88%），北大、清华、人大三所学校的党员比例分别为 33.33%、45.77%和 46.06%。因此，北大、清华和人大的申请成功率远远超过其他 211 院校，更遑论非 211 院校。清华最终有高达 78%的申请者会被党接纳，北大有 2/3 的申请者会如愿以偿，人大申请者的成功率也达到了 63%，而其他 211 院校的申请成功率只有 48%，比三所大学中成功率最低的人大还低了 15 个百分点。

比较 2006 级和 2008 级学生的申请率和入党率，我们发现，相较于 2006 级学生来说，各校 2008 级学生的入党积极性都有所提高，但在入党率方面，除了北大有大幅提升以外（从 2006 级的 29%增长到 2008 级的 37%），其他学校要不只是小步迈进，要不是有微小后退（清华的后退比较明显，从 48%降到 44%），也因此在申请—批准比方面，除了北大有大幅提升，人大有微小提升之外，其他学校都有所降低。但总的排列顺序不变，清华的成功率依然最高，北大次之，人大再次之，之后是其他211院校和非211院校。由此可见，共产党更倾向于接收来自一流名校的学生成为共产党的新成员，因为他们至少在学业上曾经是全国最为优秀的学生，也被认为是有更高的可能性成为国家未来的精英。

（七）社会科学类专业学生比其他专业的学生更倾向于入党

不仅大学类别（211院校与非211院校），并且大学所学的专业也会影响到大学生的入党积极性和入党成功率（见表6—14）。

表6—14　　不同专业大学生入党情况

专业＼项目	申请率			入党率			申请—批准比		
	2006级	2008级	合计	2006级	2008级	合计	2006级	2008级	合计
社会科学	72.96%	77.40%	75.24%	37.46%	36.62%	37.03%	51.35%	47.32%	49.22%
人文学科	59.23%	64.40%	62.09%	32.31%	32.51%	32.42%	54.55%	50.48%	52.21%
理工农业	68.30%	71.81%	70.10%	34.29%	33.39%	33.83%	50.20%	46.50%	48.26%
合计	68.66%	72.50%	70.65%	35.06%	34.29%	34.66%	51.07%	47.30%	49.06%
总样本量	2 042	2 196	4 238	2 042	2 196	4 238	1 402	1 592	2 994

注：2006级和2008级有30多个填答为“不分专业”，未被纳入数据分析。

总体而言，社会科学类的学生比人文学科和理工农业的学生更倾向于入党，党员所占的比率也更高，但总的申请—批准比却并不高。相反，人文学科的学生申请的比率最低，党员所占比也最低，但申请的成功率却最高。

数据显示，社会科学类专业学生的申请比例（75.24%）和实际党员的比例（37.03%）均为最高，理工农业类专业次之（申请比例为70.10%，党员比例为33.83%），人文学科类专业则较低（申请比例为62.09%，党员比例为32.42%）。由于人文学科学生的申请率相对低不少，入党率却相差不大，因此他们在申请—批准比方面要比其他两类学生高出3～4个百分点。

各专业类型在申请率方面的差异可能与不同专业学生对党的了解程度、关心度不同有关，也可能与他们在大学毕业之后不同的就业方向有关，例如，社会科学类专业如法学、政治学的学生等更倾向于到党政机关等国家机关工作，而党员身份是进入这类工作的一个重要门槛。理工农业类专业的学生就业途径广，选择余地大，党政机关的工作并非他们的唯一或最佳选择，所以对党员身份的需求会低于社科类专业的学生。

本节从申请加入和被批准加入党组织方面，考察了大学生的性别、民族、家庭背景以及生源地、户籍性质、学校类型和所学专业的影响。研究发现，来自相对弱势背景的大学生，比如女性、少数民族、农业户籍、县级地域和非 211 院校的学生，入党积极性更高，但在申请成功率方面却并不比其他群体高，甚至低不少。也就是说，性别、民族、户籍性质和家庭居住地等与学生本身素质无关的因素会影响到大学生对党的选择，却并不大会影响到党对大学生的选择（从大学生中挑选自身成员）。家庭背景因素，例如此处考察的父母是否党员，不会影响到学生的入党积极性，但却会影响到党对他们的接纳，党员家庭出身的大学生的入党成功率（申请—批准比）远高于非党员家庭出生的大学生。

此外，研究也显示，党在吸纳自身成员的过程中，确实极为看重申请者的教育背景。基本上，学校越好，党员所占的比重越高，申请的成功率也越高，并且各级学校之间的差距非常显著，是所考察的各因素导致的差距中最显著的。

第 4 节　大学生党员与非党员

入党作为一个双向选择的过程，一方面是个体基于自己的政治信仰、精神追求或未来规划的功利目的做出的选择。另一方面，党组织在吸纳新成员时会对申请者的情况进行全面考察。2013 年中共中央办公厅印发了《关于加强新形势下发展党员和党员管理工作的意见》（中办发［2013］4 号），提出发展党员要“始终把政治标准放在首位……着重看发展对象是否具有坚定的理想信念和良好的道德品行……是否在生产、工作、学习和社会生活中起先锋模范作用……及时把品学兼优的大学生发展成党员”。

党在大学生中发展的新党员是否符合“品学兼优”这一标准是我们期望在本节探讨的问题。通过考察大学生党员在校表现状况，并且将其与非党员大学生进行比较，我们将检视当前我国大学生党员的基本素质，并试图揭示党组织选择其成员时的标准，考察党组织是否真正吸纳了大学校园的优秀学子。

本节我们从学业成绩、政治态度、社团活动、人际交往以及进取心和自信心等几个方面出发，对大学生中的党员、申请入党暂未成功者（申请者）和未申请者进行比较，并将后二者合为非党员群体，与党员群体做进一步比较。

由于党员、非党员、申请者在追踪研究中是一个动态的信息，我们在比较时控制了年级变量，即各年级内部党员与非党员/申请者进行比较，这样就涉及四个年级的情况，信息繁杂。因此我们在数据处理时，一是只限定于大四和大一的比较，二是只对 2008 级学生进行比较（2006 级学生没有大一和大二的相关信息）。

大一的党员群体包括调查之前已经入党的大学生，即在高中时期和大一时期入党的学生（调查是在大一下学期临近结束的时候进行的），由于大一时期入党的学生非常少，22人，占党员总数的2.85%，而同时在大学时期入党的学生中，超过87%的人是在大一或者之前递交了申请书，也就是说，大一时期的申请者群体基本代表了大学生中受党吸引（或者说主动追求党组织）的人群。而大四的党员群体则基本上反映了党在大学生群体中所做的选择。因此，比较大一时期的非申请者与申请者群体（均不是党员，合计为非党员），或许可以揭示申请者是否具有某些“自我选择性”的群体特征（Gerber，2002）。而比较大四时期的党员群体与申请者群体（申请但未能入党的学生），可以反映出党的挑选标准。比较大四时期的党员和非党员群体，可以反映党所挑选的成员是否符合其所界定的“品学兼优”的标准。

需要说明的是，此节是以群体为基础进行的比较，考察的是各群体的共同特征，使用的是各群体内部的均值，比如党员的平均社团活动时间，是将所有党员的社团活动时间加总，除以党员总人数。因此大一和大四的比较是群体之间的比较，而不是以个体为单位的前后变化的比较。所涉及的变量，诸如学生成绩、社团活动、人际交往和政治态度等情况均来自学生自己的主观感受和自我评价。本节所定义的“非申请者”指未递交入党申请书、也不是党员的学生，“申请者”指递交了入党申请但还未入党的学生，此二者组成了非党员群体。

（一）大学生党员的优生比例相对较高

学业成绩主要通过班级排名的百分位来衡量，是根据学生本人自行填报所在班的学生总数和自己的排名计算而得，并被划分为前10%、10%～25%以及之后的75%三个等级，依次表示学生的学习成绩处于上游、上中游、中下游。班级排名处于前10%的学生称为优生，处于前10%之外、但属于前25%的学生称为良生。优生在群体中的比例称为优生比，良生在群体中的比例称为良生比。

对大一时期非申请者和申请者的学业成绩的比较确实表明，申请者的学业成绩优于非申请者（见表6—15），虽然差距不是很大。申请者中的优生比和良生比分别比非申请者高出2个和1个百分点。申请者群体的优生比甚至高于党员群体（8.19%与6.40%），优良生比（优生和良生合计，24.4%）与党员群体（25.0%）相近。不过比较也发现，无论是三个群体间的比较（非申请者、申请者和党员）还是两个群体间的比较（党员与非党员），各群体之间在学业上的差距在大一时期都不是很大。

表 6—15　　**2008 级党员和非党员大学生大一时的学业分布**

成绩排序	非党员			党员	合计
	非申请者	申请者	合计		
优生（前 10%）	5.80%	8.19%	7.20%	6.40%	7.14%
良生(10%～25%)	15.07%	16.22%	15.74%	18.60%	15.95%
其他	79.13%	75.59%	77.05%	75.00%	76.91%
合计	100.00%	100.00%	100.00%	100.00%	100.00%
样本量	896	1 270	2 166	172	2 338

三年之后的追踪调查显示（见表 6—16），三类大学生群体的成绩发生了明显的分化，党员群体在学业上远远地把非党员群体（包括申请者和非申请者群体）甩在了后面。无论是优生比，还是良生比，抑或是二者合一，党员群体都远高于其他群体。党员中的优生比高于非党员近 9（16.99－8.01）个百分点，优良生比超过非党员群体近 19 个百分点。而与此同时，申请者群体成为学业表现最差的群体（虽然与非申请者群体间的差距不是很大）。这表明，从群体比较的角度看，党基本上是更倾向于从申请者之中选拔那些成绩相对优良的学生，并且也确实在很大程度上做到了这一点。

表 6—16　　**2008 级党员和非党员大学生大四时的学业分布**

成绩排序	非党员			党员	合计
	非申请者	申请者	合计		
优生（前 10%）	8.60%	7.59%	8.01%	16.99%	11.13%
良生(10%～25%)	17.69%	15.78%	16.57%	26.33%	19.96%
其他	73.72%	76.63%	75.41%	56.68%	68.90%
合计	100.00%	100.00%	100.00%	100.00%	100.00%
样本量	605	843	1 448	771	2 219

由上面的分析得知，至少在大学阶段的后期，党员群体的优生比例更高，整体成绩更好，与其他群体间的差异也逐渐拉大。党员和非党员群体在大一成绩差异不明显的原因可能是各个高校的入学标准是相对统一的，即进入同一所学校的学生成绩基本是处于同一水平线上的。因此在大学的初期，党员和非党员大学生的成绩分化还不明显，而四年之后，党员和非党员的成绩差异显著，这表明大学生党员在学业上确实比非党员更努力。

（二）大学生党员的政治态度与党更加一致

边燕杰（2001）探究了 1949—1993 年政治审查与党员身份获得之间的关系，他发现政治审查一直是影响个体能否入党的关键因素，也就是说党组织十分重视对个体的政治态度和政治观念的审查。但是在不同历史时期党所使用的政治审查的标准是不同的。1978年以前，个体的家庭阶级出身、政治态度是进行政治审查的主要指标；1978年之后，教育程度对个体入党的影响日益显著，但是教育程度并没有替代或者消减政治审查在个体入党方面的重要作用，这时家庭阶级出身不再是考察个人政治忠诚的指标，政治参与和政治态度成为政治审查的主要指标。

我们从第四轮问卷中挑选了六道题来测量大学生党员群体和非党员群体的政治态度差异（具体题目见表6—17，第一列）[①]。第一题，“我想对社会作贡献”测量的是大学生的社会责任感；第二题，“个人利益应该无条件服从国家利益”测量的是大学生对“小我”（个人利益）与“大我”（国家利益）之间关系的看法；第三题，“在党的领导下，官员腐败问题一定能彻底解决”测量的是大学生对党的领导的信心；第四题和第五题，“中国的人民代表大会制度不如西方的代议制先进”，“现在的中国就是一个资本主义国家”测量的是大学生对中国特色的社会主义制度的信心。需要说明的是，这五道题询问的是大学生对这些说法的同意程度，“1”表示完全同意，“5”表示完全不同意。由于第一、二、三题和第四、五题的向度相反，我们在数据处理的时候对前三道题的答案进行了调整，“1”表示完全不同意，“5”表示完全同意。这样前五题的得分越高，就表明社会责任感越强，或者对党的领导（或者社会主义制度）越有信心。

第六题是一个虚拟性的问题，考察了大学生与中央精神的一致性。[②] 评分标准为1～10分，分数越高，越倾向于与中央精神保持一致。这道题出现在所有四轮问卷中，我们选出2008级学生在大一和大四时期的回答，以进行比较。

表6—17　　2008级党员与非党员大学生的政治态度

态度	非党员			党员
	非申请者	申请者	合计	
1. 我想对社会作贡献	3.79 (0.90)	3.83 (0.86)	3.81 (0.88)	4.04 (0.85)
2. 个人利益应该无条件服从国家利益	2.73 (1.07)	3.03 (1.03)	2.90 (1.06)	3.16 (1.04)
3. 在党的领导下，官员腐败问题一定能彻底解决	2.40 (0.97)	2.59 (0.94)	2.51 (0.96)	2.84 (0.97)
4. 中国的人民代表大会制度不如西方的代议制先进	2.92 (0.94)	2.98 (0.92)	2.95 (0.93)	3.25 (0.91)

① 这几道题只出现在第四轮问卷中，因此只有2008级的学生作答（当时四年级）。

② 问卷中询问到：假如有学生会干部认为校团委的指示不符合中央的精神而拒绝执行，请问您在多大程度上同意他的做法？如果用1分表示“非常不同意”，10分表示“非常同意”，您同意的程度为多少分？

续前表

态度	非党员			党员
	非申请者	申请者	合计	
5. 现在的中国就是一个资本主义国家	2.95 (0.88)	3.08 (0.87)	3.03 (0.88)	3.29 (0.87)
6a. 不符合中央精神而拒绝执行（大一）	5.82 (2.35)	5.96 (2.30)	5.90 (2.32)	5.83 (2.27)
6b. 不符合中央精神而拒绝执行（大四）	5.53 (1.97)	5.74 (2.10)	5.65 (2.05)	5.86 (2.10)
样本量（大一）	961	1 325	2 286	180
样本量（大四）	615	847	1 462	772

注：(1) 1～3 题："1" 表示完全不同意，"5" 表示完全同意。
(2) 4、5 题："1" 表示完全同意，"5" 表示完全不同意。
(3) 第 6 题："1" 表示非常不同意，"10" 表示非常同意。
(4) 表格中括号外的数字为均值，括号内的为标准差。

对政治态度的分析发现，大四时候的党员大学生确实在政治态度的各个方面都与非党员或者申请者有比较显著的差异。他们的社会责任感更强，更愿意为社会作贡献；集体利益感更强，更赞同以国家的利益为先；他们对党的领导更有信心，更相信共产党惩治腐败的决心和能力；他们对中国特色的社会主义制度也更有信心，对"人民代表大会制度不如西方代议制"的说法更不表示赞同，也更不认同中国现在是一个资本主义国家的说法。

此外，大学生入党申请者的政治态度虽然不如大学生党员那么鲜明，但与非申请者比，他们离党的期望值更近。因此可以说，党确实选拔出了与其所预期的政治态度一致的大学生加入自己的组织。当然，由于此处没有追踪数据可以对各群体政治态度的年度变化进行对比，所以也可以说，大学生党员的政治思想学习是富有成效的，他们在政治态度上与党的一致性高于其他非党员群体。

不过，对第六道题的分析或许可以在一定程度上说明，大学生党员的政治倾向并不完全是入党之后形成的，党确实吸引和选拔了政治合格的大学生，这体现在：在大一时期，在强调与中央精神保持一致性方面，党员的得分甚至不如申请者。申请者是这三个群体中得分最高的，而党员群体的得分则与未申请者没有明显差异（只比后者高 0.01 分）。但到了大四的时候，党员的得分是三个群体（另两个是非申请者和申请者）中最高的，并且是三个群体中唯一得分提升了的，比大一时的得分提高了 0.03 分。另外两个群体的得分则都有所下降，不过申请者的得分依然高于非申请者。从这个角度上，我们可以说，党确实吸引了那些真心愿意跟党走的人志愿申请加入党，也确实吸收了那些相对来说更愿意与党保持一致的学生加入党。

(三) 大学生党员与非党员的价值观并无显著差异

这里我们从问卷中挑选了五道问题来测量大学生的价值观（见表6—18），这五道问题依次是“穷人之所以穷，是因为受到社会的不公平待遇”、“穷人之所以穷，是因为他们工作不努力”、“应该从收入高的人那里征收更高的税来帮助穷人”、“知识水平越高，在政治上的发言权就应该越大”、“财产越多，在政治上的发言权就应该越大”。大学生们依据他们对以上表述的同意程度在1～5分内进行打分，1表示“完全不同意”，5表示“完全同意”。但在“穷人之所以穷，是因为他们工作不努力”这一问题上，由于向度和其他问题相反，不便于进行综合分析，因此在数据处理时，我们颠倒了这道问题的记分顺序，即从5～1，5表示“完全不同意”，1表示“完全同意”。根据党员和非党员在以上五个问题的得分，大致可以把握学生党员的价值观以及他们和非党员群体的差异。

表6—18　　2008级党员和非党员大学生的价值观差异

	非申请者		申请者		非党员		党员	
	大一	大四	大一	大四	大一	大四	大一	大四
1. 穷人之所以穷，是因为受到社会的不公平待遇	2.53 (0.94)	2.73 (0.90)	2.51 (0.96)	2.77 (0.89)	2.52 (0.95)	2.76 (0.90)	2.56 (1.00)	2.69 (0.90)
2. 穷人之所以穷，是因为他们工作不努力	3.84 (1.04)	3.65 (0.95)	3.88 (1.06)	3.70 (0.94)	3.86 (1.05)	3.68 (0.95)	3.86 (1.02)	3.72 (0.95)
3. 应该从收入高的人那里征收更高的税来帮助穷人	3.43 (1.09)	3.40 (0.99)	3.46 (1.09)	3.49 (0.97)	3.45 (1.09)	3.45 (0.98)	3.34 (1.07)	3.53 (0.92)
4. 知识水平越高，在政治上的发言权就应该越大	2.81 (1.01)	2.83 (0.96)	2.81 (0.98)	2.88 (0.92)	2.81 (0.99)	2.86 (0.94)	2.87 (1.04)	2.89 (0.94)
5. 财产越多，在政治上的发言权就应该越大	2.07 (1.04)	2.25 (0.99)	2.07 (1.00)	2.36 (1.00)	2.07 (1.02)	2.31 (1.00)	2.09 (1.05)	2.19 (0.96)
样本量	962	611	1 326	844	2 288	1 455	180	766

注：(1) 1、3～5题：1表示“完全不同意”，5表示“完全同意”。

(2) 第2题：1表示“完全同意”，5表示“完全不同意”。

前两道题针对的是对待穷人的态度，得分越高，越同情穷人，越倾向于认为贫困不是因为个人努力不够所致，而具有一定的社会原因。大学生党员在这两道题上的得分与非党员群体的差异十分微小，并且模式也不是很明显。在“穷人之所以穷，是因为受到社会的不公平待遇”这一问题上，大一党员的平均分为2.56，是这三个群体中最高的（其他两个分别为：申请者2.51，非申请者2.53），但在第二个问题（“穷人之所以穷，是因为他们工作不努力”）上的得分（3.86）又不如申请者群体（三个群体之间各差0.02分）。这表明大一时期的学生党员对穷人之所以贫穷的归因认识并没有特定的模式，与非党员群体也没有鲜明的差异。

大四阶段的党员在第一个问题上的平均分为 2.69，虽较之大一有所上升，但却是三个群体中得分最低的一个，也是上升幅度最小的一个。申请入党未成功者的得分最高（2.77）。大学生党员比起非党员，更不认可“贫穷源于社会不公平待遇”这个观点。而在第二个观点的认可度上，大四党员的得分虽有所下滑（3.72），却成为党员、提交了申请书的非党员和未提交申请书的非党员三者中得分最高的群体，这表明党员更加不认同“穷人贫穷的原因是工作不努力”这个观念。两个问题结合起来，可以说，大学生党员在对贫困群体的认识上比较模糊，相较于其他两个群体，大学生党员既不大赞同社会不公是贫困的原因，也不认为个人努力不够是贫困的原因。

在公共政策方面（“应该从收入高的人那里征收更高的税来帮助穷人”），大一党员的平均得分为 3.34，低于提交申请书的非党员的 3.46 和未提交申请书的非党员的 3.43。但到了大四时候，党员的得分成了这三个群体中最高的（3.53），并且明显高于其他两个群体（非申请者的 3.40 和申请者的 3.49）。这一变化说明，大学生党员虽然在对贫困问题的认识上很难说是最同情穷人的，但却最赞成在经济政策上通过收入的再分配来帮助穷人。

问卷中也测量了大学生对于知识精英和富人参政的看法。在“知识水平越高，在政治上的发言权就应该越大”问题上，大一党员的得分为 2.87，显著地高于非党员群体（均为 2.81）；而大四党员的平均得分为 2.89，较之大一有所上升，也仍旧是分数最高的群体，但与其他两个群体的差距（特别是申请者）有所缩小。这表明大学生党员比非党员更加认可知识水平和政治发言权之间的正比关系，但是他们整体的倾向还是比较不赞同这个正比关系的。

在关于“财产越多，在政治上的发言权就应该越大”这一问题上的得分，大一党员的平均分为 2.09，高于非党员群体；大四党员的分数上升了 0.10，不过非党员群体增加得更多。因此党员更加不同意财产和政治发言权之间的正比关系。

这几道问题都可以用来测量人们的社会公平观。将这几道问题分类综合来看，前三道问题是对穷人或者说弱势群体的看法，后两道则是关于阶级地位与政治权利的看法。大学生党员在对社会公平的认识上没有明确的模式（前两道题），在经济政策上从大一到大四有稍微向“左”的趋势（更加赞同向穷人倾斜的税收政策），更反对将政治权利与财富挂钩。但总的看来，大学生党员和非党员在价值观方面的差异并不明显，观念十分相似，都没有比较极端的看法。

（四）大学生党员更加积极参与社团活动

社团活动的参与程度既可以用于测量大学生的社会参与感和奉献精神，又可以用于测量大学生的社会活跃度。这里我们用每周平均参加社团活动的时间来度量社团活动参与度，以小时为计量单位。时间越长，则认为他们参与社团活动的积极性越高。

表6—19显示，党员一直是社团的活跃分子。无论是大一还是大四，大学生党员用于社团活动的时间都是最长的。大一时期，党员、申请者和非申请者用于社团活动的时间分别为：5.98、4.49和3.69个小时，大学生党员群体花在社团活动上的时间比其他两个群体分别高出1.5到2.3个小时。大四时期，三个群体用于社团活动的时间分别为：4.79、3.88和3.26个小时，大学生党员依然是花费时间最多的群体。申请者群体无论是在大一还是大四，在社团活动上花费的时间都居于中间，高于非申请者。

表6—19　　2008级党员和非党员大学生平均每周用于社团活动的时间

	未申请者		申请者		非党员		党员	
	大一	大四	大一	大四	大一	大四	大一	大四
均值（小时） （标准差）	3.69 (5.22)	3.26 (7.58)	4.49 (6.20)	3.88 (9.26)	4.15 (5.82)	3.62 (8.60)	5.98 (7.02)	4.79 (8.83)
样本量	961	612	1 320	840	2 281	1 452	180	770

大四和大一相比，三个群体用于社团活动的时间都有所减少。不过，申请入党未成功者和未申请入党者属于些微下降，而党员平均每周用于社团活动的时间则下降了1个多小时，说明随着大学生活的继续，大学生党员对活动的参与度有了显著的下降。

不过，总的看来，相较于其他群体，大学生党员群体确实更频繁地参与集体活动，对集体活动有着较高的积极性的。其次，乐于投入社团活动的人也更加倾向于递交入党申请书，或者说递交了入党申请书的大学生也更热衷于社团活动。

（五）大学生党员的人际交往密切程度更高

大学生的人际交往主要是通过他们主观感受到的和舍友、同班同学、学院（系）领导和学院（系）团委老师之间的密切程度来测量，用1～5进行打分，分数越高表示关系越密切。

表6—20给出了2008级大学生大一和大四时的人际互动密切程度均值。总的来看，大一时大学生党员在人际交往各方面的得分都高于大学生非党员群体，而申

请者的得分又高于未申请入党者；在大四阶段，党员的人际交往得分，除与舍友关系之外，都有了进一步提升，并与其他两个群体的差距增大。而另两类非党员群体则在三年间有升有降。这表明，相比于非党员，大学生党员和各类群体交往更为密切，且交往密切程度在大学时期呈上升趋势。

表 6—20　　2008 级党员和非党员大学生的人际关系

	未申请者		申请者		非党员		党员	
	大一	大四	大一	大四	大一	大四	大一	大四
舍友	4.38 (0.82)	4.25 (0.93)	4.41 (0.79)	4.24 (0.95)	4.40 (0.80)	4.24 (0.94)	4.43 (0.75)	4.34 (0.80)
同班同学	3.55 (0.87)	3.41 (0.92)	3.65 (0.80)	3.54 (0.92)	3.61 (0.83)	3.49 (0.92)	3.65 (0.79)	3.69 (0.84)
学院（系）领导	1.63 (0.88)	1.85 (1.01)	1.85 (0.94)	1.96 (0.96)	1.76 (0.92)	1.91 (0.98)	1.97 (1.03)	2.31 (1.12)
学院（系）团委老师	1.66 (0.92)	1.87 (1.01)	1.92 (1.00)	2.01 (1.00)	1.81 (0.97)	1.95 (1.01)	2.20 (1.09)	2.52 (1.18)
样本量	962	615	1 326	847	2 288	1 462	180	772

总体而言，大一时大学生党员在各方面的得分上均高于申请入党者和未申请入党者，其中差距较大的为与学院（系）领导、学院（系）团委老师的关系，说明大学生党员有更多的机会与之接触，当然这可能也是他们积极参与社团活动的结果。

大四时的情况与大一类似，大学生党员表现出了更广的交际范围和更好的人际关系。并且在与同班同学、学院（系）领导和学院（系）团委老师的关系上，与非党员学生的差距越拉越大。

综上所述，相较于非党员，大学生党员的人际交往得分更高，人际互动更为频繁，并且随着时间的推移，和其他人的人际交往密切程度基本上都呈上升趋势。大学生党员和学生群体交往的密切程度要远高于和老师群体互动的密切程度，但是和学生群体的人际互动密切程度随着时间有升有降（虽然升降幅度都不大），而和老师的人际互动随着时间而增加。大学生党员在人际交往方面的确显现出了他们的优势。

而入党申请者在大一时和同学老师的关系密切程度均高于非申请者。到了大四时期，除与舍友关系之外的其他关系还是比非申请者密切。但相较于党员群体，申请者的人际关系密切程度与非申请者更接近。因此可以说，大学生的申请和被批准入党的确与他们的人际交往密切程度有一定的关联。

（六）大学生自信程度更高，也更重视个人努力

葛柏（2002）在对苏联共产党员的研究中提出，党员群体很可能具有一些未观

察到的个人特质。这些特质不仅促使他们申请加入共产党，更有可能被党接纳，也使得他们即使在苏联解体后也比非党员更有可能成功。这些未观察到的特质包括个人的雄心、进取心、对成功的渴望或者机会主义等等。因此此处我们考察党员或者申请入党者是否比非党员或者非申请者更具有进取心和自信心等。

我们从问卷中挑选了一些问题，来考察党员和非党员在进取心、自信心以及对成功的归因等方面的差异（见表6—21），进取心用对待学业的态度来测量①，自信心用大学生应付困境时的态度测量②，对成功的归因测量的是大学生对先赋性因素（家庭经济状况和父母教育背景）和自致性因素（个人聪明才智、有事业心和进取心、努力工作）的重要性的看法。之后又考察了大学生怎样看待社会关系或社会网络（包括社会关系多、认识有权的人）对个人成功的重要性。③

表6—21　2008级党员和非党员大学生的进取心与自信心

	未申请者		申请者		非党员		党员	
	大一	大四	大一	大四	大一	大四	大一	大四
学习上的进取心	3.28 (1.15)	3.00 (0.99)	3.45 (1.09)	3.17 (0.91)	3.38 (1.12)	3.10 (0.95)	3.42 (1.12)	3.34 (0.90)
应付困境的自信心	2.95 (0.51)	2.89 (0.49)	2.93 (0.52)	2.89 (0.50)	2.94 (0.51)	2.89 (0.50)	3.01 (0.52)	2.93 (0.48)
家境与父母教育	3.42 (0.84)	3.68 (0.71)	3.35 (0.83)	3.63 (0.75)	3.38 (0.84)	3.65 (0.73)	3.43 (0.86)	3.60 (0.78)
才智/进取心/努力	4.62 (0.46)	4.37 (0.63)	4.62 (0.46)	4.36 (0.67)	4.62 (0.46)	4.36 (0.65)	4.63 (0.52)	4.40 (0.62)
社会关系	3.98 (0.74)	3.94 (0.74)	4.03 (0.72)	4.08 (0.70)	4.01 (0.73)	4.02 (0.72)	4.01 (0.71)	4.05 (0.69)

就大学生的进取心而言，申请者在大一时是得分最高的（3.45），但到了大四时（3.17）则被党员群体（3.34）明显地甩在了后面。未申请入党者的得分一直是

① 问卷当中有27个陈述来测量大学生对自身的学业要求和期待，由大学生根据自身情况进行打分，我们从中选择了两个作为衡量大学生进取心的指标：（1）对我来说，比其他同学学得好是很重要的；（2）我在班级当中的目标是得到比其他大多数同学更好的分数。评分为1～5，"1"表示完全不符合，"5"表示完全符合。我们计算了每个大学生在这两道题上得分的平均值，用以代表他们的进取心。

② 测量自信心的8个问题分别为：若我尽力，我总能够解决难题；我自信能够有效应付任何突如其来的事情；以我的才智，我一定能应付意料之外的事情；若我付出必要努力，我一定能解决面临的问题；我能冷静面对困难，因为我依赖自己解决问题的能力；面对一个问题，我常能找到几个解决办法；有麻烦的时候我通常能找到一些应付办法；无论什么事发生在我身上，我都能应付自如。评分为1～5，"1"表示完全不符合，"5"表示完全符合。我们使用的是每个大学生在这8道题上得分的均值。

③ 大学生对影响个人成功因素的重要性的看法，从毫不重要到极为重要分别记为1～5分，大学生根据自己的看法打分。

最低的（大一平均为 3.28；大四为 3.00）。党员的得分则后来居上，大一平均为 3.42，比申请者低 0.03，到了大四（3.34）却实现了反超，比位居第二的申请者（3.17）高出了 0.17。因此可以看出，申请者大一时的进取心更强，但到了大四却被党员甩在了后面。当然，这既可能是因为入党的大学生为积极争取而变得进取心强，也可能是因为进取心强的学生更可能提出入党申请，我们不能确认。但我们能确认的是，党确实是吸收了那些相对进取心更强的人进入了自己的队伍，或者成为党员可以保证一定的进取心，表现在大四时候的党员的进取心是三个群体中最强的，并且自大一到大四时的下降幅度也是最小的。

就大学生应付困境的自信心而言，无论是在大一还是大四，党员和其他群体之间的差异都比较显著。党员的自信心高于其他群体（大一时党员 3.01，非党员 2.94；大四时党员 2.93，非党员 2.89），他们更相信能够凭借自己的努力解决难题，更相信自己处理问题和解决意外事故的能力。而未申请者和申请者群体的大学生在自信程度方面差异很小。党员和非党员的差异表明，党组织的确是吸收了大学生当中更加有自信心的一批人。

在对成功的归因上，大一时期的党员群体与非党员群体的看法并非泾渭分明。党员比其他两个群体更看重家庭背景（党员 3.43，申请者 3.35，未申请者 3.42），但也最看重个人努力对成功的重要性（虽然与其他两个群体的差异极为微小），不过在对社会关系的看法上却居于中游。因此，在将成功归于先赋性还是自致性因素的看法上，大一时期的党员和非党员之间并没有非常鲜明的差异。不过大一时期的申请者则是最看重社会关系的群体，但在对待个人努力的态度上大一时期的申请者与非申请者没有区别。或许可以说，至少从大一时期的申请者身上并未体现出党所吸引的是那些更看重个人努力的群体，却看到了一点机会主义的影子。

到了大四时期，党员与其他群体之间的差异逐渐变得显著。党员成为最不看重家庭背景、但最看重个人努力的群体。而申请者相较于未申请者群体，则成为既不大看重家庭背景，也不怎么看重个人努力（这方面两个群体的差异很小），但依然是最看重社会关系的群体。

通过上述几个方面的考察，我们发现，至少在大四时期，党员确实比非党员更加进取，更加自信，更相信个人的努力而非家庭背景，而这些都是未来获得成功的重要因素，因为观念会影响他们实际做事的态度，促使他们在学习和工作中表现得更加努力。

不过，有意思的一点是，无论是党员还是非党员，经过了四年的大学生活，却都变得相对更加消极。各个群体的学习进取心和应对困境的自信心都呈现下降趋势，也都变得更加看重家庭背景和社会关系（只有未申请者对社会关系的评分下降），而更不看重自致性因素对个体成功的重要性。

本节旨在考察党所发展的大学生党员是否符合其设定的“品学兼优”这一标准。通过对未申请的学生、申请但未成功的学生（合计为非党员）和党员三个群体在学业表现、政治态度、价值观、社团活动参与、人际交往、进取心、自信心等方面进行对比，我们发现，大学生党员的优生比例的确高于非党员；党员的社会责任感更强，为国家利益奉献的意愿更高，也更倾向于在思想意识上和行为上与党组织保持一致；他们在校园中也更活跃，更有服务精神（体现在他们用于社团活动的时间更长）；他们与周围同学和老师的关系也相对来说更密切；他们更自信、更有进取心、更加强调个人努力对于成功的作用等。通过这一系列的比较，我们可以认为：党组织的确选择了大学生群体中相对优秀的一批人，他们在各个方面的表现都更加优异。那么，党组织作为培养未来党政精英人才的基地，大学生加入党组织对于自身会产生哪些影响呢？这是我们在下一节中将要探讨的问题。

第5节　大学生入党前后的变化

作为一个具有明确政治立场的政党，中国共产党对其党员有着一定的要求和期望。在上一节我们分析了大学生党员群体和非党员群体在学习成绩、政治态度、社团活动、人际交往和进取心自信心等方面的差别，并且验证了党员群体在这几个方面都相对更加优异。那么对于大学生而言，加入中国共产党是否会引起他们在校表现的变化？换言之，他们在入党之后，是更加严格要求自己，还是就此放松自己，不再为积极达到党的要求而努力？在本节中，我们通过对个体大学生党员在校表现的纵向比较，以观察其入党前后所发生的变化，初探入党对于大学生所产生的一些影响。

在本节中，我们根据大学生入党时间将其分为非党员、新党员和老党员三类，比较每个人的年度成绩或者人际关系变化，考察入党行为的影响，探讨大学生入党之后是否依然保持着优异的表现，抑或只是将入党作为终极目标，入党之后便不再积极进取。

由于大学生在申请入党的过程中，既需要良好的学业表现，也需要周围同学的认同和负责党员发展工作（一般是院系团委）的老师的首肯。因此我们在此处测量了大学生入党前后的学业变化、与周围同学的关系的变化和与院系相关老师的关系的变化。

本节中定义的新党员是指在新一轮调查中是党员的大学生，老党员是指在本轮和上轮调查中都是党员的大学生。分析采用年度比较的方法，基于大学的各个年级展开。比如，对于二年级的大学生来说[①]，将所有调查样本分为非党员（未能在二年级入党的大学生），一年级和二年级时都是党员（老党员）和一年级时是非党员、但二年级成为党员（新党员）三类，分析他们一年级和二年级时的成绩或者人际关系变化，以说明入党的影响。之后把三个年度变化数据汇总（二年级与一年级、三年级与二年级、四年级与三年级），形成年度变化的总体数据。

本节使用的样本为 2008 级大学生，因为数据库中只有他们拥有大学四年的完整信息（2006 级学生只有三年级和四年级时的信息），更易于进行纵向的比较。

（一）学生入党前后成绩并无显著变化

学习成绩的变化主要是通过被访者自己报告当时（调查问卷中所称的“目前”）排名的相对变化来测量的（名次除以全班人数）。为了更好地显示大学生成绩的变化趋势，我们将他们的成绩细分为前 10%、10%～25%，25%～75%以及最末的 25%四个等级，分别赋值为 1～4。成绩的变化是由他们后一年的成绩等级减去前一年的成绩等级间接测量出来的，负值表示成绩上升，“0”表示成绩未变，而正值则表示成绩下滑。对于新党员（本调查年度入党的党员）来说，他们成绩的变化正好显示了其入党前一年和入党这一年之间的差别；而老党员的成绩的变化则展现了党员入党后的学业情况（见表 6—22）。

表 6—22　　　　2008 级大学生入党前后的成绩变动

	非党员	新党员	老党员	合计
成绩上升（%）	15.70	18.88	15.50	15.96
成绩未变（%）	72.83	67.16	73.94	72.49
成绩下滑（%）	11.47	13.96	10.55	11.55
合计比例（%）及样本数（人）	100.0（5 012）	100.0（609）	100.0（1 090）	100.0（6 711）

表 6—22 显示，新党员群体是三个群体中成绩上升比例最高的一个群体，较非党员群体和党员群体高出了 3 个百分点；但同时，新党员群体也是成绩下滑比例最高的一个群体（13.96%）。非党员群体和老党员群体在成绩变化的分布上表现出了

① 每一轮调查都是在一个学年的末期进行，搜集的是本学年的情况。因此对于 2008 级的大学生来说，第二轮时调查搜集的本年度信息视为他们二年级时的信息。

高度的相似性，非党员成绩上升的比例略高于老党员，成绩下滑的比例也略高于老党员；三个群体成绩未变的比例均超过了65%，成绩未下滑的比例均超过了85%，这表明大学生整体的成绩比较稳定，成绩明显下滑的相对比较少。

仅从新党员这个群体自身的数据来看，新党员群体的成绩比较稳定，将近七成的新党员成绩入党前后并没有明显的变化，超过三成的新党员成绩或上升，或下滑，其中，成绩上升的人更多一些。而将新党员和非党员及党员群体比较来看，新党员是成绩波动相对较大的一个群体，已经入党的党员在三个群体中成绩更为稳定。

由上面的分析得知，和非党员及老党员相比，党员在入党前后（即新党员）成绩波动的比例相对较大，其中，成绩上升的人多于成绩下降的人。党员入党后（老党员）成绩比较稳定，能够保持成绩而不是有所松懈。总体看来，不论入党与否或者入党多久，党员成绩都比较优异。

（二）党员入党后的人际互动密度高于入党前，入党后仍保持增加趋势

人际交往是由被访者主观感受到的和舍友、同班同学、系/学院领导以及系/学院团委老师之间关系的密切程度来测量的。我们把每个人在每一项上大四时候的得分和大一时候的得分相减（问卷只询问了大一和大四的信息），根据相减的结果将人际关系变化划分为三类：关系变得更冷淡，关系没有变化和关系变得更密切。人际关系变量只在大一和大四两次调查中进行了测量，因此此处的党员群体的分类有所变化，新党员代表的大二至大四期间入党的党员，老党员代表大二之前入党的党员。新党员人际关系的变化可以显示出入党前后党员人际关系的差别，考察他们是否入党之后就不再关注与周围同学和老师的密切关系。而老党员人际关系的变化则可以展现出党员入党后人际关系的保持情况（见表6—23）。

表6—23　　2008级大学生入党前后的人际关系变化（%）

人际关系群体	非党员	新党员	老党员	合计
舍友				
更密切	19.15	20.46	16.15	19.29
没有变化	53.21	55.32	50.31	53.58
更冷淡	27.63	24.22	33.54	27.13
同班同学				
更密切	24.49	27.66	32.30	25.92
没有变化	44.60	47.46	34.16	44.63
更冷淡	30.92	24.88	33.54	29.45
系/学院领导				

续前表

人际关系群体	非党员	新党员	老党员	合计
更密切	34.54	43.54	39.13	37.33
没有变化	46.51	38.30	42.86	44.00
更冷淡	18.95	18.17	18.01	18.67
系/学院团委老师				
更密切	36.32	46.32	39.75	39.30
没有变化	44.73	35.84	38.51	41.85
更冷淡	18.95	17.84	21.74	18.85

表 6—23 显示，新党员入党前和入党后相比，和舍友的关系变得更为冷淡的要多于更为密切（高将近 4 个百分点），而和同学的关系则是变得更为密切的超过变得更冷淡的（高将近 3 个百分点）。总起来看，新党员和周围同学（舍友和同班同学）关系的变化属于比较中庸的：虽然变得更密切的同学占比不一定是三个群体中最高的，但认为变冷淡的群体占比却是三个群体中最低的。

老党员与同学关系的变化整体上稍微有些极端。相较于其他两个群体，老党员群体与舍友的关系变冷淡的趋势更加明显：关系变密切的同学所占百分比是三个群体中最低的（16.15%），而关系变冷淡的同学所占百分比又是三个群体中最高的（33.54%）。而和班上同学关系的变化则占据冷暖两端：变密切的（32.30%）和变冷淡的（33.54%）所占百分比都是三个群体中最高的。

总的来看，大学四年，大学生和周围同学的关系的密切程度属于稳中有变，“稳”指密切程度不变的还是占多数。“变”则是指关系变冷或变暖的同学所占百分比也不低。值得注意的是，所有三个群体在和舍友的关系方面，如果有变化的话，都是以变冷的居多。而和班上同学关系的变化则是有冷有暖，非党员中变冷淡的远超过变密切的，新党员变密切的超过变冷淡的，而老党员变冷淡的略微超过变密切的（但两种占比都比较高）。所以可以说，相较于非党员群体，党员身份或许在一定程度上会增强新党员与周围同学的关系的密切程度。但老党员则不大会顾及与周围同学的关系。

在评估与老师的关系的密切程度时，我们发现，所有的三个群体，在经过四年的大学生活之后，都有超过 1/3 的同学认为他们和老师的关系变得更为密切，并且认为变密切的同学所占的比重远远超过变冷淡的群体，非党员也不例外。当然，新党员中认为变得密切一些的同学所占比最高（43.54%和 46.32%），老党员占第二。而变冷的比例在三个群体中差不太多，除了老党员认为与团委老师关系变冷淡的占比（21.74%）要超过其他两个群体 3～4 个百分点。

综合起来看，新党员中认为和老师关系变密切的占比最高，关系变冷淡的占比最低。而老党员中认为关系变密切的占比在三个群体中居于中间，认为变冷的比例在三个群体中若不是最低（和系/学院领导）就是最高（和系/学院团委老师）。因此入党行为确实能影响到大学生党员与周围老师的关系。相较于其他两个群体（非党员和老党员），入党能相对增加大学生与周围老师的密切程度。

总体看来，党员入党前后大部分都能维持比较稳定的人际关系，并在稳定的基础上有所提升，尤其在和老师人际互动密切程度上有显著提升。

对大学生党员入党前后的变化的考察发现大学生在入党前后无论在学业上还是人际关系方面，与另外两个群体比，都没有明显的恶化的趋势。因此在某种程度上我们也证明了，对于大多数大学生来说，入党并不是他们努力的终点，入党不会导致他们的成绩下滑或者人际关系相对恶化。

第6节　小结

我们利用“首都大学生成长追踪调查”提供的历时性数据，首先对大学生党员队伍进行了全面剖析，展示了大学生入党申请者和党员的整体面貌。在此基础上对党员大学生和非党员大学生进行了全方位比较，观察比较结果我们不仅能够发现党员大学生和非党员大学生之间的差异，而且可以从中发现党组织选择其成员时的倾向和坚持的标准。

从入党的双向选择性（大学生的选择与党的选择）出发，本研究首先从申请和批准两个方面探讨了影响大学生入党行为的因素。研究发现，一是党对大学生具有强烈的吸引力，大学生入党的积极性一直高涨，并且越来越多的大学生、越来越早地向党递出了申请。二是大学生中党员的总体分布与全国的分布不是很一致。大学生中党员的比重高于普通人群中的比重，表明了党组织对大学生党员队伍建设的重视。三是大学生党员中的结构分布也异于全国党员的结构分布。大学生党员中，女性的比重与少数民族的比重都高于全国党员中的相应分布，表明党在发展大学生队伍中更好地做到了性别均衡与民族均衡。

研究还发现，相对弱势的群体，诸如女性、少数民族、农业户籍和相对非核心地区（县级地域，相对于地级市和省城直辖市来说）的生源，以及来自声誉相对较低的学校的学生的入党积极性更高，这或许在某种程度上隐藏着一些功利主义的动机，即很多大学生将入党视为改善自己相对较弱的个人背景的一种有效方法。

研究也表明，党在选择其成员时，就个人的外在特征来看，个人的教育背景

（学校声誉），而非性别、民族、户籍等先赋性因素，是党考虑的主要因素。

其次，党在选拔大学生党员的过程中，在某种程度上实现了其设定的“品学兼优”的标准。一方面，党的确吸引了成绩相对优异、政治态度相对合格、人际关系相对良好的大学生向党靠拢。另一方面，党所选拔的大学生党员也确实在学业表现上更加突出，社会责任感和奉献精神更强，政治态度更加与党一致。因此可以说，党对大学生党员的选拔是比较成功的。

另外，我们的研究也从某种程度上证明了，党员群体在某种程度的确是具有一些共同的、较易取得成功的个人特质的，比如党员比非党员更有进取心、更自信、更相信个人的努力，也更认同社会关系的作用。

研究还表明，对于大多数大学生党员来说，入党并不是他们努力的终点。即使在入党之后，他们中的大多数依然能保持甚至提升自己的学业表现，能保持与同学的密切关系。与非党员同学相比，他们的学业总体上依然相对优异，与同学和老师的关系也相对更密切。

总而言之，本章从学业、性格、思想观念、人际关系等方面对大学生中的党员群体进行了较为全面的展示，让社会对这一群体有了初步的了解，同时也为今后大学生党员的研究者提供了资料、线索和启示，为高校党建工作提供了有益的资料。

参考文献

包丽颖．新形势下的大学生入党动机问题研究．中国青年研究，2010（5）：100～102.

马元斌．关于当代大学生入党动机的若干思考．教育与职业，2008（20）：132～133.

唐伯武．当前大学生入党动机现状调查分析．学校党建与思想教育，2013（7）：43～45.

Bian，Yanjie，Xiaoling Shu，John R. Logan. Communist Party Membership and Regime Dynamics in China. *Social Force*，2001，79（3）：805-841.

Gerber，Theodore P.. Membership Benefits or Selection Effects? Why Former Communist Party Members Do Better in Post-Soviet Union? . *Social Science Research*，2002，29：25-50.

Guo，Gang. Party Recruitment of College Students in China. *Journal of Contemporary China*，2005，14（43）：371-393.

第7章　大学生的宗教信仰状况

第1节　为何关注大学生的宗教信仰

一、强烈的意义需求与有限的意义供给

大学生正处在人生价值与原则形成的重要时期，急切地想对人生的境遇与事件做出解释（理解）。对于“我是谁（自我认同）?”、“人生的意义何在?”、“世界为什么是现在这个样子?”、“应该如何面对苦难与不义?”等终极性的问题有着强烈的探索动力。这些都关涉个人生活的基本信仰，涉及对生存的意义（幸福与受苦、善与恶、为什么我在、死的释义、与他人的生存关系）的认识（刘小枫，1998）。又红又专是改革开放前中国教育的两大核心要求，要求学生以历史唯物主义武装自己的头脑。但是由于社会的快速变迁，以及主流意识形态的祛魅，传统的思想道德与唯物主义意识形态教育在大学生中的吸引力下降，世俗的意义系统开始受到反思，而新的意义系统尚未确立，学生中出现所谓的“意义的匮乏”（scarcity of meaning)。[①] 在大学生中兴起了一种“体验”生活的潮流和不少亚文化群体。在尊重个性、鼓励创新的大背景下，无论是学校、老师还是家长，都在鼓励学生参与丰富的课外文娱体育节目、旅游参观、实习体验活动等，对于校园中出现的不危及稳定的

---

① 这里对意义的匮乏的界定参考了 Robert D. Boyd，J. Gordon Myers，“Overcoming Leadership Scarcity: Discerning the Spiritual Journey,” *Spirituality Today*，1987（39）：226。

亚文化保持了高度的宽容和不介入态度。然而，除了主流的历史唯物主义思想道德教育体系和专业理论体系外，校园中能够系统性地回答上述终极问题的对象相对较少。另一方面，随着大学校园中有海外宗教背景的人员（如外教、留学生、有海外经历的老师等）的增加，基督教等宗教在大学校园中的可及性越来越高（后文的分析表明，大学生中将近半数被基督教传过教）。从宗教社会学的角度来看，可以说，解决意义问题乃是宗教的核心功能。

自宗教社会学的奠基人之一韦伯开始，意义问题就成为宗教社会学的主要论题之一。像所有持世俗化理论的学者一样，韦伯清醒地意识到，在宗教和理智之间，尤其是宗教和理性主义在经验科学的发展之间，存在着根深蒂固的张力，后者会在自身的进展中将宗教从理性的王国推向无理性的王国。但是，救赎宗教会对理性的攻击展开反击，并提出如下的主张："宗教认识乃是一个不同领域中的活动，它的性质和意义完全不同于理智的成就。宗教所要求的是通过直接理解世界的'意义'而提供对世界的终极立场。它并不要求提供有关'是什么'或者'应当是什么'的理智认识。它要为世界的意义提供答案，但不是借助于理智，而是借助于启示的超凡魅力。"韦伯注意到，宗教信徒试图将世界理解为多少是有意义的努力，会由于不义的苦难这个司空见惯的问题而遇到挑战（Boyd and Myers，1987）。因此，各种宗教都提供了各种神义论来面对这种挑战，韦伯对这些神义论的社会学意义做了深入的分析和挖掘（Weber，1993）。当代学者指出，在韦伯的著作中，神义论指称任何对不义与人类苦难提供的一种宗教性解释的普泛化的意识形态或意义系统。

在这样的语境中，作为中国社会中的天之骄子的北京市的大学生们是如何面对意义问题的？他们思考意义问题吗？他们将求助的目光投向哪种意义系统？换言之，他们对各种宗教的兴趣趋向呈现出何种态势？人们自然会担心，在这个全面世俗化的时期，随着知识的积累与眼界的开阔，大学生对于宗教形成了有异于意识形态教育宣传的多样化认识，会不会因为好奇冲动而皈信宗教，形成了某种去世俗化的潮流？抑或，在科学教育的不断深化，宗教信仰仍难以在大学生中找到市场？

二、宗教的复兴与基督教的扩张

大社会背景的变化也要求我们关注大学生的宗教信仰状况。改革开放以来，宗教在整个中国的发展是值得关注的。近代以来，学界对中国到底有没有宗教一直争讼不休。一种观点认为中国无宗教，最先持这种观点的是早期到中国传教的耶稣会士。他们认为，儒教的核心是对祖先的纪念，而非崇拜，因此儒教在本质上并非宗教；道教是迷信的大杂烩，严格来讲也算不上宗教；佛教大概可以算宗教，但佛教源自印度，属外来宗教，而且当时日渐衰落。简言之，中国是一个哲学的国度，宗教不彰。胡适也曾断言中国是一个没有宗教的国度。另一种观点则认为中国有着悠久宗教传统。中国自古以来自称“神州”。何谓神州？简单地讲，就是“神灵的国度”。确实，走在传统中国的田间地头、寻常巷陌，你会发现神灵无处不在：家里供奉着祖先的牌位、村子里有土地神、城市里有城隍庙；各种功能神应有尽有：龙王主降雨、灶神司监督、关公管财富……在最近出版的一本书里，劳格文（Lagerwey，2010）更是以标题的形式断言中国就是“一个宗教的国度”（*China：A Religious State*）。中国社会综合调查数据也显示，尽管中国完全不信神的民众约为70%，其余人对于神抱有不知或者有时信有时不信，或者神真实存在的心态。对其他超自然力量或者来生、天堂、地狱明确表示相信的人在25%～30%。有18%的受访者家里有神龛、祭坛，或者摆放宗教物品（如观音像、祭坛、神位、神符等）。15%的受访者每年至少会出于宗教信仰的原因到寺庙、道观、教堂或清真寺等宗教场所一次。有20%的受访者在调查之前一年向教堂、寺庙、道观、清真寺或其他宗教机构或者个人，例如神父、牧师、和尚、道士、尼姑及阿訇等捐过钱或物。将近半数的受访者在调查前一年自己或者请人从事过辟邪或者讨吉利的行为。类似信仰参与比例虽不如台湾华人社会中明显，但仍算较为普遍。

从“无宗教”到“宗教国度”，认知的差异与宗教的定义有关。耶稣会士心目中的宗教应该是以天主教会为原型的：具有严密的科层化组织系统，有精致高深的神学，信徒具有成员资格，他们定期聚会并举行仪式。改革开放以来，此类制度化宗教的发展较快。单看基督教的发展我们就可以对此有所体会。按照官方数据，1949年我国有70万基督徒，1982年增加到300万，1988年达450万，1997年达1 200万，2009年达2 300万。民间估计的基督徒人数更多，从5 000万到1亿不等。具有全国代表性的社会调查显示，当前，87%的中国成年民众认为自己没有宗教信仰，只有13%左右的人宣称有宗教信仰。宣称有宗教信仰的人中，以佛教徒最多，大概占成年人的5%～7%，基督新教教徒比例达到受访者的2%，是中国最主要的宗教之一（见表7—1）。

表7—1　　我国成年人的宗教信仰情况（自我认定的宗教信仰类型）

宗教类型	2006年	2008年	2010年	2011年	合计
佛教（%）	7.4	7.0	5.5	5.0	6.2
道教（%）	0.2	0.2	0.2	0.2	0.2
民间（%）	2.7	0.3	2.9	1.9	2.2
伊斯兰教（回）（%）	1.2	0.7	2.9	1.1	1.7

续前表

宗教类型	2006年	2008年	2010年	2011年	合计
天主教（%）	0.3	0.1	0.2	0.4	0.3
基督新教（%）	1.8	2.1	1.9	2.2	2.0
无宗教信仰（%）	86.1	89.5	86.3	88.9	87.2
其他（%）	0.3	0.1	0.1	0.3	0.2
合计（%）	100.0	100.0	100.0	100.0	100.0
样本数（人）	10 151	6 000	11 778	5 619	33 548

说明：伊斯兰教比例波动较大，与伊斯兰居民的群居特征有关及多阶段抽样调查的特点有关。

数据来源：CGSS 2006、2008、2010、2011。2011年数据未加权。

在上述“信而不属”或者说弥散性宗教为主的社会中，制度化宗教的影响机制和影响力有着很大的差异。因为后者往往具有更强的组织性和扩张性，同时将非本宗教的其他人视为另类。人群的组织化必然引发政府的高度关注，也被民众所关心。2003年10月，一部名为《耶稣在北京：基督教如何改变中国及全球力量平衡》的英文著作出版，引起了海外学界和媒体的广泛关注。该书作者戴维·艾克曼（David Aikman）介绍了基督教在中国发生的根源、迅速发展的现状以及发展的未来远景。他认为，过去30年中国的基督徒已经由几百万发展到近7 000万，照此趋势发展下去，在今后30年内，中国可能有1/3的人口成为基督徒，由此成为全世界最大的基督国家，而且还会彻底改变亚洲，如同很久以前一个基督教化的罗马帝国转化了西方一样。按照艾克曼的理解，基督教未来将“征服”中国，如同基督教已经“征服”韩国一样。像艾克曼这样乐观的人并不在少数，国际基督教研究机构也认为，中国基督徒的数量大概在7 000万左右；而美国福音派的媒体《今日基督教》则更为乐观地估计中国的基督徒已达1.3亿。国内学者，同时也是基督徒的赵晓也在2010年8月5日于美国芝加哥举行的一个全球领导力论坛上说，保守地估计，中国基督徒人数已达到8 000万，乐观地估计则达到1.3亿。展望未来，中国完全有可能成为全世界最大的基督教国家，最大的清教徒国家，乃至于最大的宣教国家。

与以上的估计形成鲜明对比的是，具有全国代表性的多次抽样调查表明，基督教在中国的发展并不乐观。2010年中国社科院世界宗教研究所主编的《宗教蓝皮书》认为，中国基督新教人数为2 305万，其中受洗的是1 556万。该数字远低于社会上流传甚广的“中国至少有7 000万基督徒”的认识，一时之间引起不少关注和争议。更多的调查一再印证上述估计。前文所引的中国综合社会调查（china general social survey）多年的调查数据表明，我国人口中基督徒的比例大概在2.0%左右，由此估计，中国的基督徒大概有2 700万，CFPS调查数据估计的规模与此相当。不过，总规模小，这并不意味着我们可以低估基督教在中国的影响。

CFPS调查显示，基督新教已经成为我国（新疆、西藏、青海、内蒙古、宁夏等省份除外）汉族地区第二大宗教，在个别省份如河南，宣称自己信仰基督新教的教徒甚至已经超过了5%（见表7—2）。上述同一来源的数据表明，基督新教是一个有组织、有纪律、有活动、有信仰的宗教，其教徒组织化程度远远高于其他宗教。

表7—2　全国及特定省份成年人的宗教信仰情况

宗教归属	全国	上海	辽宁	河南	甘肃	广东
佛教（%）	6.7	10.4	5.5	6.4	8.2	6.2
道教（%）	0.5	0.1	0.0	0.1	1.0	0.2
伊斯兰教(回)（%）	0.5	0.0	0.8	1.3	3.4	0.0
基督新教（%）	1.9	1.9	2.1	5.6	0.4	0.8
天主教（%）	0.4	0.7	0.1	0.5	0.1	0.2
无宗教（%）	89.6	86.7	91.3	86.0	87.0	92.5
其他（%）	0.4	0.1	0.1	0.2	0.0	0.0
合计（%）	100.0	100.0	100.0	100.0	100.0	100.0
样本数（人）	20 922	2 362	2 939	3 874	3 873	2 869

说明：CFPS数据未覆盖新疆、西藏、青海、内蒙古、宁夏、海南地区，但覆盖了全国95%的人口，能较好地代表汉族居民的情况。CFPS抽样设计对上海、辽宁、河南、甘肃以及广东五省份具有独立代表性。皮尔逊卡方检验在0.000 1水平上显著。

数据来源：CFPS 2012。

首先，宣称信仰基督新教的信众31%加入了宗教组织（认为自己加入了宗教组织），伊斯兰教和天主教这一比例都在18%左右，而佛教、道教信徒加入宗教组织的比例分别为2.97%、5.36%（见表7—3）。以加入宗教组织的成员绝对规模来看，基督新教已经成为上述汉族居民区域的最大的宗教。

表7—3　不同宗教信徒的组织参与率（%）

宗教归属	上海	辽宁	河南	甘肃	广东	全国
佛教	1.2	4.3	5.7	2.2	2.2	2.97
道教	0.0	0.0	0.0	2.7	0.0	5.36
伊斯兰教	0.0	8.3	24.5	9.0	0.0	17.71
基督新教	20.5	39.3	33.2	35.7	21.7	31.06
天主教	0.0	0.0	44.4	0.0	33.3	18.82
无宗教	0.0	0.0	0.0	0.0	0.1	0.02
其他	0.0	0.0	0.0	0.0	0.0	2.41

数据来源：CFPS 2012。

其次，基督新教教徒54.3%能够坚持每周参与宗教活动，每月都参与宗教活动的比例达到63.9%，表示从不参加宗教活动的占16.7%，是各类宗教信徒中宗教活动参与频率最高的（见表7—4）。除了基督新教外，伊斯兰教和天主教教徒参与宗教活动的频率也比较高，两个宗教教徒中能够坚持每月都参加宗教活动的比例分别达到 32.2%和 36.4%。宣称自己信仰佛教的人中能够坚持每周都参与宗教活动的比例不到 2%，40%从不参加宗教活动，一年有一次、几次的再占去 45%左右，只有 10%左右的信徒能够坚持每月参与几次。道教信徒的情况更是如此，60%表示从不参与宗教活动。也许他们事实上参与宗教活动，但至少调查时想不起来或者不愿意承认。从这个意义上所讲的基督新教在 CFPS 所覆盖的占全国人口 95%的地区是最大的宗教。

表 7—4　　不同宗教信徒宗教活动参与频率

	宗教活动参与频率								
宗教归属	从不（%）	一年一次（%）	一年几次（%）	一月一次（%）	一月两三次（%）	一周一次（%）	一周几次（%）	合计（%）	样本数（人）
佛教	40.2	21.0	23.8	3.1	10.3	0.1	1.5	100.0	1 412
道教	60.7	11.6	17.9	0.0	8.9	0.9	0.0	100.0	112
伊斯兰教（回）	21.9	16.7	29.2	1.0	1.0	16.7	13.5	100.0	96
基督新教	16.7	10.4	9.1	3.8	5.8	41.7	12.6	100.0	396
天主教	24.7	11.8	27.1	3.5	9.4	17.6	5.9	100.0	85
其他	79.5	4.8	6.0	1.2	2.4	4.8	1.2	100.0	83

数据来源：CFPS 2012。

第三，基督徒非常重视自己的信仰。不管受访者是否宣称信仰某种宗教，也不管是否参与宗教活动，当被问及宗教对自己的重要性时，超过 2/3 的基督徒认为宗教对其很重要，认为不重要的仅占 6.1%。同样，伊斯兰教教徒对宗教重要性的评价也比较高，认为宗教很重要的占比 53.1%，认为不重要的只有 8.3%。天主教教徒对于宗教重要性的评价跟在其后，但认为宗教不重要的比例达到了 16.5%。佛教和道教信仰者对于宗教重要性的评价比前三者差很多，仅仅有不到三成的佛道教徒认为宗教对自己很重要，认为宗教不重要的也都达到三成左右（见图 7—1)。在这个意义上，基督徒的绝对规模也是最大的。

因此，如果以是否加入宗教组织、是否每周都参与宗教活动以及对于宗教的重要性认识等作为评判标准，将上述比例乘以前述各宗教的自认教徒比例得到各宗教组织化的“骨干”教徒规模，基督新教已然成为中国教徒数量最多的宗教。尽管这一群体的绝对规模在全国人口中的比例并不高，但是这一切都发生在民间社会组织生活相对贫乏的中国。中国有庞大的政党系统以及相关的民主党派、工会、共青团、妇联等组织，但除此之外的社会团体和组织发展并不充分。我国居民社会组织参与率很低。CFPS 数据表明，宗教组织在不少省份已成为共产党、共青团、工会组织之后第四大组织（见表 7—5)。而加入宗教组织的人中 60%是加入基督新教。

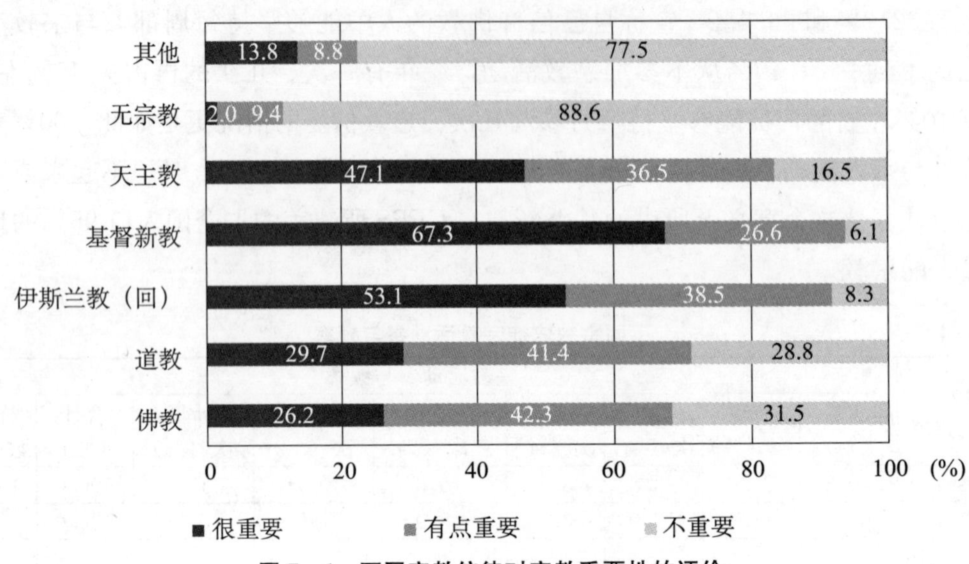

图 7—1　不同宗教信徒对宗教重要性的评价

数据来源：CFPS 2012。

这一宗教组织信徒的规模直接排在了前述党团组织之后。考虑到排在前面几位的有些组织的普通成员组织活动参与实际情况，基督宗教组织核心活动成员的相对规模和影响有可能更大。

表 7—5　　全国及特定省份成年人受访者的组织参与情况

组织类型	上海	辽宁	河南	甘肃	广东	全国
中国共产党（%）	10.1	8.9	7.9	7.4	6.1	7.42
民主党派（%）	0.3	0.2	0.1	0.0	0.1	0.09
县/区和县/区级以上人大（代表）（%）	0.0	0.0	0.1	0.1	0.0	0.06
县/区和县/区级以上政协（委员）（%）	0.0	0.1	0.0	0.0	0.0	0.03
工会（%）	5.2	1.4	1.4	1.4	0.9	1.64
共青团（%）	7.1	5.8	8.9	8.9	10.0	7.60
妇联（%）	0.5	0.1	0.1	0.2	0.1	0.16
工商联（%）	0.1	0.0	0.0	0.1	0.0	0.05
非正式联谊组织（社区、沙龙等）（%）	0.3	0.0	0.1	0.1	0.1	0.08
宗教/信仰团体（%）	0.5	1.2	2.7	0.6	0.5	1.00
其中，基督新教（%）	0.4	0.8	1.9	0.1	0.2	0.59
私营企业主协会（%）	0.2	0.1	0.0	0.1	0.1	0.11
个体劳动者协会（%）	0.2	0.1	0.2	0.2	0.5	0.25
其他（%）	0.3	0.2	0.1	0.1	0.1	0.15
以上都没有（%）	76.8	82.3	79.2	81.6	81.9	82.24
样本数（人）	2 363	2 939	3 875	3 873	2 869	17 216

说明：本题为多选题。我国国有企事业单位的正式职工通常都被纳入工会，但调查中能够想起自己是工会成员的人不多。

数据来源：CFPS 2012。

在这种大的社会背景下，基督宗教也在大学生中发展自己的信徒，它会不会也成为大学生中最大的宗教组织？它在大学校园的可及性如何？值得关注。

三、教育与宗教信仰的关系

教育与宗教之间的模糊关系让我们有必要关注大学生的宗教信仰状况。宗教曾被认为是人民的鸦片，麻痹了人们对于现实的认识、不满和反抗，是愚昧的表现。当宗教日益与政治脱离，成为个人信仰与某种可能的公共意义系统和道德约束系统时，宗教与人类的智识之间存在着怎样的关系呢？随着现代国家体制的兴起，政权合法性对于宗教及君权神授之类的学说依赖越来越小；另一方面，科学与现代科技的发展使人们对于外在世界、社会以及自身的认识更加“科学化”。这两方面的发展推动了人类生活的世俗化，基础教育的普及与高等教育的扩展，进一步推动了科学化与世俗化的发展。教育与科学的发展能够蔽除宗教的影响吗？20 世纪以来，欧美宗教呈现出衰落的趋势。

从宗教信仰与受教育水平的关系来看，受教育水平越高的人中，宣称自己有宗教信仰的比例相对更低一些（见表 7—6）。从这一点来看，教育确实有蔽除宗教影响的功效。不过，即便受教育水平很高的人中，仍然有一些宣称信仰某种宗教，而且相对比例并不小。这说明宗教仍有强大的生存能力。

表 7—6　　受教育水平与宗教信仰

宗教归属	文盲/半文盲	小学	初中	高中/中专/职高/技校	大专	大学本科	合计
佛教（%）	7.6	6.3	6.9	6.3	6.5	4.5	6.8
道教（%）	0.7	0.8	0.4	0.3	0.3	0.3	0.5
伊斯兰教(回)%	0.4	0.2	0.6	0.6	0.5	0.3	0.5
基督新教（%）	2.7	2.1	1.8	1.1	1.7	0.7	1.9
天主教（%）	0.6	0.6	0.3	0.2	0.2	0.4	0.4
无宗教（%）	87.5	89.5	89.5	91.2	90.6	93.9	89.6
其他（%）	0.5	0.4	0.5	0.3	0.2	0.0	0.4
合计（%）	100.0	100.0	100.0	100.0	100.0	100.0	100.0
样本数（人）	4 718	4 121	6 801	3 392	1 147	738	20 917

注：卡方检验在 0.000 1 水平上显著。

数据来源：CFPS 2012。

尽管受教育水平较高的人中信仰基督新教的比例并无明显增长的趋势。但是，基督新教在受教育水平相对较高的宗教信徒中比例并不低，甚至有增长趋势，可以说基督新教在受教育水平较高的人中的占有率似乎更高（见表 7—7）。

表 7—7 全国不同受教育水平的受访者中信仰基督新教的比例，及基督新教徒占宗教徒的比例

受教育水平	2006 年	2008 年	2010 年	2011 年
扫盲班（%）	3.2	2.6	3.1	3.9
小学（%）	2.2	3.1	2.0	2.8
初中（%）	1.3	1.4	2.2	2.1
普通高中（%）	2.2	2.3	1.0	1.5
中专（%）	0.9	0.4	1.1	1.3
专科及以上(%)	0.8	1.1	1.1	1.0
合计（%）	1.8	2.1	1.9	2.2
样本数（人）	10 151	6 000	11 778	5 619
基督新教徒占宗教徒的比例				
扫盲班（%）	17.5	17.4	14.8	23.3
小学（%）	13.2	27.6	13.3	21.2
初中（%）	11.4	13.9	16.3	19.4
普通高中（%）	17.2	22.4	9.6	14.1
中专（%）	6.9	4.7	10.1	20.0
专科及以上(%)	6.5	17.6	13.2	20.0
合计（%）	13.1	19.8	14.0	20.2
样本数（人）	1 416	630	1 622	625

说明：数据来自 CGSS，除 2011 年数据外，其他已加权。

学校教育具有意识形态功能也具有启蒙和祛魅作用，随着教育的深入，其启蒙作用甚至会对自身意识形态教育部分具有解构作用。这一点在大学生中表现得非常明显。随着自主性和学习能力的增强，他们会重新反思一直以来接受的价值教育，并认识其他价值文化体系的相对合理性。

在这种大背景下，在大学这种思想文化产生和传播的重要阵地，大学生作为社会未来的栋梁，其思想状况与信仰状况本身就值得关注。而在近现代中国历史上，由北京市大学生发起或参与的社会运动，一般都颇具感召力和动员能力，从而能使得运动迅速扩大规模，并向纵深发展，而且客观上会对中国社会、政治和文化的走向产生深远的影响。北京市大学生对宗教的态度，在宗教与非宗教（甚至反宗教）之间的选择，乃至在某种宗教内部所做的选择，可能既是对社会态势的反映，也会因其独特的自主性而在社会上产生示范性影响。20 世纪 20 年代由上海和北京两大城市的大学生发起的非基督教运动与非宗教运动，就曾产生深远的影响，一方面，它将启蒙运动以来对宗教的批判态度及理念更深入和广泛地播撒到青年学生的心性结构之中，并以施加压力的方式迫使国民政府对基督教的扩张采取了一系列限制性的措施；另一方面，它从反面有力地助推了中国基督宗教的本色化运动。这些对基督宗教在中国的命运产生了深远而又长久的影响。将近一个世纪之后，在中国综合国力迅速提升、基督宗教快速发展的现代语境中，作为中国首善之地的北京市的大

学生对宗教信仰（例如基督宗教）的态度颇具调查和研究的价值。

第 2 节　大学生的宗教信仰

一、信与不信

关于大学生的宗教信仰状况问题，首先，他们信不信呢？然后是有多少人信？谁信？信的都是哪些宗教呢？

在 2011 年的调查中，我们首先询问了 2008 级本科生（当时在校）是否信仰宗教的情况。结果显示 7.5%的大学生表示自己信仰某种宗教，这一比例在 2012 年的时候为 7.4%，基本保持稳定（见表 7—8）。但是，两轮调查中始终表示自己信仰宗教的只有 99 人（在 2 199 名两轮都参与调查的 2008 级学生中占比为 4.5%），还分别有另外 1.3%左右的受访者在 2011 年的调查中说自己信仰宗教，在 2012 年的调查中又表示自己不信了，或者相反，在 2011 年时表示自己不信宗教，但在 2012 年表示自己信了。两次询问的方式是一致的，出现这种差异，可以归结为受访者未认真对待追踪调查，随意填写了自己的信仰状况。而另一种可能在于，受访者并不清楚什么算是“信仰”某种宗教。但不管是何种情况，上述极低的百分比表明，大学生中宗教徒的比例不比全国成年人口中的平均比例高。2006 级学生在 2012 年调查中表示自己信仰某种宗教的学生比例为 6.7%。上述比例大概只有全国成年人中比例的一半左右。如果说科学和现代教育与宗教之间有某种排斥作用的话，大学生作为接受着高等教育的一群人，他们更可能以世俗性的意义系统和原则来指导自己的生活。

表 7—8　　首都大学生中自称信仰宗教的学生的比例

	2006 级 2012 年	2008 级 2011 年	2008 级 2012 年	合计
是（%）	6.7	7.5	7.4	7.6
否（%）	93.3	92.5	92.6	92.4
合计（%）	100.0	100.0	100.0	100.0
样本数（人）	1 756	2 304	2 238	6 298

注：本章除第 1 节外，其他图表均来自首都大学生成长追踪调查。

不过，大学并非宗教信仰的终结地或免疫区。大学文化的多元化为宗教在校园的发展提供了可能。2011 年受访的 2008 级信教的学生中，有 1/4 表示是上大学之后才开始信教的。考虑到三年的时间并不长，可以认为大学阶段仍是宗教皈依的重要时期。

在表示信仰宗教的情况下，再询问受访者具体信仰何种宗教（2011 年针对 2008 级学生），可以看到信仰佛教的学生比例在 3.6%左右，信仰基督新教学生数达到信仰佛教的一半，比例为 1.8%（见表 7—9），与 CGSS 全国调查成人样本中的比例基本一致。

表 7—9　　首都大学生对各种宗教的信仰情况

	2008 级 2011 年	2006 级 2012 年	2008 级 2012 年
佛教（%）	3.6	17.3	13.5
道教（%）	0.3	4.4	3.3
民间宗教（%）	0.0	1.5	1.5
伊斯兰教（回）（%）	1.0	1.5	1.5
天主教（%）	0.2	1.0	1.0
基督新教（%）	1.8	2.3	2.8
东正教（%）	0.0	0.0	0.3
其他基督教（%）	0.0	0.0	0.3
犹太教（%）	0.0	0.0	0.1
印度教（%）	0.0	0.1	0.1
其他宗教（%）	0.3	0.1	0.0
都不信（%）	93.1	78.6	81.0
样本数（人）	2 304	1 756	2 238

注：多选题，未加权。

不过，不管受访者自己宣称是否信教，当我们将多个宗教作为选项，让受访者多选时，大概只有 80%左右的学生表示自己什么宗教都不信，而有 13%～18%的学生表示自己信佛，信仰道教的达到 3%～4%，信仰基督新教的大致在 2.4%～2.8%。如此测量得到的大学生信仰宗教的学生的比例要高很多，因为这一问题出现在前述“是否信仰宗教”二分选择题之后，受访者有某种被追问的感觉，受访者会有“既然你迫使我选择一个信仰，那我就乱填一个”的可能。从信仰佛教的比例特高（因为佛教选项被放在第一个）似乎可以看出此种倾向。但仍然有将近 80%的学生选择了不信任何宗教这一选项，这可以作为大学生中无宗教信仰学生比例的下限。

当我们将上述多选情况进行组合之后发现，有一定比例的学生在信仰佛教的同时还信道教或者民间宗教。而表示信仰基督教（包括基督新教和其他基督教）的学生中，有一部分表示还信仰其他宗教（见表 7—10）。已有关于中国人宗教信仰状况的研究表明，国人往往会敬拜或信仰多个神灵，只要其灵验，即便是一神教也难以阻碍其信徒追求其他神灵的庇佑。大学生对于各种宗教信仰具有同样的特征，有学生在开放题中说道："没有信与不信，宗教的本质是一样的"，"特殊情况下会拜神，但谈不上严肃的信仰"，"宗教的本质都是一样的，与其说具体信哪个宗教不如说相信世间的规律和因果关系"，"对于宗教很暧昧的感情"，"尊敬"。从此意义上讲，大学生不少是因为对宗教具有尊敬、敬畏、尊重，甚至暧昧的感情，但严格意义上的信仰可能并不多。

表 7—10　　首都大学生宗教信仰的混合状况

	2006 级 2012 年	2008 级 2012 年
佛教（%）	13.8	11.0
道教（%）	0.7	0.8
民间宗教（%）	0.5	0.6
伊斯兰教（回）（%）	1.6	1.6
基督新教（%）	1.3	2.1
天主教（%）	0.6	0.4
佛道民间组合（%）	3.8	2.2
其他＋基督新教（%）	1.2	1.0
其他（%）	0.3	1.0
不信（%）	76.0	79.2
合计（%）	100.0	100.0
样本数（人）	1 756	2 238

二、谁更有可能信仰宗教

从前面的分析可以看到表示自己信仰宗教或者具有亲宗教倾向的大学生并不多，哪些类别的大学生更有可能信仰宗教呢？

以往的研究表明，是否信仰宗教与周边的环境有很大的关系。"只有当个体存在时宗教也存在，他或她才有可能信仰宗教"（菲尔·朱克曼，2012）。首先，家庭宗教氛围影响很大，如果从小成长在教徒家庭，那么长大后信仰宗教的比例要高一些。除了家庭环境外，周边社区的宗教环境同样具有较大的影响。在首都大学生成长追踪调查中，我们询问了受访者父母等直系亲属中是否有人信教，也询问了其长期居住生活的地方周围 1 公里内是否有某种宗教场所或者设施。结果显示 20%的学生表示自己的父母等直系亲属中有人信仰宗教，35%的学生表示自己周边 1 公里内有清真寺、佛寺、道观、孔庙或宗祠、基督教堂等宗教类的场所。其中 10%表示周边有佛寺，16%表示周边有基督教堂。

分析发现，直系亲属中有人信仰宗教的大学生信仰宗教的比例达到21.2%，这一比例在直系亲属无人信仰宗教的大学生中仅为2.7%（见表7—11）。前一情况下信仰宗教的发生比（信仰与不信仰的相对比例）是后一发生比的9.7倍。而居住地周边有宗教场所的大学生信仰宗教的比例达到10.3%，远远高于周边没有宗教场所的大学生的比例——4.5%。可以看到，在尚未控制其他背景的情况下，周边的宗教氛围与环境确实会对研究对象是否信仰宗教有一定影响。

表7—11　　宗教氛围与宗教信仰的关系

	信仰宗教（%）	不信宗教（%）	合计（%）	样本数（人）
亲属中有信徒	21.2	78.8	100.0	821
亲属中无信徒	2.7	97.3	100.0	3 173
周边有宗教场所	10.3	89.7	100.0	1 382
周边无宗教场所	4.5	95.5	100.0	2 612
合计	6.5	93.5	100.0	3 994

数据来源：2012年CEPS调查。

周围环境影响宗教信仰的另一个重要的表现是不同民族和不同生源地的学生表示自己信仰宗教的比例存在较大的差异。整体而言，汉族学生信仰宗教的比例相对较低，少数民族大学生中除部分民族信仰宗教较少外，大部分少数民族的大学生信仰宗教的比例较高（见表7—12）。特别是回族、蒙古族、藏族、苗族、畲族等少数民族的大学生。

表7—12　　民族与宗教信仰的关系

民族	信宗教（%）	不信宗教（%）	合计（%）	样本数（人）
汉族	5.5	94.5	100.0	3 545
满族	3.8	96.2	100.0	132
回族	38.5	61.5	100.0	91
蒙古族	10.4	89.6	100.0	48
土家族	3.0	97.0	100.0	33
朝鲜族	5.0	95.0	100.0	20
其他	13.2	86.8	100.0	114
合计	6.5	93.5	100.0	3 983

而从生源省份来看，东部沿海地区如上海、浙江、福建等省份来的大学生信宗教的比例较高，西部省份如甘肃、青海、宁夏、新疆等省份来的大学生信教的比例更高一些。中部及其他省份来的大学生信教的比例要低很多（见表7—13）。前面的分析表明，将近3/4信仰宗教的大学生在进入大学前就已经信仰宗教。因此，当我们寻找信教的原因或者说不同群组在信教这一问题上的差异时，很大一部分的关注在于大学以前就具有的特征和属性。

表 7—13　　生源地与宗教信仰的关系

生源地	信教比例（%）	样本数（人）	生源地	信教比例（%）	样本数（人）
北京	6.7	1 137	湖南	5.8	154
天津	4.9	102	广东	5.4	74
河北	4.8	187	广西	4.7	64
山西	6.7	119	海南	0.0	24
内蒙古	2.3	88	重庆	4.2	72
辽宁	2.5	159	四川	7.4	122
吉林	6.9	102	贵州	1.9	53
黑龙江	8.8	113	云南	7.1	70
上海	11.5	52	西藏	9.1	11
江苏	7.5	120	陕西	4.6	109
浙江	11.7	128	甘肃	12.5	56
安徽	0.9	112	青海	28.6	28
福建	10.8	83	宁夏	12.2	49
江西	5.0	100	新疆	16.7	48
山东	3.4	178	台湾	0.0	2
河南	8.0	137	香港	0.0	3
湖北	5.1	136	澳门	50.0	2

家庭、社区、地区、民族是个体出生和成长的重要外部环境，这些环境在一定程度上是个体无法选择的，也是大学生在进入大学之前一直浸染其中的，为宗教信仰的延续和传播提供了重要的基础。大学生与其他普通的社会成员的不同之处在于，他们仍在接受更充分的教育，价值及信仰体系尚未完全定型，他们生活的校园环境与外部的社会环境存在一定的差异。这些差异一部分将大学生与宗教因素隔离开来，引导他们更加倾向于科学和世俗的价值体系；另一方面，大学经历或环境又有可能增加某些会推动大学生信仰宗教的因素，例如一所大学原有的宗教信徒的比例、宗教氛围等等。因此，一个值得检验的命题是：大学校园宗教环境不同，进入大学后开始信仰宗教或者放弃宗教信仰的学生的比例应该会有一定的差异。

2008 级 2011 年的调查数据表明，北京理工大学、北方工业大学、北京邮电大学、北京语言大学、中央民族大学的学生进入大学后开始信仰宗教的比例相对更高些（见表 7—14）。从各个学校被调查学生中少数民族学生的比例来看，这可能与学校学生的民族背景有一定的关系。这更有可能与各个学校的基督宗教氛围有一定关系。后文的数据分析表明，在进入大学后才开始信教的 41 人中有 19 人信的是基督新教。一个学校的学生被基督教传教的比例能够一定程度上测量该校的宗教信仰氛围和自由化程度。可以看出，学生被基督教传教的比例在北京大学最高。当然，由于这些学校的样本并不具有独立代表性，上述差异有部分可能来源于随机误差。因为，当我们将学校合并为具有独立代表性的六个层后，各个层之间并不具有显著的差异（中国人民大学学生进入大学后开始信教的比例略高）。相关假设的检验仍有待更充实的数据。

表 7—14　大学环境与宗教信仰的关系

	不信宗教（%）	大学后开始信（%）	大学前开始信（%）	样本数（人）	本校少数民族学生比例(%)	学生被基督教传教比例（%）
北京大学	95.7	1.3	3.0	235	10.2	60.6
中国人民大学	93.5	2.2	4.3	232	8.6	58.2
清华大学	95.0	1.2	3.7	241	7.9	50.9
北京航空航天大学	95.2	0.0	4.8	145	8.3	37.1
北京理工大学	92.7	2.6	4.6	151	13.9	35.8
北方工业大学	91.7	3.5	4.9	144	9.0	26.6
北京化工大学	95.7	1.4	2.9	140	7.9	40.0
北京邮电大学	95.8	2.5	1.7	119	7.6	27.7
北京石油化工学院	92.9	1.6	5.5	127	6.3	19.8
北京农学院	94.5	0.8	4.7	127	10.2	19.8
北京语言大学	91.7	3.5	4.9	144	11.1	53.5
中国传媒大学	88.4	1.6	10.1	129	6.2	20.5
首都经济贸易大学	93.9	1.5	4.6	131	7.6	25.0
中央民族大学	80.7	2.8	16.6	145	51.7	39.6
中国矿业大学	97.7	0.0	2.3	131	6.1	50.0
合计	92.6	1.8	5.6	2 341	12.3	34.5

数据来源：2008 级 2011 年调查。

除了上述外部环境因素会影响一个人的宗教信仰外，我们还探索了个人特征相关的因素与宗教信仰之间的关系。我们发现：性别、父亲的教育水平以及父母的职业类型与大学生的宗教信仰有一定的关系。女生中表示自己信仰宗教的比例是男生中相应比例的 1.33 倍；父亲没有受过教育的学生中信仰宗教的比例远远高于其他学生（不过，此类学生数量很少）；父母如果是私营企业主，子女信仰宗教的比例是其他学生的两到三倍。这些特征与个体的成长环境是高度相关的。其他群组如不同年龄组、父母单位性质不同学生之间没有明显的差异。综合性的分析表明，控制其他变量的情况下，除前述民族、学校、家庭及周围的宗教环境对信仰宗教有显著的作用外，学生的学习成绩、在校的社团活动、专业类型等与宗教信仰并无明显的关系。但党员身份会显著降低学生信仰宗教的可能，考虑到大学生中有将近 60%申请过入党，毕业时超过 30％为党员，这一影响对于宗教的发展来说是巨大的。此外，分析发现，家庭收入较高的学生表示相信宗教的比例更高，或者说信仰宗教的学生家庭的平均收入水平相对较高。

三、宗教活动参与

除了自认为是宗教信徒外，学生们的宗教参与情况如何呢？在调查中我们询问了学生是否参与宗教活动。可以看到，整体而言，学生中有超过 20％在上年参加过宗教活动，但是多数频率不高，一年才几次。每月都参加宗教活动的学生总计不到 2％（见表 7—15）。不过，不同宗教的信徒宗教活动参与的频率不同，与全国的形势一样。大学生基督徒宗教活动参与的频率同样远远高于其他宗教。超过 40％的基督教新教徒每月都会参与宗教活动，每周都参与的新教徒占到 1/3，远远高于其他类型的宗教的信徒。从参与宗教活动的绝对人数规模来看，基督教是大学生中规模最大的宗教。

表 7—15　　各类信徒的宗教活动参与情况

	从未（％）	一年几次（％）	一月 1～3 次（％）	每周都有（％）	样本数（人）
不信	87.1	12.5	0.3	0.1	3 199
佛教	51.1	46.2	1.6	1.1	450
道教	56.0	36.0	8.0	0.0	25
民间宗教	52.4	47.7	0.0	0.0	21
佛道民间组合	51.4	47.7	0.9	0.0	111
伊斯兰教（回）	19.6	64.6	9.8	5.9	51
基督新教	20.3	35.9	10.9	32.8	64
其他＋新教	59.0	38.5	2.6	0.0	39
天主教	47.4	47.4	5.3	0.0	19
其他	50.0	29.1	12.5	8.4	24
合计	79.0	19.2	0.9	0.9	4 003

不过基督新教并非一个统一的宗教，存在多种形式和多个分支。新教徒在参加宗教活动时通常会选择何种类型的具体教会呢？2012 年的调查数据显示，40％宣称自己信仰基督教的学生不参加任何活动，有超过 1/3 的教徒选择教堂作为活动组织，剩余的 25％的教徒则选择校外的家庭教会或者校内的团契作为活动的主要组织（见表 7—16）。正规教堂仍是基督徒接触基督教、参与基督教组织活动的主要方式。基于定性调查的数据也表明，很多大学开始信基督教的学生，最开始接触基督教都

是通过正规的三自教会。

表 7—16　　基督徒教会活动场所选择情况

参加教会活动时，您通常会选择	人数	比例（%）
1. 教堂	34	34.3
2. 校外社区家庭教会	10	10.1
3. 团契	15	15.2
4. 不参加任何活动	40	40.4
合计	99	100.0

第 3 节　基督教的可及性与大学生对基督教的态度

前文的分析表明，宗教环境是个体信仰宗教的重要前提和条件，一种宗教的可及性会较大地影响人群中信仰此种宗教的人的比例。这种可及性可以从家庭、社区、民族、地区等层面来衡量：是否有相应的教众、宗教场所、传教活动、宗教文化产品等等。调查数据表明，大学中被基督徒传过教的学生占到了 40%以上，基督教在大学校园的发展，以及大学生对于基督教的态度值得关注。具体而言，基督教在大学生中的可及性如何？大学生对于基督教明显的传教活动有着怎样的态度呢？这一节将具体分析上述问题。

一、基督教的可及性

在 2011 年的调查中我们询问了 2008 级在校学生是否被基督教传教，2012 年我们针对所有受访者都再次询问了这一问题。从表 7—17 中的数据可以看到，一年之后，2008 级学生中被传教比例增加了 12.7 个百分点，比例变化较大的学校包括北航、北理工、中传，一年新增的被传教学生就占全部学生的 20%。其他学校新增的比例也不低。如果从累计被传教的比例来看，截止到 2008 级学生大四毕业时，北京大学有过被传教经历的学生达到了将近 3/4，中国人民大学达到 2/3；北京语言大学、清华大学、矿业大学、北京航空航天大学、北京理工大学 2008 级学生被传教的比例都达到了或接近 60%。可见基督教在首都高校发展和传播的速度。

表 7—17　　社区宗教氛围与信宗教的关系

学校	2006 级 2012 年		2008 级 2011 年		2008 级 2012 年		留学生人数
	被传教比例（%）	人数	被传教比例（%）	人数	被传教比例（%）	人数	
北京大学	73.7	152	60.6	231	73.8	221	2 359
中国人民大学	61.9	168	58.2	225	66.2	219	1 527
清华大学	63.2	152	50.9	234	60.0	225	2 353
北京航空航天大学	58.9	112	37.1	143	59.6	141	648
北京理工大学	43.0	107	35.8	148	56.4	149	328
北方工业大学	31.2	109	26.6	143	42.6	136	
北京化工大学	43.8	130	40.0	140	48.2	137	102
北京邮电大学	37.9	87	27.7	119	38.6	114	136
北京石油化工学院	21.3	122	19.8	126	31.3	131	
北京农学院	20.2	119	19.8	126	21.6	125	
北京语言大学	57.6	85	53.5	142	63.6	140	1 824
中国传媒大学	52.4	84	20.5	127	41.5	118	191
首都经济贸易大学	26.7	90	25.0	128	33.3	123	
中央民族大学	48.0	102	39.6	144	49.6	135	
中国矿业大学	53.3	137	50.0	128	63.2	125	120
合计	42.0	1 756	34.5	2 304	47.2	2 239	

注：留学生人数来自《教育部直属高校 2012 年基本情况统计资料汇编》，部分高校暂找不到相关数据。

从数据还可以看到，基督教在 985、211 名校的传播更为积极，在北京市属学校的覆盖面相对较低。211 高校学生被基督教传过教的比例达到 56%以上，非 211 的比例只有 39%。学校之间的差异可能与精英大学生的灵性追求存在一定差异有关（近年来不断有北京大学、清华大学学生出家的报道可以作为一则例证，实际上两校学生中加入基督教的人数更多）。另外，这可能与各个学校的成员结构有关，这些学校留学生比例、海外归国教师的比例、学生国际交流的规模更大。因为具有上述海外背景的学生和老师更有可能接触并信仰基督教，从而成为基督教的传播者。当然，学校之间的差异也可能与校外基督教团体有意识地争取精英大学生有一定的关系，现有的资料尚无法排除校外基督教进到校园中进行传教的情况。

那么基督徒在传播福音时除了挑选学校外，还有其他偏好吗？通过对比曾经被传过教的学生与未被传过教的学生的特征，可以反推出基督教在进行宗教传播时的倾向性。简单的分析发现，在控制调查年份和年级之后，被传过教的学生和未被传过教的学生在性别、年龄、户口、民族特征等方面并没有显著的差异（见表 7—18）。也就是说，基督徒在进行传教时并没有特别明显的选择性。不过，年龄较小的学生，以及人文学科的学生更容易接触传教者。但专业的差异可能更多地来自不同专业学生接触基督徒机会的差异而非基督徒传教时的选择性。整体上的非选择性可能来源于两个方面：第一，基督徒在传教过程中是怀着极大的胸怀和友爱的，平等对待所有人，只要信上帝，任何人都有得到救赎的机会。第二，尽管基督徒在传播福音时希望能够有更多的人相信上帝，但一个人是否有相信上帝的可能，从表面上是很难看出来的。后文的分析表明，大多数被传过教的学生对传教者所说内容并不感兴趣。

表 7—18　　不同特征的大学生被基督教传教的比例（%）

特征		2006 级 2012 年	2008 级 2011 年	2008 级 2012 年
合计		42.0	34.5	47.2
性别	男	41.6	33.5	46.2
	女	42.4	35.6	48.3
年龄	20 岁以下		49.3	49.0
	20 岁		34.9	36.0
	21 岁	**67.9**	36.4	54.1
	22 岁	51.6	32.5	49.0
	23 岁	52.8	34.2	45.5
	23 岁以上	40.7	32.2	44.4
户口	非农业户口	42.7	35.0	48.0
	农业户口	40.4	33.2	45.2
民族	少数民族	42.7	33.0	45.5
	汉族	41.9	34.7	47.4
专业	社会科学	37.0	34.4	41.9
	人文学科	**46.6**	**41.8**	**54.2**
	理工农医	43.3	32.8	48.2

注：表中粗体数字显著高于上下类别对应的比例。

除了传教活动会影响到基督教的可及性外，周围可及范围内是否有相关的宗教场所也是影响基督教可及性的重要方面。公开聚会场所的存在一方面为教徒的聚会提供了相应的场所，更为重要的是向社会敞开了宗教的大门，并宣示着一种社会的、文化的存在。欧美国家的教堂就是其重要的文化元素。前文的分析也表明，超过30%自称信仰基督教的同学参加宗教活动的场所为正式的教堂。我国的基督教堂虽然很少，但无不成为周围区域重要的文化元素，对周围民众的认知结构产生着潜移默化的影响。

在 2012 年调查中我们询问了受访者在自己长期居住的地方是否有基督教和天主教教堂之类的场所。总体而言，有 15.9%的受访者表示存在这样的地方（见表7—19）。由于提问方式的原因，这些宗教场所并不一定就在大学周围。理论上而言，这些场所也不会因为大学生个体的性别、年龄等特征而有所差异，更有可能与地域、学校地理位置、民族类型而有所不同。不过，不同特征的学生可能对周边区域的关注和了解有所不同，从而在回答问卷时意识到宗教场所存在的比例存在差异。

表 7—19　　周围有基督教堂或天主教堂的比例（%）

		2006 级	2008 级	合计
	合计	15.7	16.0	15.9
户口	非农业户口	17.7	18.6	18.2
	农业户口	11.4	9.7	10.5
民族	汉族	16.0	15.6	15.8
	满族	23.4	15.9	19.0
	回族	9.1	22.0	15.5
	蒙古族	0.0	14.3	9.3
	土家族	12.5	16.3	14.8
	朝鲜族	12.7	27.1	19.3
	其他民族	14.7	19.0	17.1
学校	北京大学	54.1	52.5	53.2
	中国人民大学	32.9	37.4	35.5
	清华大学	22.8	14.7	18.0
	北京航空航天大学	14.0	13.5	13.7
	北京理工大学	18.5	18.8	18.7
	北方工业大学	7.1	11.8	9.7
	北京化工大学	12.6	15.3	14.0
	北京邮电大学	19.1	15.8	17.3
	北京石油化工学院	15.1	11.5	13.2
	北京农学院	5.0	10.4	7.7
	北京语言大学	22.4	19.9	20.8
	中国传媒大学	12.5	11.9	12.1
	首都经济贸易大学	15.4	14.6	15.0
	中央民族大学	16.5	15.6	16.0
	中国矿业大学	14.9	9.6	12.4

数据分析表明，来自非农户籍家庭的学生更有可能表示存在基督教或天主教的教堂。汉族和少数民族的学生周边存在基督宗教教堂的比例没有显著的差异。不同学校的学生认为周边存在基督教教堂或天主教教堂的比例存在较大差异。北京大学的学生有超过 50%意识到周边存在着这样的宗教场所。实际上，北京大学附近有一个海淀基督教堂，距离北大南门不到 10 分钟的路程。这也说明，该校有将近半数的学生在回答问卷时并未意识到这一场所的存在。中国人民大学有 1/3 左右的学生意识到周围存在基督教堂或天主教堂，比例排在其次。上述海淀教堂距离中国人民大学的距离也在 1.5 公里左右。北京语言大学有超过 20%的学生表示自己长期生活的地方 1 公里内有此类教堂，在被调查高校中比例较高。但北京语言大学周边 2 公

里内并无知名的教堂。前面的分析表明，该校学生中被基督教传教的比例较高，这可能是该校学生认为周边存在基督教堂比例较高的原因之一。当然，也有可能该校周边确实存在其他基督教堂。

二、大学生对基督教的态度

在基督教可及性较高的情况下，首都大学生对于基督宗教（包括基督新教和天主教）的态度如何呢？调查中，我们询问了受访者是否对基督教及其文化感兴趣。数据表明，超过30％的受访者对基督教感兴趣（见表7—20）。不过，这一比例在2008级同学身上有所变化，2011年这些学生中有36％表示对基督教及其文化感兴趣，而到2012年我们再问这一问题时，比例只有29％。进一步的分析表明，原来感兴趣的人中有超过1/3表示不再感兴趣，而原来表示不感兴趣的人中有超过11％表示感兴趣了。学生们的态度并不稳定。从2006级和2008级的对比来看，似乎随着年龄的增长，对基督教及其文化感兴趣的学生比例会进一步下降。

表7—20　　是否对基督教及其文化感兴趣

	2006级2012年	2008级2011年	2008级2012年	合计
没有兴趣（％）	75.3	63.7	71.0	69.6
有兴趣（％）	24.7	36.3	29.0	30.4
合计（％）	100.0	100.0	100.0	100.0
样本数（人）	1 756	2 304	2 239	6 299

学生们为什么对基督教感兴趣呢？从感兴趣的同学在下面几个原因上的选择情况可以看到，除少数学生因所学专业与研究领域与之有关而有兴趣外，多数学生是因为基督教是西方文化的精髓，试图了解国外文化，出于好奇而表示兴趣的。当然，也有相当部分的学生认为基督教对自我精神层面的问题有所助益，或者尽管未信仰基督教，但对其有好感（见表7—21）。归纳而言，对基督教感兴趣的学生们主要因为基督教代表一种异文化，学生们有一种好奇的心态。但也不排除有相当部分的学生是为了解决精神信仰问题而对基督教产生兴趣和好感。

表7—21　　为何对基督教及其文化感兴趣

对基督教感兴趣的原因	2006级2012年仍在校者（上研）	2008级2011年	2008级2012年
1. 中国人可以不信外国的神，但有必要了解其信仰及文化（％）	40.7	37.9	39.9
2. 与所学专业或研究领域有关（％）	7.5	9.3	6.5

续前表

对基督教感兴趣的原因	2006 级 2012 年仍在校者（上研）	2008 级 2011 年	2008 级 2012 年
3. 基督教是西方文化的精髓所在（%）	27.0	33.8	27.4
4. 尽管不信仰，但认为它对自我精神层面的问题有所助益（%）	41.2	40.2	38.5
5. 出于个人兴趣，好奇所致（%）	44.5	45.3	44.7
6. 未信仰基督教，但对基督教信仰有好感（%）	14.2	15.9	11.6
样本数（人）	187	891	699

注：本题为多选题。

那些对基督教不感兴趣的学生为什么对基督教不感兴趣呢？分别有超过 40%的此类学生表示自己是无神论者，或者很少或从未接触过基督教。还有一部分学生认为没有必要对基督教感兴趣，或者与自己的生活没有什么关系。少数同学则担心成为同学眼中的异类，或与此相关的敏感性而选择回避基督教（见表 7—22）。总结而言，学生们主要是因为不了解、不愿了解（可能因为自己的信仰（无神论、其他宗教））而对基督教不感兴趣的，明确对基督教及其文化表示反感的学生很少。

表 7—22　　　　对基督教及其文化不感兴趣的原因

对基督教不感兴趣的原因	2006 级 2012 年在校研学生	2008 级 2011 年	2008 级 2012 年
1. 中国人没有必要信外国的神，也没有必要对它们感兴趣（%）	10.6	12.0	11.0
2. 您是无神论者（%）	44.1	46.0	41.0
3. 您觉得基督教与学习、工作和生活无关（%）	12.1	15.0	9.3
4. 怕成为同学眼中的“异类”（%）	0.7	1.2	0.5
5. 涉及敏感的政治社会问题，最好回避（%）	1.7	3.6	2.3
6. 对基督教教义及其文化反感（%）	3.5	4.4	3.2
7. 您很少或从未接触过（%）	43.4	43.8	43.3
8. 信仰其他宗教（%）	4.1	3.2	4.7
样本数（人）	460	1 401	1 521

注：本题为多选题。

当实际面对基督教的福音传播时，学生们的态度如何呢？从表 7—23 可以看到，被基督徒传过教的学生表示很感兴趣的仅占 1%多一点，加上对于传教者宣讲的内容表示比较感兴趣的人合计也就略超过 10%。超过 2/3 的学生明确表示不太感兴趣或者完全不感兴趣。还有 20%的被传教者说不清感不感兴趣。从这个意义上讲，基督教的福音传播效果并不是很好。不过，如果能够打动其中那些感兴趣的学生，大学生中基督徒的规模在目前规模上至少还可以翻倍。

表 7—23　　传教者所宣讲的内容是否感兴趣

态度类型	2006 级 2012 年	2008 级 2011 年	2008 级 2012 年	合计
1. 很感兴趣（%）	0.5	1.2	1.5	1.1
2. 比较感兴趣（%）	8.7	11.3	8.7	9.5
3. 说不清感不感兴趣（%）	19.9	21.5	19.2	20.1
4. 不太感兴趣（%）	38.2	39.3	35.6	37.5
5. 完全不感兴趣（%）	32.6	26.6	35	31.8
合计（%）	100.0	100.0	100.0	100.0
样本数（人）	837	927	1 172	2 936

多数大学生对于基督教的福音传播没有太大的兴趣，与学生们对于基督教的认识有很大的关系。在 2011 年由北京大学哲学系进行的首都大学生对于基督宗教态度的调查中，将近 80％的学生表示对基督教所知甚少。而研究者询问了几个有关基督宗教常识性问题（如耶稣在世上活了多少年？天主教与基督新教是什么关系？利玛窦是什么人?），仅有不到 10％的学生能够全部回答正确（孙尚扬、李丁，2013）。学生们对于基督教认识的不足，也可以反映在学生对于基督教在中国发展利弊的看法上。从表 7—24 可以看到，70％左右的大学生对于基督教及其文化对于当代中国的利弊难以断定。认为全是好处没有坏处的学生仅 1％左右，利大于弊的比例为 17％左右。同时，有 13％的学生认为基督教对于当代中国弊大于利或无益。个人对于宗教的信仰是与其对宗教对整个社会甚至人类的功效紧密相关，信徒们有相当部分正是因为宗教神灵能够改造和造福自己及人类而皈依各类宗教。学生们对于基督宗教利弊难断的判定可以反映出当前大学在面对新的意义体系时的审慎态度。基督宗教要想发展，首先需要解决的问题是其能否为当代中国社会的发展和福祉带来好处。如果这个问题得不到解决，包括大学生在内的普通民众都会首先怀有一种审慎和戒备的心理。

表 7—24　　学生对基督教信仰及其文化对于当代中国的利弊的看法

	2006 级 2012 年	2008 级 2011 年	2008 级 2012 年	合计
1. 全是好处没有坏处（%）	1.4	0.7	1.0	1.0
2. 利大于弊（%）	16.8	18.9	15.0	16.9
3. 利弊难断（%）	70.8	66.5	70.6	69.2
4. 弊大于利（%）	8.4	12.1	10.8	10.6
5. 百害无益（%）	2.6	1.9	2.6	2.4
合计（%）	100.0	100.0	100.0	100.0
样本数（人）	1 756	2 304	2 239	6 299

在对基督教的利弊难以判定下，大学生对于基督教在中国发展政策制定上的建议也非常理智和审慎。2/3 的学生，表示顺其自然是较好的选择。不过，仍有 30%左右的学生要求适度限制。要求彻底根除和大力发展的学生所占比例都很小且规模相当（见表 7—25）。整体上而言，大学生对于基督教在中国的发展持审慎偏保守的态度。

表 7—25　　对基督教及其文化在中国发展的态度

	2006 级 2012 年	2008 级 2011 年	2008 级 2012 年	合计
1. 大力发展（%）	1.0	0.8	1.0	0.9
2. 顺其自然（%）	71.0	65.3	64.4	66.6
3. 适度限制（%）	26.5	33.1	33.2	31.3
4. 彻底根除（%）	1.5	0.8	1.4	1.2
合计（%）	100.0	100.0	100.0	100.0
样本数（人）	1 756	2 304	2 239	6 299

对于基督教发展政策的保守建议，还体现在大学生对于传统宗教及其文化的发展更为开放的态度。由于儒教、道教等传统宗教与中国文化的融合度更高，民众更为熟悉。80%左右的学生表示，对于传统宗教的发展应该顺其自然，认为应该适度限制甚至根除的学生占比在 14%左右。甚至有 6%以上的学生认为应该大力发展这类传统宗教（见表 7—26）。

表 7—26　　对于佛教、道教等传统宗教发展的态度

	2006 级 2012 年	2008 级 2012 年	合计
1. 大力发展（%）	6.5	6.8	6.7
2. 顺其自然（%）	80.4	78.9	79.6
3. 适度限制（%）	12.4	13.5	13.0
4. 彻底根除（%）	0.7	0.8	0.7
合计（%）	100.0	100.0	100.0
样本数（人）	1 756	2 239	3 995

三、哪类大学生对基督教更有可能感兴趣

前文的分析表明，尽管基督教在大学校园的可及性较高，但学生中表示感兴趣的仍不多，且多数学生对于基督徒传教时宣讲的内容不太感兴趣，对基督教对于中国社会的利弊持难以判定的审慎态度，对于基督教在中国的发展持相对稳健的保守态度。不过，基督教确实为学生们理解和改造世界提供了一种新的体系，且确实有

部分学生已经信仰了基督教，对其有兴趣、好感、支持。哪些学生更有可能对基督教感兴趣或者反感呢？

从表7—27可以看到，女生比男生、城市学生比农村学生更有可能对基督教及其文化感兴趣，汉族学生比少数民族学生更感兴趣，人文学科的学生比社会科学以及理工农医的学生更有可能对基督教感兴趣。从分学校的情况来看，北大、清华、人大以及部属非211高校的学生对基督教及其文化感兴趣的比例更高，市属高校及其他211高校的学生中感兴趣的比例偏低。从周边的宗教环境来看，亲属中有宗教徒、周边有教堂、被传过教的学生更有可能对基督教感兴趣。上述差异在相互控制其他变量的情况下绝大多数仍然显著。这意味着上述差异非常可能不是随机误差带来的。总结而言，城市户口、文科专业、周边宗教环境比较浓厚、基督教可及性高的学生更有可能对基督教感兴趣。这可能意味着，基督教福音传播确实可以改变人们的态度。菲尔·朱克曼认为存在的时间以及教徒的规模是区别邪教和宗教的关键性因素。基督教的长期在场很有可能逐渐改变学生对于这一宗教的态度。

表7—27　不同类别的学生对基督教及其文化感兴趣的比例（%）

学生类型		2006级2012年	2008级2011年	2008级2012年
全体		24.7	36.3	29.0
性别	男	22.8	32.1	24.7
	女	26.7	41.0	33.7
户口	非农业户口	26.5	40.9	32.9
	农业户口	20.7	25.9	20.0
民族	少数民族	21.2	28.7	24.4
	汉族	25.1	37.4	29.7
专业	社会科学	25.7	38.0	32.8
	人文学科	32.4	57.1	43.5
	理工农医	22.3	29.9	23.1
学校	北京大学	30.9	50.2	43.0
	中国人民大学	28.0	45.3	44.3
	清华大学	28.3	41.9	32.0
	其他211高校	25.9	36.7	28.7
	部属非211高校	25.2	37.4	34.3
	市属高校	21.8	32.7	24.7
传教	未被传过教	18.4	31.9	21.0
	被传过教	33.4	44.7	38.1
教堂	周边没有教堂	22.5		25.8
	周边有教堂	35.8		45.8
亲属教徒	亲属中有信教者	31.7	49.2	37.8
	亲属中无信教者	23.0	32.9	26.7

不同类别的学生对于基督徒传教时宣讲内容的态度也存在一定的差异。从表 7—28 可以看到，总体上而言，男生、城市非农户籍学生、人文专业的学生、周边有教堂、亲属中有宗教徒的学生对基督福音传播的态度更为接受。男生、农村学生、理工科学生以及其他与宗教及基督教接触较少的学生对传教内容表示不感兴趣的比例更高。简单统计检验表明，不同性别、户籍、专业的学生之间的差异很可能并不来自随机误差，同样，周边是否有教堂、亲属中是否有信教者也会带来显著的差异。如果控制其他变量的影响，则只有不同户籍的学生之间，周围有教堂、亲属中有宗教徒的学生与周围没有教堂、亲属中没有宗教徒的学生之间存在显著的差异。

表 7—28　　不同类别的学生对基督教传教宣讲内容的态度

特征		很感兴趣（%）	比较感兴趣（%）	说不清感不感兴趣(%)	不太感兴趣（%）	完全不感兴趣（%）	合计（%）	样本数(人)
性别	男	1.4	9.3	15.7	34.8	38.9	100.0	1 043
	女	0.8	8.2	23.4	38.7	28.9	100.0	966
户口	非农业户口	1.4	10.6	21.3	34.9	31.9	100.0	1 483
	农业户口	0.5	4.3	15.1	41.1	39.0	100.0	521
民族	少数民族	0.6	7.1	23.5	30.3	38.4	100.0	213
	汉族	1.2	8.9	18.9	37.6	33.4	100.0	1 796
专业	社会科学	1.5	9.4	22.8	36.0	30.4	100.0	599
	人文学科	1.7	10.6	23.0	38.6	26.1	100.0	301
	理工农业	0.8	7.9	17.0	36.2	38.1	100.0	1 080
学校	北京大学	0.7	6.2	20.0	41.1	32.0	100.0	275
	中国人民大学	0.4	7.2	19.3	43.8	29.3	100.0	249
	清华大学	1.3	5.6	19.0	37.2	36.8	100.0	231
	其他 211 高校	1.3	7.4	18.6	36.1	36.6	100.0	689
	部属非 211 高校	0.7	9.0	16.6	39.3	34.5	100.0	290
	市属高校	1.1	13.1	23.6	33.8	28.4	100.0	275
教堂	周边没有教堂	0.8	7.6	19.1	36.0	36.4	100.0	1 439
	周边有教堂	2.0	12.4	20.6	39.2	25.8	100.0	570
亲属教徒	亲属中无信教者	1.0	7.3	18.1	38.5	35.2	100.0	1 494
	亲属中有信教者	1.5	12.7	23.4	31.7	30.7	100.0	515
合计		1.1	8.7	19.5	36.7	34.0	100.0	2 009

数据来源：2012 年调查。

在对于基督教利弊的判定上，男生、城市学生、汉族学生、人文学科学生、周边宗教可及性更高的学生（被传过教、亲属中有宗教徒、周边有教堂）认为基督教对于当代中国利大于弊的比例更高（见表 7—29）。且在控制其他变量的情况下，仍然存在显著的差异。在对于基督教发展政策的倾向上，也可以看到，男生、农村学生、少数民族学生、理工科学生、北大人大之外的其他高校学生主张更为保守的限制发展政策。并且他们与对应群体的差异在控制了相关其他属性之后仍然在统计上显著。有意思的是，是否有被传教经历、周边的宗教环境差异在控制了其他条件的情况下并不能带来统计上显著的差异。尽管从简单的比例差异来看，周边有教堂、亲属中有信教者的学生中支持限制基督教的比例更低一些。

表 7—29　　不同类别的学生认为基督教利大于弊及应该限制基督教发展的比例（%）

特征		基督教利大于弊	应限制基督教
合计		17.0	31.7
性别	男	18.7	34.1
	女	15.2	29.1
户口	非农业户口	18.0	28.8
	农业户口	14.7	38.1
民族	少数民族	14.4	38.2
	汉族	17.3	30.8
专业	社会科学	18.3	29.4
	人文学科	18.7	27.0
	理工农医	16.0	34.2
学校	北京大学	18.8	20.6
	中国人民大学	18.1	25.8
	清华大学	15.9	31.3
	其他 211 高校	16.0	33.5
	部属非 211 高校	14.6	31.8
	市属高校	19.1	30.7
传教	未被传过教	15.7	31.3
	被传过教	18.6	32.2
教堂	周边没有教堂	15.8	32.5
	周边有教堂	23.2	27.6
亲属教徒	亲属中无信教者	16.2	32.5
	亲属中有信教者	20.2	28.5

数据来源：2012 年调查。

除了上述基本的特征外，其他个人特征如家庭条件、学习成绩、心理状态、社会支持等是否会影响到大学生对于基督教的态度呢？以往研究表明，对于基督教的态度受到多方面因素的影响（孙尚扬、李丁，2013）。除了周边的宗教环境与宗教的可及性因素外，下面我们探索了多种因素：如学生的家庭背景、大学期间的成绩、与同学的关系、性格的外向度、参与社团活动的程度等，以及个人主观倾向和满意度（见表 7—30）。

表 7—30　　不同类别的学生对基督教态度的综合分析

	感兴趣	利大于弊	限制发展
男生（女生为参照）	−0.177*	0.345***	0.134
农业户口（非农为参照）	0.099	0.137	−0.071
汉族（少数民族为参照）	0.249	0.311	−0.142
人文学科（社科为参照）	0.285*	0.008	−0.116
理工农医	−0.353***	−0.245*	0.116
中国人民大学	0.018	0.071	0.312
清华大学（北大为参照）	0.061	−0.070	0.439*
其他 211 高校	0.072	0.139	0.579***
部属非 211 高校	−0.036	0.006	0.565**
市属高校	−0.114	0.465*	0.489**
被基督教传教（未被传教为参照）	0.688***	0.199*	0.125
周边有教堂（无教堂为参照）	0.533***	0.378***	−0.097
亲属中有宗教徒（无教徒为参照）	0.313***	0.249*	−0.084
高考特殊渠道（正常高考为参照）	−0.055	0.214	0.145
高中为省、国家重点（其他为参照）	0.092	0.222*	−0.005
家庭总收入	0.090	0.116*	−0.066
父亲教育水平	0.038	−0.103	0.014
父母中有党员（没有为参照）	−0.015	−0.007	0.132
家庭经济地位	0.029	−0.020	0.068
出生地	0.123***	0.068*	−0.113***
党员身份 _ 上一年	−0.121	−0.020	0.267**
与同学的关系	0.017	−0.008	−0.004
性格外向 _ 大三	−0.093***	−0.021	−0.018
成绩班内排名 _ 大三	−0.002	0.004	0.001
大学期间获得奖励 _ 大三	−0.025	0.048	−0.053
用于社团活动时间 _ 大三	0.012*	−0.009	0.009*
自身健康状况打分 _ 大三	−0.003	0.002	−0.007*
自身幸福感打分 _ 大三	0.006	0.006	0.004
大学教育的满意度 _ 大三	−0.006	−0.009*	0.001
大学生活的满意度 _ 大三	0.002	0.002	−0.009*
中央精神导向 _ 大三	−0.028	−0.008	0.020
个人价值观导向 _ 大三	0.053***	0.033	−0.031*
社会发展满意度	−0.006**	−0.012***	0.013***
截距	−1.802**	−2.199**	−0.924
确定系数	0.086	0.044	0.038
样本数	3 650	3 650	3 650

注：* $p<0.05$，** $p<0.01$，*** $p<0.001$，Logit 模型结果。2012 年调查数据。

说明：高考特殊渠道指高考时保送、自助招生加分或者降分等特殊待遇。模型中相关变量如果为分类变量已经处理为虚拟变量。

从表 7—30 的模型结果可以看到，在其他方面相同的情况下，男生更难以对基督教表示感兴趣，男生对于基督教利弊的判断更加分裂，认为基督教利大于弊和弊大于利的比例都比较大，态度不明认为利弊难断的比例明显要低。在另一方面，也表现为男性中主张对基督教的发展采取限制政策的比例更高，不过这一差异在控制其他变量的情况下尚无法排除来自于随机误差的影响。

专业之间的差异即便在控制其他变量的情况下仍然存在显著的差异。人文学科的学生对于基督教的兴趣最高，其次是社会学科的学生，理工科的学生兴趣最低。而且理科生中认为基督教利大于弊的比例显著较低。在基督教发展政策方面，理科生也表现得比社会学科学生，特别是人文学科的学生更为保守。教育和科学的确与宗教信仰之间存在着一定的张力。

学校之间的差异更多地表现在对于基督教发展政策的偏向上。北大、人大的学生更多主张顺其自然及适度发展的政策，其他高校的学生支持较为保守的限制发展政策。从这个意义上讲，今天的北京大学学生对于基督宗教的态度已经和 100 年以前的态度有了微妙的变化。

周围的宗教环境与可及性可以显著地影响学生对于基督教的兴趣和利弊判断。由于更多的接触和认识，学生们会对基督教更有兴趣并认识到它的益处。不过这种外在的环境和接触并没有对学生关于基督教发展政策的态度产生显著地影响。样本中被基督教传过教的学生中希望限制基督教发展的比例甚至更高。从这一点来看，学生们对于基督教的发展仍然十分的谨慎。

城市学生对基督教有着更大的兴趣，并且认为其利大于弊，并不主张限制基督教的发展。与农村学生相比，城市学生在三个方面呈现出高度的一贯性。这种一贯性还体现在社会发展满意度上。越是对我国社会发展表示满意的学生对基督教的兴趣越低，认为其利大于弊的比例越低，主张限制其发展的比例越高。在这里我们可以看到，发展确实可以一定程度上解决人们对于社会围绕宗教组织起来的担忧。不过，当前的发展是以城市化为中心的发展。城市的发展会导致未来城市大学生的增加，而来自大城市的学生更有可能对宗教表示好感。这背后实际上值得指出的是，来自大城市的学生对于我国社会发展的满意度要显著地低于来自农村以及小城镇的学生。因此，从长远来看，发展究竟会不会解决宗教问题仍然值得关注和研究。

最后，党员和参与社团活动较多的学生更倾向于支持偏保守的宗教发展政策。

第 4 节　小结

本章，我们指出了关注大学生宗教信仰状况的重要性，对我国宗教状况的变化进行了简单的介绍。接着，基于首都大学生成长追踪调查数据，对大学生的宗教信仰情况，以及大学的基督宗教可及性与大学生对于基督宗教的态度进行了分析。数据表明，大学生中自称不信仰任何宗教的比例在 90%以上，自称信仰宗教的比例比全国民众中的对应比例要低，但大学生中表示信仰基督宗教的比例与全国成年人口中对应比例相当。大学生对于宗教的信仰表现出多样性，很多受访者对多种宗教同时表示比较相信或者相信。

宗教信仰受到周边的宗教环境和宗教可及性的影响。“只有在个体存在的地方，宗教也存在，个体才有可能信仰宗教”的论断对于大学生群体来说同样适用。不同地区、民族、社区及家庭宗教背景下的学生信仰宗教的比例也有所不同，首都不同高校的学生中信仰宗教的比例也存在一定的差异。在控制了其他变量的情况下，上述差异基本上仍然存在。党员身份和政党面貌能够有效地限制大学生对于宗教的信仰。

在宗教活动参与方面，大学生的宗教活动参与率较低。但其中新教徒的宗教活动参与率较高。超过 30% 自称信仰新教的学生每周都有宗教活动，从这个意义上讲，基督教是大学生中规模最大的宗教。这些学生在选择活动的宗教场所时，有 1/3选择正规的教堂，另外 1/4 选择其他家庭教会和团契。

从可及性上来看，基督教仍然是大学影响最大的宗教，超过 40%的首都大学生到大四的时候都被基督教传播过福音。这一比例在有的学校甚至达到了 70%以上，北大、清华、人大、北京语言大学是福音传播覆盖面最广的高校。但是基督教在传教时并没有明显的选择性。他们向各类学生传教，也难以预测学生们对于传教宣讲内容的态度——将近 70%的学生表示不感兴趣。文科生接触到福音传播的可能性相对较大。

大学生中有将近 70%的学生对基督教及其文化表示不感兴趣，认为基督教与自己无关或者自己是无神论者，或者不了解基督教。表示感兴趣的 30%的学生中有相当部分是出于对西方文化的好奇。不过仍有部分学生是出于精神信仰的需要或其他原因而对基督宗教表示好感的。

70%左右的大学生认为基督宗教对于当代中国的发展利弊难断，认为利大于弊的学生占17%左右。2/3的学生主张面对基督教的发展应该顺其自然，剩余1/3的学生则表示应该有所限制。相对于佛教、道教，大学生对于基督教的态度更为保守。

综合来看，多种因素影响着大学生对于基督宗教的态度。其中尤其值得关注的是，100年前领导非基督教运动的北京大学的学生对于基督教在中国的发展相对比较开明。周围的宗教环境和宗教可及性在控制其他变量的情况下能够显著地改善人们对于基督宗教的认知和兴趣。社会的良好发展能够有效抑制对于基督宗教的兴趣，但城市学生对社会发展更不满意而对基督宗教表现出更强的好感。在大学生中大规模发展党员确实能够一定程度上隔离宗教对于大学生的影响，至少他们在宗教发展政策上更趋保守。

参考文献

孙尚扬，李丁．北京市大学生对基督宗教态度的调查报告．同济学报（社会科学版），2013（3）.

[美] 菲尔·朱克曼．宗教社会学的邀请．北京：北京大学出版社，2012.

刘小枫．现代性社会理论绪论．上海：三联书店，1998：471.

Max Weber. *The Sociology of Religion*. Boston，Beacon Press，1993.

John Lagerwey. *China*：*A Religious State*. Hong Kong University Press，2010.

第 8 章　大学生的文化资本

随着中国高等教育的扩张，越来越多的人获得了大学文凭。然而，大学教育并不仅仅意味着一纸文凭，而是个体学习知识技能、积累社会资本和文化资本的动态过程，正是在受教育过程中大学生的成长产生了分化，并影响了其毕业后的发展。关注受教育过程是首都大学生成长追踪调查重要的研究视角。本章主要从文化资本的视角来考察大学生的受教育过程，并试图回答以下几个问题：大学教育是否提高了大学生的文化资本？不同家庭背景出身的大学生在获得文化资本上是否有差异？文化资本对大学生毕业后的职业和收入是否有影响？通过回答这些问题，我们可以部分地了解到大学教育的动态过程，以及不同家庭出身的学生是如何在大学期间发生分化的。

第 1 节　大学生文化资本概况

文化资本这一概念是由法国著名社会学家布迪厄提出来的，他将文化资本定义为个体对主流和高雅文化活动的品味和参与，布迪厄认为，文化资本不仅是社会地位的象征，而且也是再生产社会不平等的一个重要机制（Bourdieu and Passeron，1990)。2012 年的首都大学生成长追踪调查从文艺技能和文化活动参与两个维度分别对大学生上大学前和大学期间的文化资本状况进行了测量。

一、文艺技能

CEPS 2012 询问了大学生对乐器，歌唱、舞蹈，绘画、书法、棋类，体育、休闲项目等四项文艺技能的掌握情况，每项文艺技能包括完全不懂、略懂、比较熟练、达到一定专业级别四个选项。我们将比较熟练和达到一定专业级别视为大学生掌握了该项文艺技能，完全不懂和略懂视为没有掌握该项文艺技能。

表8—1报告了大学生在上大学前和大学期间的文艺技能的纵向比较。总体而言，越是需要较多财力和精力投入的文艺特长，越少有大学生能够掌握该项文艺技能。例如，乐器（比如钢琴、古筝等）需要花费较多的财力和精力，无论是在上大学前还是在上大学期间，都只有少数学生（约14%）能够熟练演奏某种乐器；而体育、休闲项目（如羽毛球、足球、篮球）等则无须投入太多的财力和精力，所以有较多的学生能够掌握该项文艺技能，上大学前约三成的学生至少会一项体育技能，而大学期间，这一比例达到了41%。表格最后一列报告了大学前和大学期间对该项文艺技能掌握情况的相关系数。我们可以看到，大学前和大学期间的文艺技能掌握情况的相关性很强（0.9左右），相关系数越大，表明了该项文艺活动的"继承性"越强。

表8—1　　大学生文艺技能掌握情况的纵向比较

	上大学前（%）	大学期间（%）	相关系数
乐器	13.3	13.6	0.9
歌唱、舞蹈	18.5	25.3	0.8
绘画、书法、棋类	19.8	21.5	0.9
体育、休闲项目	32.1	41.0	0.8

注：样本规模为3 999。

说明：此处的相关系数是根据大学生对该项文艺技能掌握的具体得分计算，即0，完全不懂；1，略懂；2，比较熟练；3，达到一定专业级别。

表8—2控制了大学前对该项文艺技能的掌握情况，即在大学期间新培养的文艺技能。我们发现，约有17%的大学生在上大学时掌握了体育、休闲项目等技能，约10%的学生在大学期间学会了歌唱、舞蹈，约5%的大学生在大学期间掌握了绘画、书法、棋类等技能，只有2.5%的大学生在大学期间学会了乐器。这进一步说明了越是需要较多投入的文艺技能，越难通过大学教育来学习。

表8—2　　大学期间的文艺技能获得情况

	比例（%）	样本规模
乐器	2.5	3 433
歌唱、舞蹈	10.0	3 267
绘画、书法、棋类	5.1	3 185
体育、休闲项目	17.2	2 739

二、文化活动参与

CEPS 2012 询问了大学生对阅读报纸杂志，去影院看电影，去剧院看戏曲、音乐会，参观展览馆、博物馆，参加流行音乐演唱会等五项文化活动的参与状况，每项文化活动包括从不、偶尔、经常三个选项。

表 8—3 报告了大学生高中和大学期间的文化活动参与情况，此处我们将经常参加该项文化活动记为 1，从不和偶尔记为 0。调查显示，在上大学前的主要文化活动就是阅读报纸杂志（约 42%），而经常参加其他文化活动的比例非常低（不足 10%），这或许与高考导向型的学习方式及课余时间较少等有关。相对于大学以前的教育阶段，大学生拥有更为充裕的课余时间，除了经常阅读报纸杂志这项文化活动的参与比例有所降低以外（很有可能是网络替代了传统媒体），其他各项文化活动的参与比例都有了较大的提高，其中去影院看电影的比例提高最多。相对于文艺技能而言，高中时和大学期间文化活动参与情况的相关系数都比较低。

表 8—3　　大学生文化活动参与情况的纵向比较

	上大学前（%）	大学期间（%）	相关系数
阅读报纸杂志	41.6	38.0	0.4
去影院看电影	7.7	29.5	0.4
去剧院看戏曲、音乐会	2.9	7.3	0.5
参观展览会、博物馆	4.0	13.0	0.3
参加流行音乐演唱会	1.3	3.8	0.5

注：样本规模为 3 999。

说明：此处的相关系数是根据该项文化活动如下赋分方式计算的，即 0 表示从不，1 表示偶尔，2 表示经常。

表 8—4 控制了高中时该项文化活动的参与情况，即大学期间培养起来的文化"品味"。结果显示有 23%的学生在大学期间经常阅读报纸杂志，约 25%的大学生在大学期间经常去影院看电影，约 11%的大学生在大学期间经常参观展览馆、博物馆。而相对"高雅"或需要较多花费的文化活动，参与比例仍然比较低，例如，只有 5%的大学生在大学期间经常去看戏曲、音乐会，约 3%的大学生在大学期间经常参加流行音乐演唱会。

表 8—4　　大学生期间的文化活动参与

	比例（%）	样本规模
阅读报纸杂志	23.1	2 243
去影院看电影	24.9	3 701
去剧院看戏曲、音乐会	5.3	3 887

续前表

	比例（%）	样本规模
参观展览会、博物馆	10.6	3 842
参加流行音乐演唱会	2.8	3 955

通过比较高中和大学期间的文艺技能获得和文化活动参与情况，我们发现，由于文艺技能需要较多的财力和精力投入，其继承性较强，很少有学生在大学期间培养出新的文艺技能；而文化活动参与则无须投入较多的财力和精力，有相当一部分学生在大学期间培养了文化活动参与的“品味”和习惯。

第 2 节　文化资本的影响因素

家庭和学校是个体培养文艺技能和文化参与品味、积累文化资本的重要场所。关于家庭和学校在个体文化资本形成中的作用，存在着两种学术观点。一种是布迪厄提出的文化再生产理论（Bourdieu and Passeron，1990），即个人文化资本的获得主要取决于其出身家庭，而学校教育并不能培养个人对“高雅”文化的品味和文化参与；另一种是迪马乔文化流动理论（Di Maggio，1982），即出身于文化资本匮乏家庭的学生可以通过教育提升自己的文化品味和文化资本。

这里我们主要采用城乡（以上大学前的户口性质区分）、父母是否接受过大学教育作为衡量大学生家庭背景的主要指标。由于中国的文化资源和文化设施存在着较大的城乡差异，如较多的图书馆、博物馆、展览馆等都位于城市地区，因此城乡差异直接影响了学生对文化设施和文化资源的可及性。教育，尤其是大学教育是一种制度化的文化资本，拥有较多文化资本的父母，通常会更加重视子女接受教育的状况，可以通过言传身教和家庭文化氛围，使子女养成较好的学习习惯等，进而使子女能够接受更多更好的教育和文化资本。因此，本章将以父母是否受过本科教育作为衡量家庭文化资本的主要指标。由于我们询问的是同一批学生在上大学前和大学期间的文艺技能和文化活动参与情况，因此通过比较家庭背景对学生上大学前后的文化资本影响的变化，我们可以在一定程度上确定大学教育在个人获得文化资本中的作用。

一、大学生文化资本的城乡差异

表 8—5 汇报了大学生文化资本的城乡比较，我们分别报告了上大学前文化资

本的城乡状况及差异、大学期间文化资本的城乡状况及差异，以及大学前后文化资本城乡的双分差异（difference in difference）。总体而言，无论是上大学前，还是大学期间，大学生的文艺技能和文化活动参与情况都存在着较大的城乡差异。

表 8—5　大学生文化资本的城乡比较

	上大学前			大学期间			DID
	城市 (1)	农村 (2)	差异 1 (3)	城市 (4)	农村 (5)	差异 2 (6)	差异 3 (7)
文艺技能							
乐器	17.7	3.8	13.9*	17.8	4.4	13.4*	−0.5
唱歌、舞蹈	22.3	10.2	12.1*	29.1	17.0	12.1*	0
书法、绘画、棋类	22.7	13.4	9.3*	23.8	16.3	7.5*	−1.8
体育、休闲项目	34.0	28.0	6.0*	41.9	39.2	2.7	−3.3
文化活动参与							
阅读	45.3	33.3	12.0*	39.4	34.7	4.7*	−7.3*
电影院	10.2	2.2	8.0*	35.9	15.3	20.6*	12.6*
剧院	3.6	1.4	2.2*	8.8	3.8	5.0*	2.8*
展览馆、博物馆	4.8	2.2	2.6*	14.8	9.0	5.8*	3.2*
演唱会	1.6	0.8	0.8*	4.7	1.6	3.1*	2.3*
加权百分比	68.7	31.3		68.7	31.3		
样本规模	2 867	1 139		2 867	1 139		

注：* 表示至少在 10%的统计水平上显著。

就文艺技能而言，上大学前，城市学生能够演奏乐器的比例比农村学生高近 14 个百分点；城市学生中会唱歌、舞蹈的比例比农村高 12 个百分点；书法、绘画、棋类等文艺技能上，城市学生比农村学生高 9 个百分点；即便是在体育、休闲项目上城市学生也比农村学生高出 6 个百分点。我们可以发现越是需要财力和精力投入的文艺技能，城乡差异越大，比如乐器的城乡差异最大，而体育、休闲项目的差异最小。而上大学后，各项文艺技能的城乡差距依然存在，而且这种差距并没有显著地改善（第 7 列的双分差异检验不显著）。这说明大学教育并不能改善文艺技能的城乡差异。

就文化活动参与状况而言，分析结果显示，在上大学前，城市学生经常阅读报纸、杂志的比例比农村学生高 12 个百分点，去电影院看电影的城乡差异为 8 个百分点，虽然其他几项文化活动参与状况的总体比例都很低，但是依旧存在着显著的城乡差异。如果上大学前文化资本的城乡差异是因为文化资源和文化设施的可及性造成的，那么大学期间文化活动参与状况的城乡差异应该有所减小，因为所有的学生都在北京这个文化资源和设施都非常富裕的城市学习。可是，分析结果显示，大部分文化活动的城乡差异非但没有因为大学教育和首都丰富的文化设施而缩小，反而大学期间文化活动参与状况的城乡差异变得更大了（第7列的双分差异检验）。例如，大学期间去电影院看电影的城乡差异比高中时去电影院看电影的城乡差异增加了约13个百分点，去剧院看戏曲、音乐会的城乡差异增加了2.8个百分点，参观展览馆、博物馆的城乡差异增加了3.2个百分点，参加流行音乐演唱会的城乡差异增加了2.3个百分点。只有阅读报纸杂志的城乡差异变小了，我们推测这与大学生主要使用网络媒体有关。

二、父母受教育程度与大学生文化资本

表8—6报告了父母受教育程度对大学生上大学前后文化资本的影响。表格中的一代大学生是指父母双方都没有受过本科教育，二代大学生是指父母至少有一方接受过本科教育。由于二代大学生自小接受父母文化活动和文化参与的熏陶，在上大学前，二代大学生的文艺技能和文化活动参与状况显著地高于一代大学生：二代大学生中会演奏乐器的比例达到了26%，比一代大学生高17个百分点；会唱歌、舞蹈的比例比一代大学生高11.4个百分点；掌握了书法、绘画、棋类等技能的二代大学生比一代大学生高6.5个百分点；二代大学生在体育、休闲项目上也显著地高出一代大学生6.8个百分点。

表8—6　　父母受教育程度与大学生文化资本

	上大学前			大学期间			DID
	二代 (1)	一代 (2)	差异1 (3)	二代 (4)	一代 (5)	差异2 (6)	差异3 (7)
文艺技能							
乐器	25.7	8.6	17.1*	25.2	9.2	16.0*	−1.1
唱歌、舞蹈	26.8	15.4	11.4*	33.2	22.3	10.9*	−0.5
书法、绘画、棋类	24.5	18.0	6.5*	19.6	26.3	6.7*	0.2
体育、休闲项目	37.0	30.2	6.8*	43.3	40.2	3.1	−3.7
文化活动参与							
阅读	48.8	38.8	10.0*	42.2	36.3	5.9*	−4.1*
电影院	12.5	5.9	6.6*	44.4	23.8	20.6*	14.0*
剧院	3.3	2.8	0.5	11.1	5.8	5.3*	4.8*
展览馆、博物馆	5.8	3.2	2.6*	16.1	11.7	4.3*	1.7
演唱会	1.7	1.2	0.5	5.3	3.2	2.1*	1.6*
加权百分比	27.6	72.4		27.6	72.4		
样本规模	1 253	2 753		1 253	2 753		

注：*表示至少在10%的统计水平上显著。

那么大学教育是否能提高一代大学生的文艺技能和文化活动参与呢？我们发现，无论是二代大学生还是一代大学生，都很少有人在大学期间熟练地掌握新的文艺技能；虽然一代大学生和二代大学生大学期间的文化活动参与状况都有了显著的提高，但是二者的差距依旧显著地存在，而且其差异非但没有缩小，反而显著地增加了。例如，在去影院看电影的比例上，一代大学生和二代大学生的差距比上大学前增加了 14 个百分点；去剧院看戏曲、音乐会的差异增加了 4.8 个百分点；参观展览馆、博物馆的差距增加了 1.7 个百分点（不具有统计显著性）；参加流行音乐演唱会的差距增加了 1.6 个百分点。

通过上文的分析，我们发现无论是上大学前还是大学期间，城市学生和二代大学生在文艺技能和文化活动参与状况上都有显著的优势，虽然农村学生和一代大学生通过大学教育，改善了文化活动参与状况，但是他们的弱势并没有因为接受大学教育而改变，反而他们与城市学生和二代大学生在文化资本上的差距变大了。我们的分析结果较多地支持了布迪厄的文化再生产理论，即个人文化资本的获得主要取决于其出身家庭，而学校教育并不能培养个人对“高雅”文化的品味和文化参与。

第 3 节　大学生的文化资本与初职

随着越来越多的大学生进入了劳动力市场，本科生面临的就业形势和竞争压力日益严峻，当大家都具有了本科文凭之后，是什么因素造成了大学生在劳动力市场上的差异？布迪厄认为，文化资本可能会通过提供关于大学、工作和职业规划的知识和信息进而影响大学生在劳动力市场中的表现（Bourdieu，1990）。本节试图从文化资本的角度来考察大学生在劳动力市场中的分化，大学生的文化资本是否能够增强其在劳动力市场中的竞争优势。

一、文化资本对大学生职业获得的影响

CEPS 2011 询问了参加工作的学生的职业类型，共有 10 个职业类别，本节将其分为白领职业和非白领职业两大类。白领职业包括公务员，专业技术人员（工程师、医生、律师等），中小学教师，新闻、文艺、体育工作者，研究/研发人员，企业经营管理人员；非白领职业包括技术工人、一般办事人员、市场营销人员。表 8—7 报告了大学生在大学期间的文艺技能及文化活动参与状况与白领职务获得的描述性统计。结果显示拥有某项文艺技能或者经常参与某项文化活动的大学生，获

得白领职务的比例显著地高于没有文艺技能或不参加文化活动的大学生。

表 8—7　　文化资本与大学生白领职务获得

	比例（%）	差异（%）	样本规模
文艺技能			
乐器（是—否）		9.0*	
是	61.6		86
否	52.6		702
唱歌、舞蹈（是—否）		9.2*	
是	60.8		166
否	51.6		622
书法、绘画、棋类（是—否）		14.2*	
是	65.2		141
否	51.0		647
体育、休闲项目（是—否）		6.5*	
是	58.1		241
否	51.6		571
文化活动参与			
阅读（是—否）		7.4*	
是	58.0		312
否	50.6		476
电影院（是—否）		11.8*	
是	62.6		182
否	50.8		606
剧院（是—否）		15.4*	
是	67.7		62
否	52.3		726
展览馆、博物馆（是—否）		21.2*	
是	72.4		87
否	51.2		701
演唱会（是—否）		25.2*	
是	77.5		40
否	52.3		748

注：* 表示至少在 10%的统计水平上显著。

为了更好地考察文化资本对大学生劳动力市场结果的影响，我们引入了多元回归分析，表 8—8 汇报了回归分析结果。读者在阅读此表时，只需将表格中的数字和 1 进行对比，大于 1 表示该变量对大学生白领职务的获得有正向作用，小于 1 表示有负向作用，接近 1 表示没有作用。分析结果显示，文化活动参与对大学生获得白领职业有显著的正向作用，在控制其他变量的情况下，经常参与文化活动的大学生获得白领工作的可能性是不参与文化活动的大学生的 1.7 倍；虽然掌握某种文艺技能有助于大学生获得白领工作，但是不具有统计显著性，这或许与我们的样本规模较小有关。

表 8—8　　文化资本对大学生白领职务获得的影响

因变量：白领职业（1=是，0=否）			
	模型 1	模型 2	模型 3
文艺技能（否）	1.196		1.146
文化活动（否）		1.725*	1.703*
男生（女生）	0.472*	0.456*	0.459*
成绩排名	1.109*	1.097*	1.095*
学生干部（否）	1.072	1.054	1.050
父母大学教育（否）	1.099	1.025	1.013
家庭收入对数	1.265*	1.230*	1.228*
样本规模	692	692	692

注：模型的控制变量还包括民族、年龄、户口类型、工作地点；括号内为参照组，模型报告的是比数比，* 表示至少在 10%的统计水平上显著。

二、文化资本对大学生初职收入的影响

表 8—9 比较了是否拥有文化资本与大学生初职月收入的差异。结果显示，大学生的初职月收入在文艺技能上基本没有显著的差别，除了书法、绘画、棋类之外；而在大学期间经常参与文化活动的大学生初职月收入要显著地高于那些不参加文化活动的大学生（阅读报纸杂志除外）。例如，大学期间经常去剧院看戏曲、音乐会的大学生要比大学期间从不参与此项文化活动的大学生每月多挣 1 066 元。

表 8—9　　文化资本与大学生初职月收入

	均值（元）	差异（元）	样本规模
文艺技能			
乐器（是—否）		−10	
是	3 871		93
否	3 881		780
唱歌、舞蹈（是—否）		−47	
是	3 843		191
否	3 890		682
书法、绘画、棋类（是—否）		534*	
是	4 315		162
否	3 781		711
体育、休闲项目（是—否）		202	
是	4 020		269
否	3 818		604
文化活动参与			
阅读（是—否）		−169	
是	3 780		356

续前表

	均值（元）	差异（元）	样本规模
否	3 949		517
电影院（是—否）		666*	
是	4 386		210
否	3 720		663
剧院（是—否）		1 066*	
是	4 863		68
否	3 797		805
展览馆、博物馆（是—否）		638*	
是	4 445		101
否	3 807		772
演唱会（是—否）		1 445*	
是	5 255		42
否	3 810		831

注：* 表示至少在 10%的统计水平上显著。

表 8—10 汇报了大学生初职月收入的多元回归分析结果。不熟悉多元回归分析的读者，只需将表格内的系数和 0 进行比较即可，大于 0 表示该变量对大学生月收入有正向作用，小于 0 表示有负向作用。回归分析结果显示，无论是文艺技能还是文化活动参与都能提高大学生初职的月收入。拥有文艺技能的大学生的月收入比没有文艺技能的大学生高 7%；大学期间经常参与文化活动的大学生的月收入比大学期间不参加文化活动的大学生的月收入高 11.2%。

表 8—10　　文化资本对大学生初职月收入的影响

因变量（月收入对数）			
	模型 1	模型 2	模型 3
文艺技能（否）	0.085*		0.074*
文化活动（否）		0.121*	0.112*
女生（男生）	−0.055	−0.063	−0.059
成绩排名	0.036*	0.033*	0.033*
学生干部（否）	0.057	0.058	0.054
父母大学教育（否）	0.069	0.058	0.053
家庭收入对数	0.033	0.033	0.031
确定系数	0.223	0.229	0.232
样本规模	767	767	767

注：模型的控制变量还包括民族、年龄、户口类型、工作地点；括号内为参照组，模型报告的是比数比，* 表示至少在 10%的统计水平上显著。

通过上述的分析，我们发现文化资本确实能够给大学生在劳动力市场中带来回报，相比于没有文化资本的大学生，拥有文化资本的大学生更有可能获得白领职位，挣取更多的月收入。那么文化资本通过什么途径增进了大学生在劳动力市场中的表现呢？我们推测有以下几种渠道：第一，社会资本，拥有文化资本的大学生通常能够获得更多的社会资本，而这种社会资本有可能带给大学生更多关于职业招聘、职业选择的信息和渠道，以及更好地处理与同事和领导的关系等；第二，“饱读诗书气自华”，文化资本丰富的大学生的气质和谈吐或许能够更多地得到雇主的认同；第三，综合素质，拥有文化资本的大学生，或许在工作能力、组织能力、沟通能力等方面有较为优异的表现。

第 4 节　小结

随着中国高校招生规模的扩张，越来越多的人获得了大学文凭，然而有文凭未必意味着有“文化”，本章从文化资本的视角考察了大学生文化资本获得的影响因素，以及对其劳动力市场表现的影响。我们发现：

第一，大学生的文化资本的获得主要受到其家庭背景的影响，无论是上大学前还是在大学期间，城市学生和二代大学生都拥有更多的文化资本。

第二，虽然通过大学教育，不同家庭背景出身的大学生的文化资本都有所提高，但是城市学生和二代大学生提高的速度更快，在大学期间，不同家庭背景出身的大学生之间的差距反而加大了。

第三，文化资本对大学生的劳动力市场表现有显著的正向作用，拥有文化资本的大学生更有可能获得白领职务，其月收入也更高。

参考文献

Bourdieu，P.，Passeron，J. C.. *Reproduction in Education，Society and Culture*. Sage，Great Britain，1990.

DiMaggio，P.. Cultural Capital and School Success：the Impact of Status Culture Participation on the Grades of US High School Students. *American Sociological Review*，1982，47（2）：189-201.

第9章　大学生的在校贫困状况及其后果

高等教育对于很多家庭背景不好的学子来说本是改变命运摆脱贫困的重要途径，然而一纸录取通知书也意味着高昂的学费、住宿费和生活费，令很多本来就不富裕的家庭不得不举债来供孩子上学。在1989年之前，中国的高等教育都是免费的。然而自1996年实施大学"并轨招生"以来，各地高校收费标准开始猛涨，随之而来的大学生贫困问题也日益凸显。有研究发现，目前中国公立大学学费占人均GDP的比例超过了20%，成为世界上高等教育相对成本最高的国家之一。此外，高校大规模的扩招也进一步加剧了"大学生贫穷化"的现象。这是因为扩招高校表面上增加了寒门子弟入学的可能性，但是他们即使进入大学，面对高昂的教育费用也很容易成为在校贫困的主体。对当前中国大学生贫困现状及特征的研究，可以为国家制定和改善相关政策提供必要的参考，因此具有重要的现实意义。

家庭背景，包括家庭贫困对大学录取的影响一直是国内外文献所关注的问题(Mare，1980；Zhou et al.，1998；Wu，2010；Acemoglu，2001)，然而在被录取的前提下，贫困对大学生在各方面的影响却在很大程度上被忽视了。国外的一些相关研究主要致力于探讨贫困对大学生能否完成学业的影响，但显然这在中国并不是一个合适的研究命题，因为中国大学往往是"严进宽出"，学生的辍学率极低（根据教育部的数据，中国大学生的辍学率只有0.75%）。但除此之外，我们更关注的是贫困会不会影响大学生的在校表现及行为，进而影响他们在进入劳动力市场以后的表现。对这一问题的研究有助于我们进一步理解大学生群体内部的分化及劳动力市场的收入不平等。

出于可比性和一贯性的考虑，本章的分析将仅使用2006级学生在大三、大四和毕业第一年的三期数据，样本量约为1 700人[①]。所有描述性统计数据均经

① 根据具体变量的实际情况，不同分析中所使用的样本量可能有些微差异。

过加权处理。

第 1 节　大学生在校贫困概况

一、首都大学生上学费用

《社会保障绿皮书：中国社会保障发展报告（2012）》显示，从 1989 年国家对高等教育开始进行收费到今天，中国大学的学费增长了至少 25 倍，培养出一个大学生平均需要一个城镇居民 4.2 年的纯收入，需要一个农民 13.6 年的纯收入[①]。而这还只是学费，由于很多大学生并不在自己的家乡就读，住宿费以及生活费也是一笔不菲的开支。

在第一期的访问中，我们详细地询问了大学生在本学年所缴纳的学费、住宿费以及每月消费支出的数额，我们把每月消费支出乘以 12 个月就得到了一年的生活费支出。考虑到这些费用在大学四年都是相对稳定的，我们在后面几期的访问中并没有再问这些问题，因此本章中在校贫困概念是非时变变量，也就是说，如果一个学生在第一期访问中被定义为贫困生，在后面的几轮访问中也被自动认为是贫困生。表 9—1 报告了首都大学生上学费用的基本情况。我们注意到不管是学费、住宿费还是生活费，其内部的变异度都非常大。比如说，学费最低的为 0 元（可能是由于减免学费），最高的为 50 000 元；住宿费最低的为 0 元（北京本地学生可能住在家中因此没有住宿费），最高的为 15 600 元；生活费更多地体现个人的消费水平因此差异尤其大，最低的仅为 960 元，最高的竟达到 72 000 元。这一方面告诉我们大学生内部贫富分化明显，另外也提醒我们均值可能并不能有效地反映大学生上学花费方面的真实情况，因为它很有可能被极端值所影响。所以我们这里倾向于用中位数来代表首都大学生一般情况下每年的花费水平：学费为 5 000 元，住宿费为 800 元，生活费为 8 400 元（平均每月 700 元），一年的总费用为14 200元。

表 9—1　**首都大学生每年的上学费用**　单位：元

	中位数	均值	标准误	最小值	最大值
学费	5 000	5 758	4 177	0	50 000
住宿费	800	1 012	673	0	15 600

① 这个费用不仅包括上大学期间的学费，还包括上大学之前的小学、中学的学费。

续前表

	中位数	均值	标准误	最小值	最大值
生活费	8 400	9 708	5 326	960	72 000
总费用	14 200	16 478	7 201	4 800	77 750

这笔费用到底是什么概念呢？让我们来进行一下简单的对比。在 2009 年（第一期调查进行的当年），中国的人均 GDP 为 25 575 元，城镇居民人均可支配收入为 17 175 元，农民人均纯收入为 5 153 元。也就是说，北京一个大学生平均每年的上学费用相当于当年人均 GDP 的近六成，城镇居民人均可支配收入的八成，农民人均纯收入的近三倍。不难想象，如此昂贵的教育支出对于一般家庭来说都是一个沉重的负担，更不用说农村家庭和本来就比较贫困的家庭。面对这样一组数据，我们似乎可以理解为什么近年来农村的高考弃考人数连年攀升。一方面当然有外出打工机会的吸引，但更重要的是因为农民意识到如此高昂的教育投入超出了自己的负担能力，而且由于大学生就业越来越困难也并不一定能保证对等的回报。可以说，大学费用上涨是导致城乡高等教育机会不平等上升的重要原因之一，也必然对未来的劳动力市场不平等造成不小的影响。

二、在校贫困的测量

目前中国对于贫困生的定义并没有统一标准。根据《教育部财政部关于认真做好高等学校家庭经济困难学生认定工作的指导意见》（教财［2007］8 号）中的规定，家庭经济困难学生是指学生本人及其家庭所能筹集到的资金，难以支付其在校学习期间的学习和生活基本费用的学生。也就是说，在校贫困是一个相对的概念，取决于学生的家庭经济状况、具体学校及具体专业的学习费用和高校当地的物价水平。

在本章中，我们使用两种方法来测量在校贫困，一种为主观贫困测量，另一种为客观贫困测量。主观贫困的划分依据是受访者自评，如果受访者回答“在上学费用（学费、住宿费、生活费）方面有经济困难”则被认为是主观贫困；客观贫困的划分依据是具体学校具体专业的必要花费数额（学费＋住宿费＋生活费），如果受访者的家庭收入低于所有学生中必要花费的中位数则被认为是客观贫困。表 9—2 报告了分主观和客观测量的大学生贫困率。对于总体样本来说，有 21.23％的受访者为主观贫困，18.67％的受访者为客观贫困。贫困率的城乡、地域分化非常明显。来自城市的大学生的贫困率仅为 1/10 左右，但是来自农村的大学生贫困率却极高（主观贫困率为 45.52％，客观贫困率为 38.32％）；来自东部的大学生贫困率较低

（主观贫困率为 13.34％，客观贫困率为 12.76％），来自中西部的贫困率较高（以西部为例，主观贫困率为 34.29％，客观贫困率为 27.25％）。有意思的是虽然从客观贫困率来说汉族和少数民族的学生并不存在显著的差别，但是从主观贫困率来说少数民族却更有可能报告自己在上学费用方面存在困难（汉族为 20.32％，少数民族为 28.80％）。此外，211 大学的贫困率要比非 211 大学的贫困率稍高，可能是因为 211 大学招收了更多来自寒门却学习成绩较好的学生。

表 9—2　　大学生贫困率，分主观和客观测量

	主观贫困率（％）	客观贫困率（％）
总样本	21.23	18.67
来自城市	11.66	10.83
来自农村	45.52	38.32
东部	13.34	12.76
中部	30.60	26.30
西部	34.29	27.25
汉族	20.32	18.71
少数民族	28.80	18.55
211 大学	21.93	19.62
非 211 大学	20.00	17.03

我们观察到主观贫困率一般比客观贫困率要偏高，这是不是说明大学生倾向于夸大自己的经济困难呢？其实不然，这是因为我们在测量客观贫困的时候，是拿学生的必要花费与家庭总收入作对比，但是显然任何家庭都不可能不吃不喝，把家庭收入的百分之百都投入到教育花费中，因此对于那些家庭收入比必要花费稍高的学生而言，他们仍有可能存在上学费用方面的经济困难。所以说客观贫困的划分可能过于严格，主观贫困则能够更多地反映个人的实际情况。但是我们也需要注意主观测量也有一定的弊端，因为不同群体对于“贫困”的感知可能是不一样的。总之，这两个贫困测量的方法各有优劣，互为补充，因此在以下的分析中我们会同时使用这两个测量方法。

三、贫困与非贫困大学生的家庭背景对比

在区分了贫困与非贫困大学生以后，我们再来进一步考察这两组人的家庭背

景。具体结果分主客观测量，分别报告在表9—3和表9—4中。数据显示，贫困大学生的家庭背景要显著差于非贫困大学生。以主观贫困测量的结果为例，非贫困大学生中将近一半的人的父亲具有大学学历，属于白领阶层①，而贫困大学生中父亲具有大学学历、属于白领阶层的人的比例仅略超过1/7。并且，非贫困大学生中父亲为党员的人超过了四成，而对于贫困大学生来说只有不到两成。如我们前面所提到的，大学生在校贫困的城乡、地域分化明显，非贫困大学生中接近80%的人都来自城市，超过60%的人来自东部地区，而贫困大学生中只有不到40%的人来自城市，约35%的人来自东部地区。另外，贫困大学生中少数民族的比例也要更高，约为16%，而对于非贫困大学生来说，少数民族的比例仅为1/10，但是这一差别在客观测量中却并不显著，如表9—4中所示，不管是贫困大学生还是非贫困大学生，少数民族的比例均为11%左右。以往研究发现兄弟姐妹数量往往对个人的教育获得有负向的影响（Kuo and Hauser，1997；Steelman et al.，2002），我们发现贫困大学生大多有至少一个兄弟姐妹，而非贫困大学生却大多是独生子女。最后，我们还对比了家庭文化资本②，很明显，贫困大学生的家庭文化资本要显著低于非贫困大学生。

表9—3　　贫困大学生和非贫困大学生的家庭背景对比（主观测量）

	贫困大学生	非贫困大学生	差异
	(1)	(2)	(1) — (2)
父亲是大学学历	0.141 (0.017)	0.466 (0.013)	0.000
父亲是白领阶层	0.154 (0.018)	0.501 (0.014)	0.000
父亲是党员	0.189 (0.019)	0.435 (0.013)	0.000
来自城市	0.382 (0.024)	0.773 (0.011)	0.000
东部	0.352 (0.024)	0.639 (0.013)	0.000
中部	0.378 (0.024)	0.214 (0.011)	0.000
西部	0.270 (0.022)	0.147 (0.010)	0.000
少数民族	0.161 (0.018)	0.101 (0.008)	0.003
兄弟姐妹数	1.185 (0.049)	0.381 (0.018)	0.000
家庭文化资本	5.119 (0.175)	10.49 (0.096)	0.000

注：括号中的数字为标准差；差异一列中的数字为来自F检验的 p 值。

① 若父亲职业为专业技术人员或管理人员则被定义为白领阶层。

② 调查中问到了受访者上大学以前家里是否有书房、超过50本书籍、电脑等信息，共15个条目，如果受访者回答是则得1分，回答否则得0分，最后加总，得到一个测量家庭文化资本的指标。

表 9—4　　贫困大学生和非贫困大学生的家庭背景对比（客观测量）

	贫困大学生	非贫困大学生	差异
	(1)	(2)	(1) — (2)
父亲是大学学历	0.157 (0.020)	0.439 (0.013)	0.000
父亲是白领阶层	0.150 (0.019)	0.483 (0.013)	0.000
父亲是党员	0.190 (0.021)	0.419 (0.013)	0.000
城市	0.384 (0.026)	0.750 (0.011)	0.000
东部	0.362 (0.026)	0.621 (0.013)	0.000
中部	0.367 (0.026)	0.226 (0.011)	0.000
西部	0.271 (0.024)	0.153 (0.010)	0.000
少数民族	0.116 (0.017)	0.117 (0.009)	0.985
兄弟姐妹数	1.049 (0.054)	0.461 (0.020)	0.000
家庭文化资本	5.166 (0.211)	10.15 (0.098)	0.000

注：括号中的数字为标准差；差异一列中的数字为来自 F 检验的 p 值。

从图 9—1 的家庭经济地位自评来看，接近一半的贫困大学生认为自己来自中下层家庭，而大部分的非贫困大学生认为自己来自中层家庭。认为自己来自下层家庭的贫困大学生占到了近 28%，而对于非贫困大学生来说只有不到 4%。家庭社会地位的自评（见图 9—2）差异虽然没有家庭经济地位自评这么显著，但也遵循同样的规律。六成的贫困大学生认为自己来自中下层或下层家庭，而超过七成的非贫困大学生认为自己来自中层或中上层家庭。虽然主观评价可能存在一定偏差，但这也从另一个方面体现出贫困大学生和非贫困大学生在家庭背景方面的天壤之别。

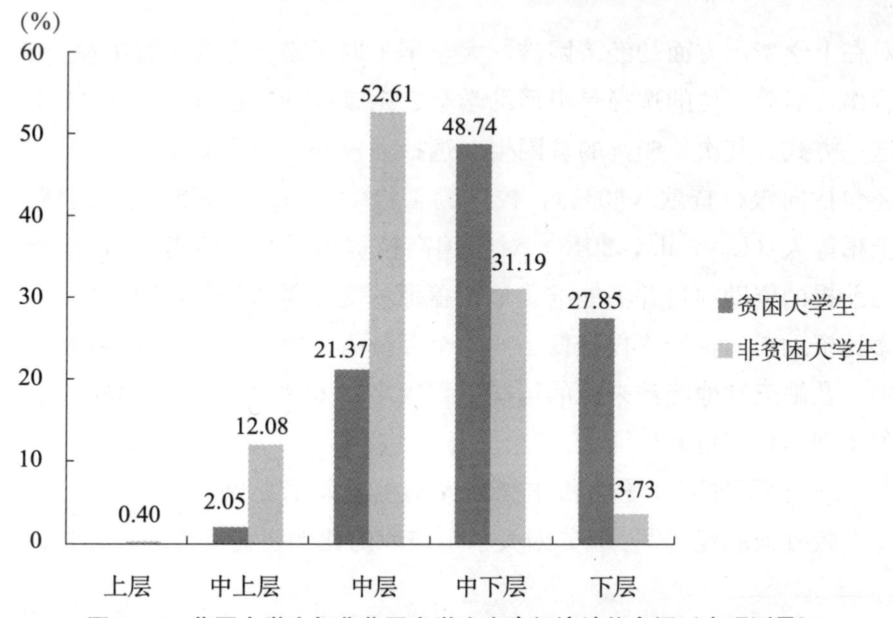

图 9—1　贫困大学生与非贫困大学生家庭经济地位自评（主观测量）

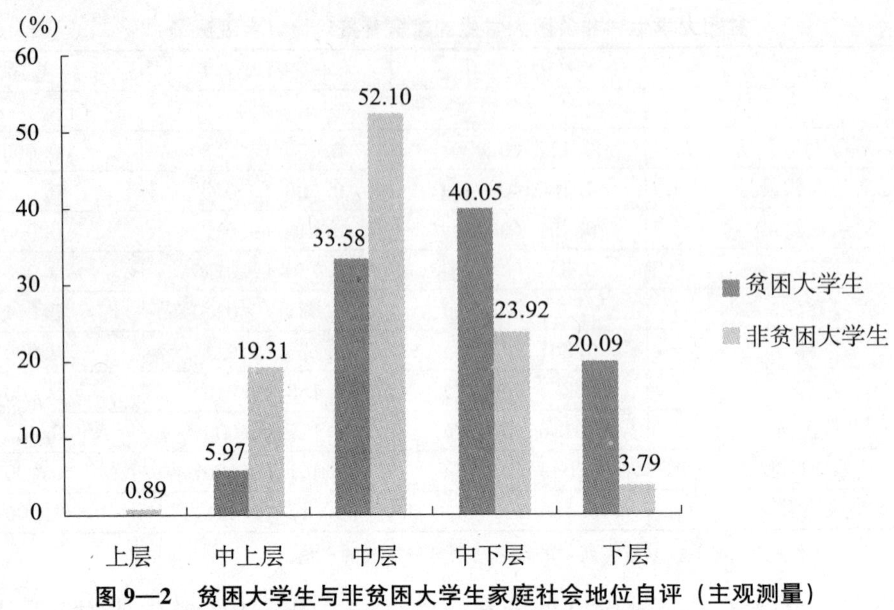

图 9—2　贫困大学生与非贫困大学生家庭社会地位自评（主观测量）

第 2 节　在校贫困与兼职经历

一、兼职是贫困大学生解决经济困难的重要途径

面对在上学费用方面的经济困难，大学生采取了哪些方式来解决呢？从图 9—3 中可以看出，居第一位的选择是申请助学金、困难补助，超过 70%的贫困大学生都会选择这一方式。其次，65%的贫困生会选择去校外做兼职来赚取一定收入。其余的方式还包括向银行贷款（60%）、校内勤工俭学（51%）和向私人借钱（21%）。然而李洪彬等人（Li et al.，2013）对中国高校贫困生经济资助的研究发现，这些以需要为前提的资助项目并不能准确地覆盖那些真正需要帮助的贫困学生，资助后的贫困率比资助前的贫困率仅降低了 4.6 个百分点，仍有 17%的学生处于贫困却得不到帮助。在缺乏其他经济来源的情况下，很多贫困大学生不得不依靠做兼职来贴补自己的学费、住宿费及生活费。

图 9—4 对比了贫困大学生和非贫困大学生兼职的比例。总的来说，有近七成的大学生有校外兼职经历[①]，但贫困大学生兼职的比例要显著地高于非贫困大学生。

① 包括曾经或正在校外做兼职的。

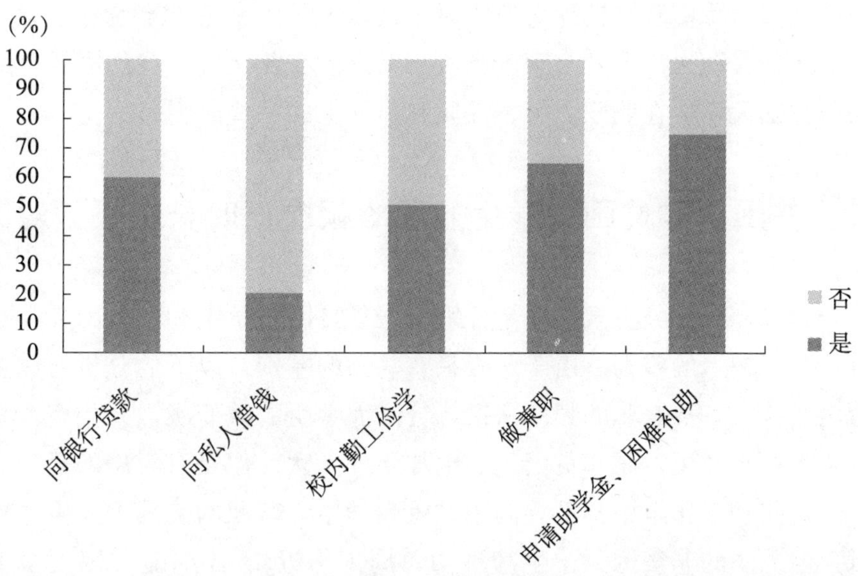

图 9—3　贫困大学生解决经济困难的方式（主观测量）

从主观测量来看，有近 76%的贫困大学生兼职，但只有 56%的非贫困大学生兼职。从客观测量来看也是同样的结论，兼职的贫困大学生要明显更多，虽然这一差距比起主观测量来说要稍小一些（贫困大学生 69%，非贫困大学生 59%）。可以说，兼职是贫困大学生解决经济困难的重要途径。

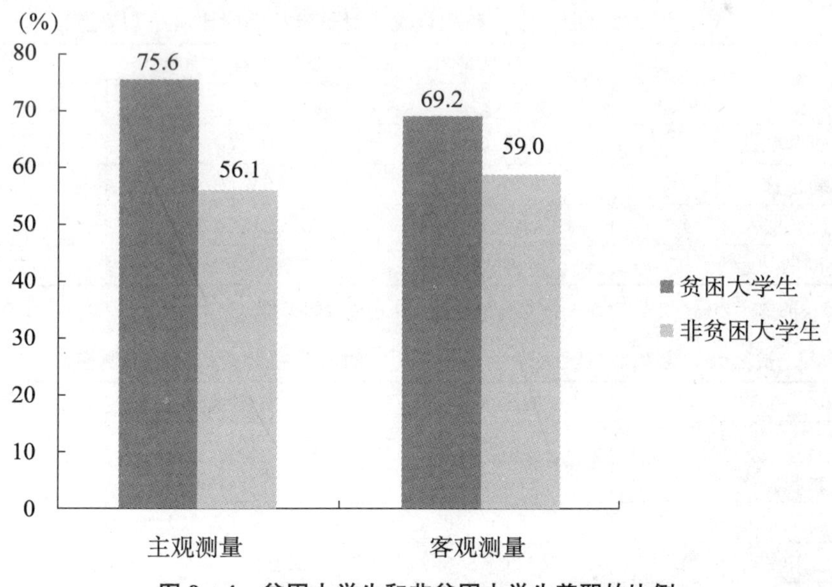

图 9—4　贫困大学生和非贫困大学生兼职的比例

为什么我们要特别关注大学生，特别是贫困大学生的兼职行为呢？这是因为一方面兼职经历对在校表现和毕业后劳动力市场的表现一直是学术界所关心的问题，另一方面也是因为我们有兴趣探讨兼职对于贫困大学生是否具有特殊的意义，能不能对他们在将来劳动力市场的表现上有所帮助。但在此之前，我们需要更细致地对比贫困和非贫困大学生在兼职内容、性质和目的上的一些区别。

二、贫困与非贫困大学生兼职的频次、时长及报酬对比

表9—5和表9—6分主客观测量分别报告了贫困大学生和非贫困大学生在兼职频次、时长及报酬上的差别。由于两者只有些微的差别，以下的分析将以主观贫困的测量为例。首先，从兼职的频次来说，贫困大学生的兼职次数要更多，平均每人曾有过3.3次兼职经历，而非贫困大学生却要少1次。但是有意思的是，非贫困大学生的工作时间和工作报酬却都要高于贫困大学生。兼职的贫困大学生平均每周工作9小时，但兼职的非贫困大学生却平均每周工作近13小时。贫困大学生每周兼职的平均收入为139元，而非贫困大学生每周兼职的平均收入却要高得多，达到216元。如果按每小时收入算，同样也是非贫困大学生的兼职收入显著高于贫困大学生（贫困大学生为24元/时，非贫困大学生为32元/时）。这可能是由于兼职工作类型的不同造成的差异。因为非贫困大学生可能可以凭借自己的家庭背景、社会关系，或其他方面的优势找到待遇更好的兼职工作。

表9—5　　贫困大学生和非贫困大学生兼职频次、时长及报酬对比（主观测量）

	贫困大学生	非贫困大学生	差异
	(1)	(2)	(1) — (2)
兼职频次	3.305 (0.237)	2.309 (0.081)	0.000
每周工作小时	9.230 (0.757)	12.61 (0.631)	0.001
每周工作收入（元）	139.0 (14.00)	216.2 (14.89)	0.000
每小时收入（元）	24.10 (2.357)	32.16 (2.231)	0.013

注：括号中的数字为标准差；差异一列中的数字为来自F检验的p值。

表9—6　　贫困大学生和非贫困大学生兼职频次、时长及报酬对比（客观测量）

	贫困大学生	非贫困大学生	差异
	(1)	(2)	(1) — (2)
兼职频次	3.120 (0.291)	2.453 (0.083)	0.028
每周工作小时	8.854 (0.814)	12.32 (0.601)	0.001
每周工作收入（元）	114.7 (8.851)	214.9 (14.47)	0.000
每小时收入（元）	23.58 (1.259)	33.26 (2.494)	0.001

注：括号中的数字为标准差；差异一列中的数字为来自F检验的p值。

三、贫困与非贫困大学生兼职工作类型对比

表 9—7 和表 9—8 分主客观测量分别报告了贫困大学生和非贫困大学生在兼职工作类型上的差别。在调查中，我们把兼职工作区分为以下几个类型：（1）家教/私人学习辅导，（2）文员、办公室工作，（3）销售、推销、销售代理，（4）餐厅或酒吧服务员，（5）打零工（翻译、调查访问员、编程、设计等），（6）其他。结果表明，家教、销售和打零工是大学生选择较多的兼职工作类型，分别占到了 29%、28%和 23%。这些类型的工作时间相对灵活，不像文员、服务员等工作对时间的要求比较严格。总体来看贫困大学生和非贫困大学生在兼职工作类型上没有显著差别，但是贫困大学生似乎进行家教/私人学习辅导的比例要更高一些，以主观测量为例，贫困大学生中有约 37%的人会兼职做家教，而非贫困大学生这一比例则为约 27%。

表 9—7　　贫困大学生和非贫困大学生兼职工作类型对比（主观测量）

	贫困大学生	非贫困大学生	差异
	(1)	(2)	(1) — (2)
类型 1：家教	0.366 (0.028)	0.269 (0.017)	0.004
类型 2：文员	0.075 (0.016)	0.071 (0.010)	0.809
类型 3：销售	0.279 (0.026)	0.290 (0.018)	0.712
类型 4：服务员	0.064 (0.014)	0.110 (0.012)	0.016
类型 5：打零工	0.241 (0.025)	0.227 (0.016)	0.653
类型 6：其他	0.121 (0.019)	0.121 (0.013)	0.978

注：括号中的数字为标准差；差异一列中的数字为来自 F 检验的 p 值。

表 9—8　　贫困大学生和非贫困大学生兼职工作类型对比（客观测量）

	贫困大学生	非贫困大学生	差异
	(1)	(2)	(1) — (2)
类型 1：家教	0.394 (0.033)	0.271 (0.017)	0.001
类型 2：文员	0.072 (0.017)	0.069 (0.010)	0.884
类型 3：销售	0.274 (0.030)	0.295 (0.017)	0.530
类型 4：服务员	0.087 (0.019)	0.098 (0.011)	0.623
类型 5：打零工	0.225 (0.028)	0.233 (0.016)	0.787
类型 6：其他	0.108 (0.021)	0.121 (0.012)	0.593

注：括号中的数字为标准差；差异一列中的数字为来自 F 检验的 p 值。

四、贫困与非贫困大学生兼职目的对比

大学生兼职的目的主要可以被归纳为以下四类：（1）接触和了解社会，（2）赚

钱，(3) 学习新东西，(4) 积累工作经验。调查中，大学生被问到对以上这些观点的同意程度，1表示“很不同意”，5表示“很同意”。表9—9和表9—10分主客观测量分别报告了贫困大学生和非贫困大学生对不同兼职目的的同意程度，数值越大，代表越同意该观点。我们发现，虽然都是兼职，但是贫困大学生和非贫困大学生的出发点却有很大的不同。贫困大学生兼职更有可能是为了赚钱来缓解自己的经济困难（虽然并不具有统计显著性），而非贫困大学生兼职则更多的是出于提高自身能力，为将来工作做准备的目的。他们更同意兼职是为了接触和了解社会，学习新东西及积累工作经验（其差异均具有统计显著性）。此外，对这四个观点的因子分析证明，这四个观点其实可以被整合为一个综合的维度，兼职到底是基于实际利益的考虑，还是基于对提高自身素质的考虑。因此我们另外生成了一个新的指标来综合地反映兼职的目的，数值越大代表越倾向于同意兼职是提高自身素质的手段，数值越小代表越倾向于同意兼职是赚钱的手段。这样来看，贫困大学生与非贫困大学生在兼职目的上的不同倾向就体现得越发明显了。那么这种不同的倾向性是否意味着兼职对于贫困大学生和非贫困大学生的影响有所不同呢？这一点我们在下一节的分析中将会进一步讨论。

表9—9　　贫困大学生和非贫困大学生兼职目的对比（主观测量）

	贫困大学生	非贫困大学生	差异
	(1)	(2)	(1) — (2)
目的1：接触和了解社会	3.871 (0.049)	4.018 (0.024)	0.007
目的2：赚钱	2.637 (0.055)	2.671 (0.030)	0.582
目的3：学习新东西	3.540 (0.050)	3.636 (0.026)	0.093
目的4：积累工作经验	3.851 (0.049)	3.948 (0.025)	0.075
综合维度	−0.047 (0.044)	0.059 (0.022)	0.030

注：括号中的数字为标准差；差异一列中的数字为来自F检验的p值。

表9—10　　贫困大学生和非贫困大学生兼职目的对比（客观测量）

	贫困大学生	非贫困大学生	差异
	(1)	(2)	(1) — (2)
目的1：接触和了解社会	3.834 (0.044)	4.041 (0.024)	0.000
目的2：赚钱	2.717 (0.054)	2.654 (0.030)	0.308
目的3：学习新东西	3.438 (0.047)	3.677 (0.026)	0.000
目的4：积累工作经验	3.793 (0.044)	3.974 (0.026)	0.000
综合维度	−0.124 (0.039)	0.092 (0.023)	0.000

注：括号中的数字为标准差；差异一列中的数字为来自F检验的p值。

第 3 节　兼职经历与自我效能感

一、贫困与非贫困大学生的自我效能感

近年来，劳动经济学开始越来越关注非认知能力（non-cognitive skills）对劳动力市场结果的影响（Bowles et al.，2001；James et al.，2006；Nyhus et al.，2005）。他们认为，除了我们经常讨论的人力资本，如教育、工作经验、能力等等，个人的“心理资本”（psychological capital）也是影响工作表现和收入的一个重要因素。其中经常被提及的非认知能力之一就是自我效能感。所谓自我效能感是指人们对自身能否利用所拥有的技能去完成某项工作行为的自信程度（Bandura，1994）。以往的众多研究证明，自我效能感较高的人通常会比自我效能感较低的人投入更多的资源（如工作时间更长、更努力）来达到更高的成就。此外，除了自我效能感对工作结果的影响，工作经验本身也可能造成个人自我效能感的变化。大学生在进入劳动力市场前的工作经历可以帮助他们熟悉工作环境，培养个人的责任感和好的工作态度，学习如何协调工作中的各种关系，而这些都有可能意味着个人自我效能感的提高。因此，我们也有兴趣探讨一下大学生的兼职经历与自我效能感的关系，并特别关注这一关系在贫困大学生和非贫困大学生中是否有所不同。

从表 9—11 和表 9—12 中可以看到，在第一期访问的时候，不管是否兼职，贫困大学生的自我效能感都要明显低于非贫困大学生。这可能与他们家庭背景较差，进入大学后对自身能力的自信程度较低有关。但是有意思的是有兼职经历的人（不管是不是贫困生）的自我效能感比没有兼职经历的人要更高一些，这既可能是自我效能感较高的人更容易去兼职，也有可能是因为兼职提高了个人的自我效能感。四组人中有兼职经历的非贫困生在第一期的自我效能感是最高的。但是到了第二期访问的时候，我们观察到了一些重要的变化。首先，对于兼职的贫困大学生来说，他们的自我效能感在第二期有显著提高，但是对于那些没有兼职的贫困大学生来说，他们的自我效能感反而下降了。非贫困大学生在第二期的自我效能感相对于第一期来说也有所变化，但总的来说幅度没有贫困大学生那么大。兼职之所以对非贫困大学生自我效能感的作用不大，很有可能是因为他们本身就具有了较高水平的自我效能感，因此兼职的边际效益并不明显。

表 9—11　　兼职经历与自我效能感（主观测量）

	贫困大学生		非贫困大学生	
	有兼职经历	无兼职经历	有兼职经历	无兼职经历
第一期自我效能感	0.068 (0.384)	−1.518 (0.637)	0.444 (0.251)	−0.388 (0.261)
第二期自我效能感	0.456 (0.404)	−2.164 (0.707)	0.032 (0.255)	−0.076 (0.273)

表 9—12　　兼职经历与自我效能感（客观测量）

	贫困大学生		非贫困大学生	
	有兼职经历	无兼职经历	有兼职经历	无兼职经历
第一期自我效能感	−0.248 (0.437)	−0.521 (0.674)	0.450 (0.240)	−0.652 (0.260)
第二期自我效能感	0.280 (0.454)	−1.514 (0.716)	0.111 (0.245)	−0.259 (0.275)

二、兼职经历可以提高贫困大学生的自我效能感

上面的分析告诉我们，在两期的调查中，自我效能感增长最多的是那些打工的贫困大学生。当然，这只是一个简单的组间均值比较，结果可能受很多其他因素的影响。所以我们进一步采用多元回归模型来估计在校贫困和兼职经历对第二期的自我效能感的影响，由于我们在回归中控制了第一期的自我效能感，实际上我们估计的是第二期的自我效能感相对于第一期的增长。这里我们以贫困的客观测量为例，具体结果报告在表 9—13 中。进一步加入了兼职经历和贫困的交互项。控制变量包括学校和专业的固定效应、第一期的成绩和自我效能感、男性、少数民族、来自城市、父亲是大学学历和父亲是白领阶层。

表 9—13　　在校贫困与兼职经历对自我效能感增长的影响（客观测量）

	模型（1）	模型（2）	模型（3）
兼职经历（是=1）	0.015	−0.281	−0.263
	(0.249)	(0.267)	(0.260)
客观贫困（是=1）	0.225	−0.926	−1.276
	(0.292)	(0.731)	(0.768)
兼职×客观贫困		1.611*	1.998**
		(0.819)	(0.835)
兼职目的			0.107
			(0.064)

续前表

	模型（1）	模型（2）	模型（3）
兼职×兼职目的			−0.143
			(0.091)
客观贫困×兼职目的			−0.595**
			(0.213)
兼职×客观贫困×兼职目的			0.765***
			(0.236)
样本量	1 712	1 712	1 709
R^2	0.385	0.386	0.390

注：所有模型均已控制学校和专业的固定效应；括号中的数字为调整学校整群效应的稳健标准误；*** $p<0.01$，** $p<0.05$，* $p<0.1$；其他的控制变量包括第一期的成绩和自我效能感、男性、少数民族、来自城市、父亲是大学学历和父亲是白领阶层。

模型（1）是基准模型，兼职经历和客观贫困的系数都不显著，说明是否兼职和是否贫困本身并不会导致自我效能感的增长有所不同。在模型（2）中，我们进一步加入了兼职和客观贫困的交互项，并发现该系数在 0.1 的水平上正向显著，说明只有那些兼职的贫困生自我效能感显著增长了，这与我们之前的描述性统计结果是相吻合的。此外，有人可能会提出疑问，兼职的目的性不同很可能对自我效能感增长的影响也不同。比方说，如果大学生兼职的目的是接触和了解社会、学习新东西、积累工作经验，那么兼职则更可能促进自我效能感的增长，因为这样的兼职本身就是以提高自身能力为导向的。但是如果大学生兼职的目的只是赚钱的话，那么这样的兼职对自我效能感的影响可能就比较有限。所以我们想进一步看兼职贫困生自我效能感的增长会不会随着兼职目的的不同而有所不同。模型（3）中我们使用了在第 2 节第四部分中生成的一个综合反映兼职目的的指标，数值越大代表越倾向于同意兼职是提高自身素质的手段，数值越小代表越倾向于同意兼职是赚钱的手段。我们发现，兼职、客观贫困与兼职目的三个变量的交互项是正向显著的，说明，如果兼职贫困大学生兼职的目的越倾向于提高自身素质，那么他们更能够从这些兼职经历中获利，提高自己的自我效能感。

第 4 节　在校贫困、兼职经历及劳动力市场后果

在前面的内容中，我们已经知道处于贫困的大学生更可能去校外兼职以解决自己的经济困难，而这种行为本身给他们带来的一个额外好处就是提高了他们的自我效能感。而更高的自我效能感往往被认为意味着在劳动力市场中有更优秀的表现。

那么很自然地，我们会想知道有过兼职经历的贫困大学生是不是在劳动力市场中表现得更好呢？在这一节中，我们将会分别从劳动力市场参与、工作地点选择以及工作收入三个方面来考察这一问题。

一、劳动力市场参与

在第三期的访问中，本章中所关注的2006级学生本科毕业，他们中63%的人选择进入劳动力市场工作，另外37%的人选择继续读研。图9—5和图9—6分主客观测量分别展示了是否贫困和是否有兼职经历对劳动力市场参与情况的影响。我们首先可以观察到的是，有兼职经历的人毕业后参加工作的比例更高。这很有可能是因为这群大学生中很多人在毕业前就做好了工作的打算，并有意识地通过兼职来锻炼自己的工作技能，积累工作经验。从另一方面来讲，也有可能是那群没有兼职经历的人本身学习成绩较好，因此更可能考上研究生。接着，我们再比较贫困大学生和非贫困大学生两组的差别。有趣的是，对于那些有过兼职经历的人来说，贫困大学生毕业后工作的比例比非贫困大学生低；而对于那些没有兼职经历的人来说，贫困大学生毕业后工作的比例却要比非贫困大学生高。以主观测量为例，在有兼职经历的人中，约71%的非贫困生会选择毕业后工作，而贫困生毕业后工作的比例为63%，但在没有兼职经历的人中却反过来了，约53%的非贫困生和62%的贫困生会

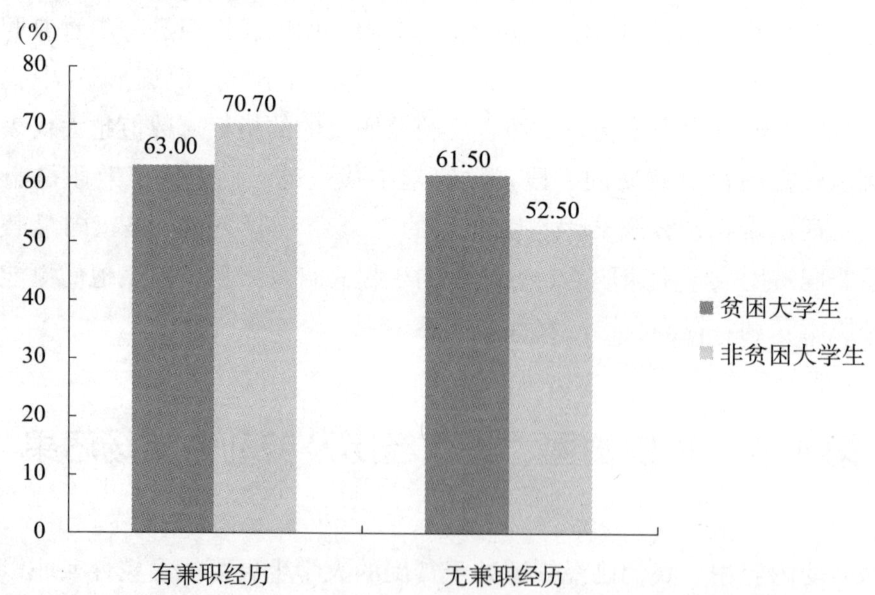

图9—5　贫困大学生和非贫困大学生毕业后参加工作的比例（主观测量）

选择毕业后工作。可能的解释是，如前面提到的，非贫困生兼职的目的主要是为了接触和了解社会、学习新东西及积累工作经验，从某种角度说明他们一开始想工作的愿望就比较明确。而对于贫困生来说，他们兼职主要是为了贴补自己的上学费用，因此兼职的人和不兼职的人在毕业去向上的差别并不是那么明显。

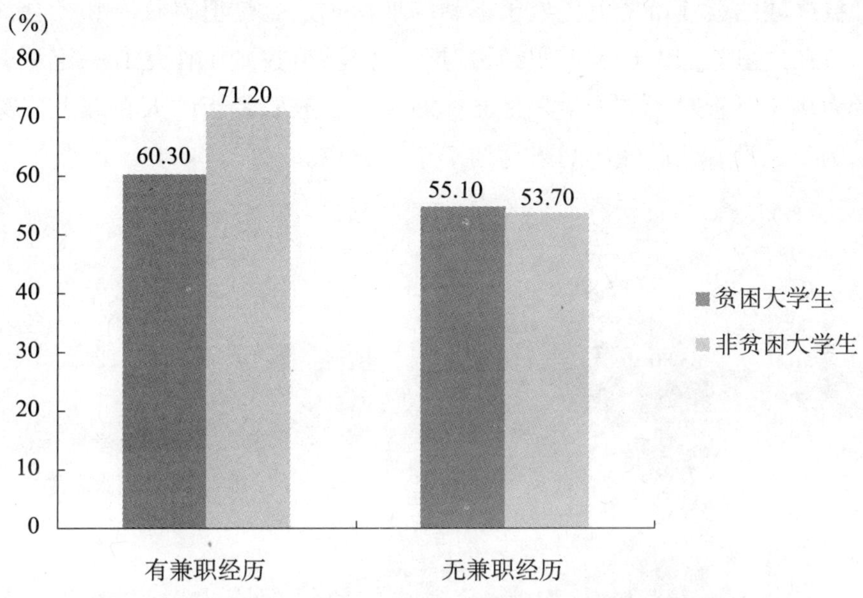

图 9—6　贫困大学生和非贫困大学生毕业后参加工作的比例（客观测量）

二、工作地点选择

由于中国地域发展不平衡，工作地点在很大程度上决定着不同的劳动力市场状况和不同的收入水平。这里，我们将 2006 级大学生工作的地点简单分成了两类：一类包括四个一线城市北京、上海、广州和深圳以及国外[①]，另一类则是国内的其他二三线城市。图 9—7 和图 9—8 分主客观测量分别展示了是否贫困和是否有兼职经历对工作地点选择的影响。一眼可以看出的差别是，贫困大学生在工作地点上有着明显的劣势。以主观测量为例，约八成的非贫困大学生工作地点为北上广深或国外，而贫困大学生中却有近四成的人不得不在国内其他二三线城市工作。这当然与非贫困大学生中北京本地学生更多、来自城市的更多有关系，另外也有可能是因为他们可以凭借更好的家庭背景、社会关系在大城市中找到工作。而贫困大学生毕业后即便想在大城市找工作，但由于高昂的房租、生活费用，也更可能成为城市中的

① 当然，由于大家都毕业于北京高校，大部分的人（约七成）毕业后都选择留在北京工作。

“蚁族”。在《蚁族：大学毕业生聚居村实录》一书中，作者廉思这样来描述大学生“蚁族”：“六个人挤在一间拥挤的宿舍、共同使用条件破烂的公厕、生活窘困、无法负担付费的休闲或娱乐、聚居在便宜但交通相对便利的廉价租屋区……”对于贫困家庭来说，支持子女完成大学教育已经让他们不堪重负，但他们的孩子大学毕业后，在日益严峻的就业市场上仍处于不利的地位。这也是值得政府和社会深思的问题。另外，在这里我们发现有兼职经历对于一线城市找到工作是有一定帮助的。以主观测量为例，不管对于贫困生还是非贫困生，有兼职经历的人在北上广深或国外工作的比例要比没有兼职经历的人高约 7 个百分点。

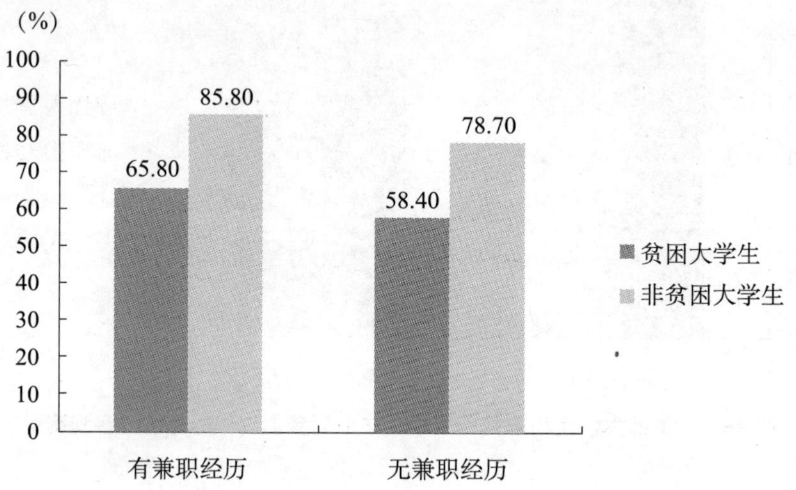

图 9—7　贫困大学生和非贫困大学生工作地点为北上广深/国外的比例（主观测量）

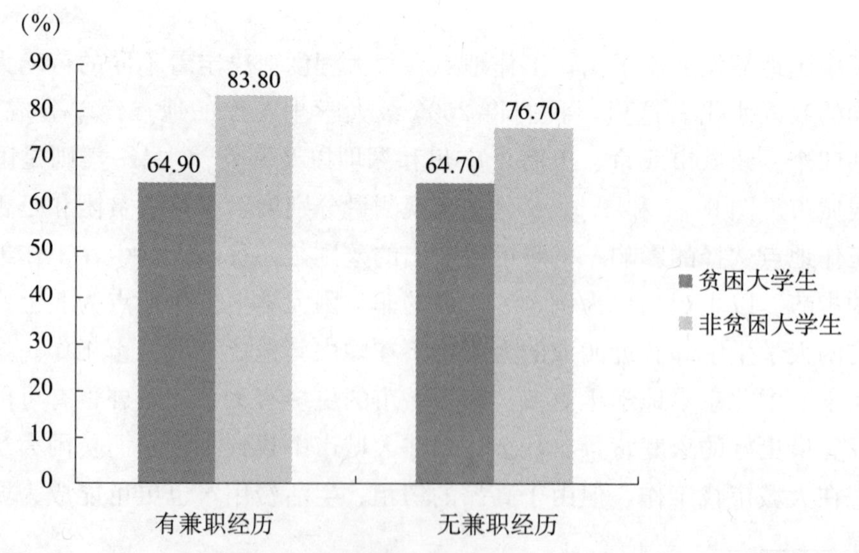

图 9—8　贫困大学生和非贫困大学生工作地点为北上广深/国外的比例（客观测量）

三、工作收入

最后，我们来关注一下评判劳动力市场表现的一个最重要的标准——工作收入。在报告了工作收入的 900 多人中，贫困（主观测量）大学生的月收入均值为 3 705元，非贫困大学生的收入均值为 3 426 元，有兼职经历的大学生的月收入均值为 3 617 元，没有兼职经历的大学生的月收入为 3 713 元。图 9—9 和图 9—10 分主客观测量分别展示了是否贫困和是否有兼职经历对收入均值的影响。我们发现，四组人中月收入均值最高的是那些没有兼职经历的非贫困大学生，不难想象，这群人的家庭背景也是最好的。四组人中月收入均值最低的是那些没有兼职经历的贫困大学生。另外更值得引起我们关注的是，虽然对于没有兼职经历的人来说，贫困学生的收入水平要显著差于非贫困学生，但是在同样有兼职经历的人里，贫困学生在收入水平上却没有劣势。这似乎证明兼职与否对于贫困大学生来说会显著影响他们的收入水平。

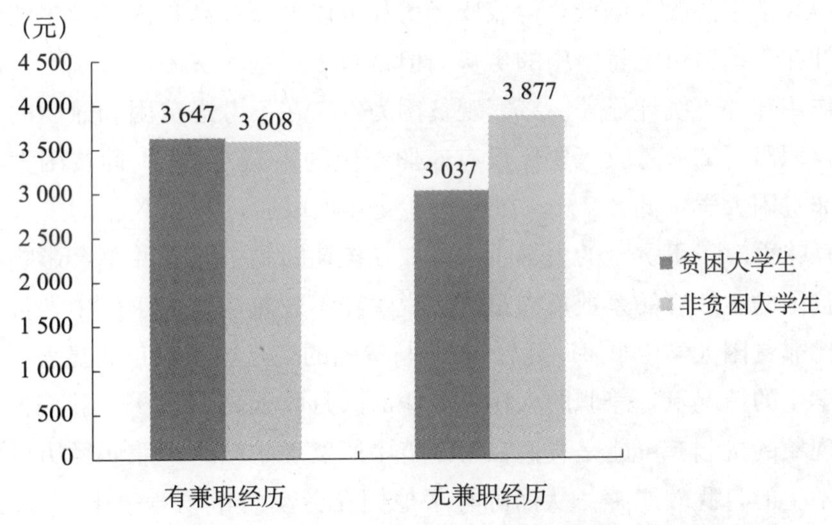

图 9—9　贫困大学生和非贫困大学生的平均月收入（主观测量）

当然，这只是一个最简单的组间均值比较，为了证明这一差异在控制了其他各种因素的情况下依然显著，我们对月收入对数进行了多元回归分析。具体结果报告在表 9—14 中。模型（1）、（2）中我们使用的是贫困的主观测量，模型（3）、（4）中我们使用的是贫困的客观测量，其中模型（1）和（3）是主效应模型，模型（2）和（4）进一步加入了兼职经历和贫困的交互项。控制变量包括学校和专业的固定效应，第一、二期的成绩和自我效能感，男性，少数民族，来自城市，父亲是大学学

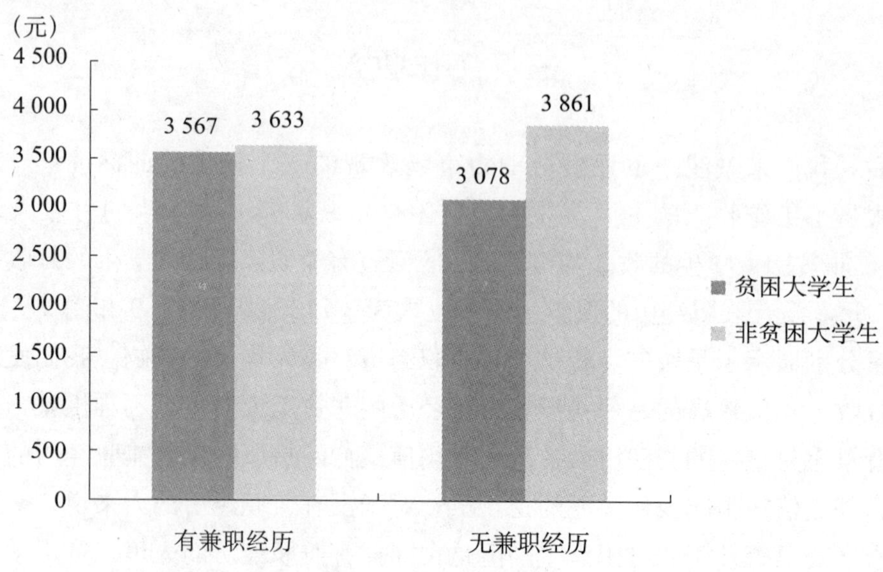

图 9—10　贫困大学生和非贫困大学生的平均月收入（客观测量）

历，父亲是白领阶层以及工作地点。回归分析显示出与前面发现一致的结论：在校贫困会使得大学生的收入偏低，但兼职经历却可以显著提高贫困大学生的收入，帮助他们弥补在劳动力市场竞争中的劣势。但是对于那些不贫困的大学生，兼职的收入的正向作用却并不统计显著。以客观贫困为例，在不考虑贫困和兼职的交互效应之前，有兼职经历的人月收入要比没有兼职经历的人高 6.2%，而贫困大学生的月收入要比非贫困大学生低 8.7%。在加入了交互项以后，兼职经历的主效应变得不显著了，意味着对于不贫困的大学生来说，在校期间是否兼职并不会影响他们的收入。客观贫困的主效应的系数负向显著，说明在不曾兼职的大学生中，贫困大学生的收入要比非贫困大学生低 21.2%。兼职与贫困的交互项系数正向显著，说明在同为贫困大学生的情况下，兼职的人比不兼职的人月收入高 17.1%。我们推测，造成这一有趣现象的机制有可能是我们在第 3 节中所发现的结论：兼职经历可以显著提高贫困大学生的自我效能感，从而弥补了他们在劳动力市场竞争中的劣势。当然，要确定这其中的因果关系我们还需要考虑到各种选择机制的问题和不可观测到的异质性的问题，进一步的研究可能需要用到更为复杂的模型和统计方法，在这里就点到即止。

表 9—14　　在校贫困与兼职经历对月收入的影响

	模型（1）	模型（2）	模型（3）	模型（4）
兼职经历（是=1）	0.058*	0.025	0.062**	0.031
	(0.032)	(0.027)	(0.026)	(0.026)

续前表

	模型（1）	模型（2）	模型（3）	模型（4）
主观贫困（是=1）	−0.045	−0.175*		
	(0.038)	(0.083)		
兼职×主观贫困		0.169**		
		(0.079)		
客观贫困（是=1）			−0.087**	−0.212**
			(0.040)	(0.083)
兼职×客观贫困				0.171**
				(0.077)
常数项	8.617***	8.635***	8.623***	8.643***
	(0.087)	(0.089)	(0.089)	(0.089)
样本量	844	844	840	840
R^2	0.284	0.288	0.289	0.293

注：所有模型均已控制学校和专业的固定效应；括号中的数字为调整学校整群效应的稳健标准误；*** $p<0.01$，** $p<0.05$，* $p<0.1$；其他的控制变量包括第一、二期的成绩和自我效能感，男性，少数民族，来自城市，父亲是大学学历，父亲是白领阶层和工作地点。

第 5 节　小结

在这一章中，我们关注了首都大学生的在校贫困状况及其对劳动力市场表现的影响，并着重突出了兼职经历在其中所扮演的重要作用。经过对 2006 级首都大学生三期追踪调查数据的分析，我们发现：

第一，大学生在校贫困问题严重。一个普通北京大学生一年的上学总费用为 14 200元，相当于当年人均 GDP 的近六成，城镇居民人均可支配收入的八成，农民人均纯收入的近三倍。

第二，经过测量，大学生的主观贫困率为 21%，客观贫困率为 19%。并且城乡、地域分割明显，来自农村或中西部的大学生贫困率要高得多。

第三，除了申请助学金、困难补助，兼职是贫困大学生解决自身经济困难的最重要的途径，近七成的贫困大学生会选择校外兼职，这一比例比非贫困大学生显著更高。

第四，贫困大学生兼职次数更多，且兼职的目的更倾向于赚钱贴补自己的上学费用，而非贫困大学生兼职则主要是为了接触和了解社会、学习新东西及积累工作经验。

第五，兼职经历可以显著地提高贫困大学生的自我效能感，并且如果他们兼职的目的越倾向于提高自身素质，那么他们更能够从这些兼职经历中获利，提高自己的自我效能感。

第六，贫困大学生在工作地点上有着明显的劣势，约八成的非贫困大学生工作地点为北上广深或国外，而贫困大学生中却有近四成的人不得不在国内其他二三线城市工作。但是有兼职经历的人在北上广深或国外工作的比例要比没有兼职经历的人高约 7 个百分点。

第七，在校贫困会使得大学生的收入偏低，但兼职经历却可以显著提高贫困大学生的收入，帮助他们弥补在劳动力市场竞争中的劣势。其中一个重要原因很可能是兼职经历显著提高了贫困大学生的自我效能感，从而帮助他们在工作中有更好的表现。

参考文献

Mare, R. D.. Social Background and School Continuation Decisions. *Journal of the American Statistical Association*, 1980, 75 (370): 295-305.

Zhou, X., Moen, P., Tuma, N. B.. *Educational Stratification in Urban China*: 1949-1994. Sociology of Education, 1998: 199-222.

Wu, X.. Economic Transition, School Expansion and Educational Inequality in China, 1990-2000. *Research in Social Stratification and Mobility*, 2010, 28 (1): 91-108.

Acemoglu, D., Pischke, J. S.. Changes in the Wage Structure, Family Income, and Children's Education. *European Economic Review*, 2001, 45 (4): 890-904.

Kuo, H. H. D., Hauser, R. M.. How does Size of Sibship Matter? Family Configuration and Family Effects on Educational Attainment. *Social Science Research*, 1997, 26 (1): 69-94.

Steelman, L. C., Powell, B., Werum, R., Carter, S.. Reconsidering the Effects of Sibling Configuration: Recent Advances and Challenges. *Annual Review of Sociology*, 2002, 28 (1): 243-269.

Li, H., Meng, L., Shi, X., Wu, B.. Poverty in China's Colleges and the Targeting of Financial Aid. *The China Quarterly*, 2013, 216: 920-923.

Bowles, S., Gintis, H., Osborne, M.. Incentive-enhancing Preferences: Personality, Behavior, and Earnings. *The American Economic Review*, 2001, 91 (2): 155-158.

James J. Heckman, Jora Stixrud, Sergio Urzua. The Effects of Cognitive and Noncognitive Abilities on Labor Market Outcomes and Social Behavior. *Journal of Labor Economics*. University of Chicago Press, 2006, 24 (3): 411-482.

Nyhus, E. K., Pons, E.. The Effects of Personality on Earnings. *Journal of Economic Psychology*, 2005, 26 (3): 363-384.

Bandura, A.. *Self-efficacy*. John Wiley & Sons, Inc., 1994.

第 10 章 大学生就业性别差异分析

第 1 节 引言

社会流动是指人们在社会结构中的关系和地位变化的现象，是个体或群体从一个阶级、阶层和职业向另外一个阶级、阶层和职业转变的过程，其反映社会结构的动态改变过程。教育是社会流动和社会分层的重要因素，尤其是高等教育，在技术更新、产业升级的背景下，已经成为进入国家政权系统或专业技术领域、实现社会经济地位转变的必要途径。可以说，在今天的中国，教育与劳动力市场的关系已经是密不可分。不同的教育层次使劳动力市场分成相应的领域，劳动力市场的用人标准也往往以学历制定。

鉴于教育与社会流动之间的关系如此紧密，高等教育对社会流动的影响机制一直以来都是教育学和社会学感兴趣的研究命题。尤其是在目前高等教育扩张、社会分化加剧的社会现实中，对教育改变命运的理解也更为复杂和多元。一方面，对不同群体的人，教育对其社会流动的影响存有差异；另一方面，教育作为人力资本信号，其对个人机遇的推动却依赖与外部因素（比如个人拥有的社会资本、宏观劳动力市场环境、就业制度以及来自劳动力需求方的区别对待等）的交织与契合，此时，高等教育不再是实现向上社会流动的充分条件。因此，在制度区隔多元化和个人资本异质化的双重背景下，研究高等教育对社会流动的作用机制应因人而异，应纳入更多因素，其中，社会资本和社会性别制度是两个非常重要的维度。

在分析大学生求职就业性别差异的既有实证研究中，视角往往更多地集中于大学生人力资本的性别差异方面。文东茅（2005）通过对 1998 年和 2003 年两次全国性高校毕业生调查数据的分析，总结出女大学生在学习成绩排名、英语学习水平以及毕业能否升学等诸多反映高等教育学业状况指标上均优于男大学生。岳昌君（2010）在其对高等教育与就业性别比较的实证研究中也揭示出大学生人力资本存量的性别差异，他认为女大学生相对于男大学生表现出“一好二少三低”的特点，这里的“一好”指的就是女大学生的学业表现要更好。这些研究基本都认为人力资本在大学生求职就业中的作用具有性别差异，较之男大学生，女大学生在人力资本存量上并不亚于男大学生。而针对在人力资本存量上具有优势的女大学生却没有在求职就业中相应地获得优势，学者一般将其归因于就业市场仍普遍存在的性别歧视。

人力资本存量上的差异显然并不足以完全解释求职就业上的差异，这是因为在人力资本存量差异之外，求职者显然还存在着社会资本存量上的差异，这种差异不容小觑。美国社会学家格兰诺维特（Granovetter）就曾经旗帜鲜明地提出：“个人的求职行为，一如其他经济行动，是深深‘嵌入’在社会关系网络之中的，而绝非经济学所假设的依赖于一个‘完全竞争的劳动力市场’来实现。”因此，有更多的学者开始探究大学生在求职就业中人力资本状况之外的社会资本状况，社会资本的视角也成为大学生求职就业研究中另外一个重要的视角。这些研究注重分析大学生求职就业中社会资本的影响因素以及社会资本的作用机制（钟云华、应若平，2006；马帅旭，2011）。

社会资本是个人通过他们的成员身份在网络中或更广泛的社会结构中获取稀缺资源的能力（Portes，1998）。毋庸置疑，社会资本无论对教育机会，还是对个人社会流动，都非常重要（Bian，1997）。个人将社会资本用于社会流动的过程，但社会资本对男性和女性获得社会流动的支持途径与作用程度存有差异，从而影响着个人社会经济地位获得的性别差异。那么，不同类型的社会资本对男女大学生就业的影响模式及程度存在何种差别？目前已有的研究成果缺乏对大学生就业社会资本性别差异的比较研究，且更多侧重于理论分析，缺乏科学的实证分析。本章将探讨社会资本对大学生就业影响的性别差异及其原因。

第2节　研究方法和基本情况

一、研究方法

本章主要使用2008级学生数据完成。从求职就业的概况、结果等诸方面对社会资本对就业作用机制的性别差异进行研究，呈现当前大学生在求职就业的概率、类别中的性别差异。由于近年来对大学生求职就业人力资本的性别差异已有相当多的关注，本章的分析重点放在了大学生求职就业社会资本的性别差异这一方面，这样的研究将有助于我们对大学生求职就业中的性别差异及其机制有一个更为全面充分的认识。

本研究中，将社会资本分为先赋性社会资本和后致性社会资本，并界定为以下六个变量，其中父亲受教育程度、母亲受教育程度、家庭社会地位、家庭年收入这四个变量用来度量先赋性社会资本，实习情况和担任学生干部的情况这两个变量用来度量后致性社会资本。先赋性社会资本是个人社会关系网络中先天具有的，非个人后天成就的，主要由其出生的家庭，也就是父母所决定。在现今社会条件下，父母的受教育水平、家庭社会地位以及家庭经济地位直接决定了父母的社会经济地位，受教育程度越高，或者工作环境和条件越好的父母其社会经济地位也越高，越能够为子女提供良好的学习和就业环境，在子女就业过程中产生直接或间接的影响。而与先赋性社会资本相对应的后致性社会资本，则主要由个人后天努力获得，在研究大学生求职过程中，我们用大学生在大学生活中的个人表现来度量，具体来说分为以下两个变量，即在学校学习过程中是否有实习经验、是否为学生干部。作为当代大学生，个人能力的高低不仅仅指学习成绩的高低，沟通交往以及实践能力的高低也是重要的度量指标。在大学生求职申请过程中，大部分单位在筛选求职者简历以及检验求职者能力的过程中，往往会看重那些拥有良好的实习经验以及担任过学生干部的学生。

二、基本情况

表 10—1 的统计数据显示，受访的男女大学生由于生源地、班级排名和学校类型的不同在人力资本特征等方面均表现出一定的差异。生源地为北京的女大学生所占比重为 33％明显高于男大学生的 23％。男大学生的平均班级排名更为靠前。男生就读于 211 高校的比例为 70％，远高于女生的 59％。从这些差异中，我们可以推断，同样是在北京受高等教育，更多的北京女生倾向于在本地就学，男生离开北京的意向相对高于女性，这往往体现了女性相对保守的个性。同时北京对于北京生源来说，其社会资本的持有量往往多于外地对于北京生源或者北京对于外地生源，这也就造成了男女在社会资本持有量之间的差异。另外，男性就读于 211 高校的比例远高于女性，相对来说，男性的高等教育的质量要高于女性，这也往往会影响就业情况，会形成男女大学生就业机会和结果的差异。

从表 10—1 的统计结果来看，受访的男女大学生在社会资本的拥有情况上存在一定差异。女性大学生其父母的受教育程度为大专及以上的比例分别为 54%和 45%，明显高于男性的 45%和 38%（$p<0.01$）。这说明，子女同为大学教育的情况下，女性父母的受教育程度要高于男性。从家庭地位上来看，女大学生的家庭社会地位和家庭经济地位较好的比例分别是 75%和 68%，明显高于男性 66%和 57%（$p<0.01$），这在一定程度上说明了，同样作为大学教育水平的人，女性的家庭地位要高于男性。也就表明，女性需要比男性拥有更雄厚的先赋性社会资本，才能够进入大学接受教育，这在一定程度上可以预见男女大学生在就业过程中先赋性社会资本也同样起着直接或间接的影响，后文将再进行深入探讨。从后致性社会资本来看，女性拥有实习经历的比例为 72%，远高于男性的 52%（$p<0.01$），而双方担任过学生干部的比例分别为 46%和 45%，没有明显差异。由此可见，女性会将更多的精力放在社会实践上。具体数据如表 10—1 所示。

表 10—1　分性别大学生基本个人特征与社会资本特征描述

		全体		男		女	
		均值/比重	标准差	均值/比重	标准差	均值/比重	标准差
生源地	北京生源	0.28	0.45	0.23	0.01	0.33	0.01
	非北京生源	0.72	0.45	0.77	0.01	0.67	0.01
班级排名		0.40	0.01	0.45	0.01	0.35	0.01
学校类型	211 学校	0.65	0.48	0.70	0.01	0.59	0.02
	非 211 学校	0.35	0.48	0.30	0.01	0.41	0.02
父亲受教育程度	大专及以上	0.49	0.50	0.45	0.01	0.54	0.02
	大专以下	0.51	0.50	0.55	0.01	0.46	0.02
母亲受教育程度	大专及以上	0.42	0.49	0.38	0.01	0.45	0.02
	大专以下	0.58	0.49	0.62	0.01	0.55	0.02
家庭社会地位	较好	0.70	0.46	0.66	0.01	0.75	0.01
	较差	0.30	0.46	0.34	0.01	0.25	0.01
家庭经济地位	较好	0.63	0.48	0.57	0.01	0.68	0.01
	较差	0.37	0.48	0.43	0.01	0.32	0.01
实习经历	是	0.61	0.49	0.52	0.01	0.72	0.01
	否	0.39	0.49	0.48	0.01	0.28	0.01
学生干部经历	是	0.46	0.50	0.45	0.01	0.46	0.02
	否	0.54	0.50	0.55	0.01	0.54	0.02
总体样本		2 240		1 177		1 063	

第 3 节　男女大学生就业状况总体描述

近年来，由于诸多原因，特别是 2008 年以来金融危机的影响，我国的就业形势十分严峻，就业市场持续处于供大于求的整体态势。对于现实生活中处于劣势的女性群体而言，获得同男性平等的就业机会和条件显得尤为重要。在各大招聘会上，我们不难发现一些就业岗位对男生的青睐，有些甚至在招聘简章中注明招聘男生的具体要求，也有些用人单位在录用的过程中采取有侧重的性别选择。但事实上，另一方面，我们也看到越来越多的女性接受高等教育，并且无论在学业表现还是社会实践中，都有积极上进的表现。那么当前社会经济背景下，男女大学生在就业机会、就业质量上的差异究竟如何，就是非常值得研究的问题。本研究将从就业率、单位类型、求职成功率、就业途径和工作对口程度五个方面来描述2012年北京市男女大学生就业状况。

一、目前男女就业率差异不大，男性的就业率略高

本次调查中，我们调查了2008级应届毕业生2012年6月时的就业状况。总体来看，回答本人于2012年6月时已签署就业协议的学生比例为42%，其中男性已签署就业协议的比例为44%，略高于女性的42%（见图10—1)，二者之间的差异并不明显，但男性还是相对更乐观。当今社会经济背景下，女性在劳动力市场上的竞争力，并非人们想象中那样弱势，相反，女性有能力、有资本与男性竞争。

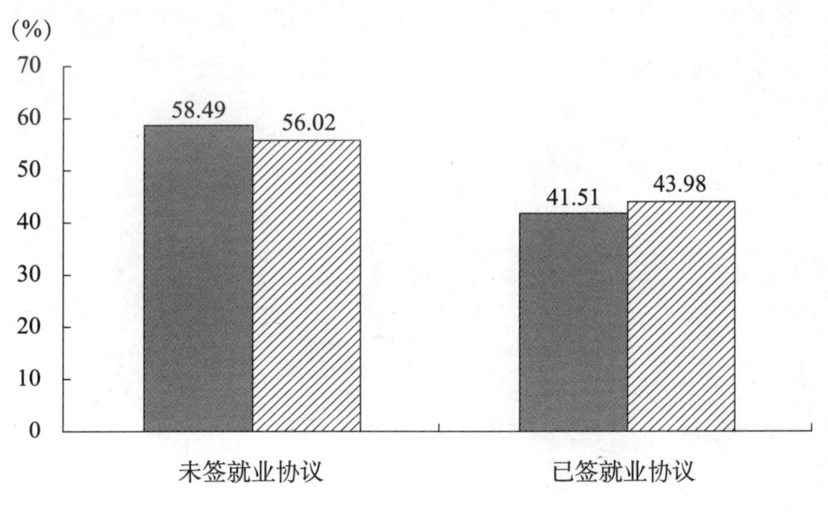

图10—1　男女大学生就业率差异

从表10—1中，我们可以看到，女性拥有实习经历的比例远高于男性。社会实践能丰富职业认知，有利于培养职场思维，锻炼工作能力；在实习过程中，个人还

能获得社会和他人对自我的反馈，有利于提高自我认识。女性拥有更多的社会实习经历，一方面反映出女性对就业拥有更积极的态度、做了更充分的准备；另一方面，也可能说明女性更担忧自身的就业前景，需要做出更多的努力来实现就业目标。

二、工资福利待遇好的单位偏爱男性大学生

工资福利待遇是判断就业结果优劣的重要因素。从就业单位类型来看，不同的单位其工资福利待遇存在着显著的差异。就我国目前普遍情况来看，央企及国企，其工作相对稳定，工资福利待遇也较好；党政机关工作稳定，但工资水平在所有单位中并不占优势；境外企业如外资、港澳台资企业和合资企业以及民营企业，工资水平在一定程度上占有优势，但是其工作的稳定性、工作环境、劳动强度，以及其他福利待遇均不如党政机关、央企和国企。

从数据分析结果可以看出，男女大学生求职结果存在着显著的性别差异。图10—2所体现的男女大学生就业单位类型比例表明，在已经确定工作的应届毕业生中，男大学生进入央企以及其他国企这类福利待遇较高、工作更为稳定的单位的比例为20.53%和23.46%，均要明显高于女大学生的11.97%和17.55%。从职业类型上来看，女大学生聚集于一般办事员、新闻文艺和体育工作者及教学人员等职业类型，而男大学生选择研究/开发人员、技术工人、企业经营管理人员、市场营销

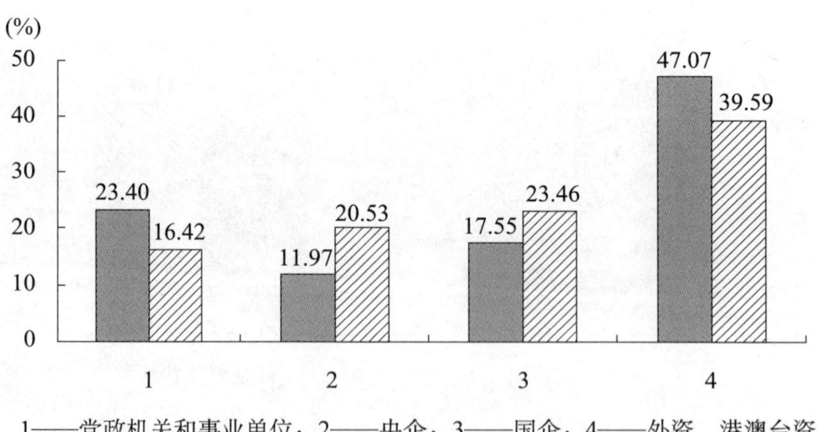

1——党政机关和事业单位；2——央企；3——国企；4——外资、港澳台资、合资和民营企业

■女 ▨男

图10—2 分性别大学生就业单位类型比较

人员或者专业技术人员等技术、管理类岗位的比例则相对较高。由此可见，虽然女大学生在就业率上与男性并无明显差异，但是在求职结果的优劣上，却存在着明显的差别。男性大学生比女性大学生进入工资福利待遇较高、工作更稳定的单位的概率更大。因此，女性在劳动力市场中，仍然处于弱势地位，值得进一步关注。

三、女性在求职过程中更依赖社会资本，而男性通过公共渠道就职的比例更高

本章所定义的大学生在求职就业中的社会资本不但包含先赋性社会资本，也包含后致性社会资本。先赋性社会资本主要来源于血缘、遗传等先天性因素，其与自身亲属规模密切相关，存量不易改变；后致性社会资本更多依赖于自身努力以及各种类型的投资等后天性因素，这与自身非亲属规模关系密切，而其存量也可随自身社会网络的扩张而增加。值得一提的是，较之西方社会，社会资本在中国社会中的内容和形式显得更为复杂，地位和意义也更为重要。特别是在制度场的构建尚不完善，差序格局依旧发挥支配作用的当今社会，在求职就业中，社会资本的开发和利用也就发挥着重要的作用，大学生更不例外。大学生在求职就业中，社会资本的运用上存在显著的性别差异。比起男大学生，女大学生在求职就业中运用社会资本频度更高，男大学生通过正式渠道获得就业机会的比例远高于女大学生，而女大学生更有可能动用自身的社会资本，依赖社会人情网络这种非正式求职渠道的作用更为突出，一些正式求职渠道的作用反倒被削弱。

相应地，我们将求职渠道分为两类，第一类是利用“公共信息”就业，“公共信息”途径包括“面向毕业生的专场招聘会”、“面向整个社会的人才市场”、“本校或外校的公共就业信息”、“市场和社会上的求职招聘广告”、“报纸上的招聘信息”等；第二类是利用“社会资本”就业，“社会资本”途径包括“家人、师长或朋友的私人推荐”、“学校或政府的安排和介绍”。应该说，公共信息不存在排他状况。

我们通过分性别分析大学生获得现有工作采用不同渠道的差异能对这个问题有更深刻的认识。在图 10—3 中，我们可以看到男大学生使用“公共信息”获取工作机会的比例为 75.90%，高于女大学生的 72.19%，而女大学生就业支持渠道相对局限于“社会资本”。这就反映出在求职就业市场上，女大学生更倾向于借助非正式手段获得相关职位，从而减小求职的难度和阻力。

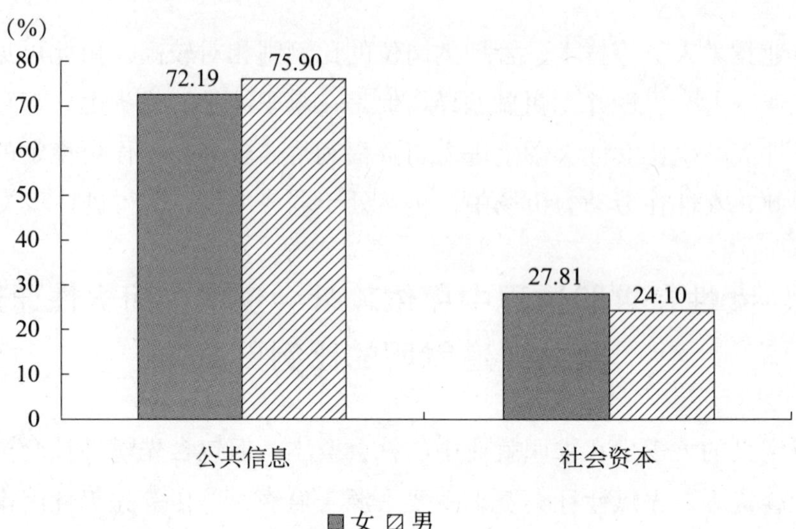

图 10—3　分性别大学生就业社会资本使用渠道比较

四、男性毕业生的求职效果更理想

目前，大学毕业生的就业途径是在市场化竞争中，通过自我推荐，由市场决定的一个用人单位和求职者双向选择的过程。在当今社会经济背景下，求职简历是求职的敲门砖，向用人单位投递个人求职简历，是求职的第一步。每个求职者在求职的最终只能去一个就业单位，但在求职的过程中往往要通过投递多份简历，多次寻找就业机会。

本次调查中，我们对 2008 级的应届毕业生简历投递情况和获得的就业机会进行了分析，结果显示，女性毕业生的求职过程更艰辛。从表 10—2 中，我们可以看到，女性毕业生平均投递简历的份数为 39.84 份，明显高于男性的 25.06 份（$p<0.01$）。而男女大学生平均获得的就业机会分别为 2.77 个和 2.98 个，并无明显差异。但值得注意的是，如果换算成求职成功率（获得的就业机会/投简历份数），女性的求职成功率为 0.075，比男性大学生要低近 4 个百分点。由此可见，要想获得相同的就业机会，女性大学生需要更多地投递简历，付出更多的成本。

表 10—2　分性别大学生求职成功率比较

	全体		男		女	
	均值	标准差	均值	标准差	均值	标准差
投简历份数	32.58	2.66	25.06	2.46	39.84	4.64
获得的就业机会	2.88	0.14	2.77	0.18	2.98	0.21
成功率 （获得的就业机会/投简历份数）	0.088	—	0.111	—	0.075	—

五、女性毕业生就业对口程度低于男性

“招人难与求职难”、“相看两生厌”，是当下很多用人单位和高校毕业生对就业实际状况的描述。由于金融危机，市场饱和度过大，大学生在择业方面无法按照意愿选择自己满意的工作，往往是屈就于与自己专业不相关，或者自己不喜欢的工作当中，这样就出现了大学生就业结果中的不对口现象。就业不对口意味着就业者的人力资本难以转换为劳动力，也难以获得正常的人力资本回报。

本次调查显示，全体毕业生就业对口程度不到 60%，就业对口程度较低。男性毕业生就业对口程度为 53.98%，高于女性毕业生的 51.41%（见图 10—4）。由此可见，相对于女性来说，男性毕业生的就业对口程度优于女性，男性毕业生的人力资本能够得到更好的应用，其人力资源回报情况也将同样优于女性。按照这样的就业模式，女性自身就业满意程度低，影响其工作效率，同样也造成女性人力资本的不合理使用，对女性的职业晋升、薪资福利待遇水平均存在深远的影响，长此以往，女性的社会经济地位也难以得到有效提升。

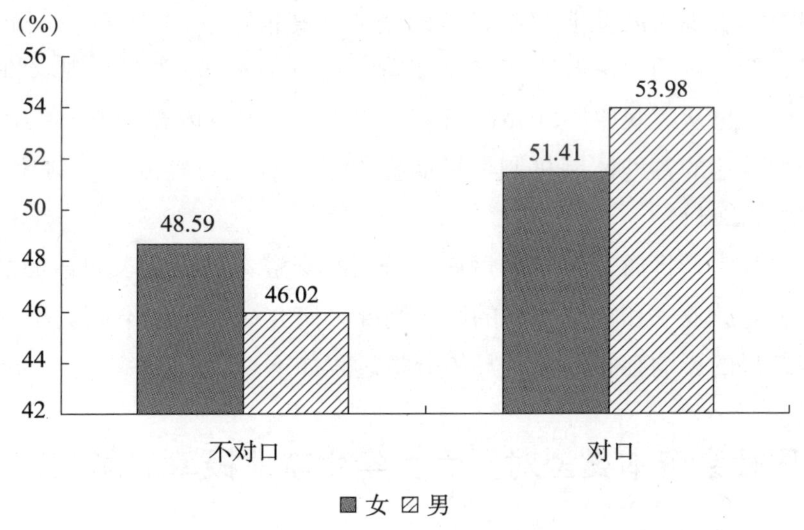

图 10—4　分性别大学生就业对口程度比较

第 4 节　社会资本对大学生就业作用的性别差异

虽然学界对高等教育与社会流动的关系并未完全取得共识，但是学者们也都基

本认同高等教育是影响个体社会流动的主要因素和重要途径（胡振京，2009；李森、王岩，2010）。即便是在新世纪以来，高等教育逐渐步入大众化阶段，其与个体社会流动的关系趋于松散化的今天，高等教育作为一种相对重要的地位获得机制和相对公平的社会竞争机制，在个体社会流动中仍然扮演着不可替代的角色（向冠春、刘娜，2011）。高等教育对个体社会流动的影响主要还是通过其对个体“起点”社会流动的作用机制充分体现出来（胡振京，2009）。这里，我们定义的“起点”社会流动实际上是指个体代内流动的“起点”，是一个人一生中社会地位升降的“起点”。在现代社会，通常也就是个体完成学校教育，通过就业进入职场而发生的社会流动。换言之，从对大学生就业的研究中就能一窥高等教育对个体社会流动的影响。甚至可以认为，高等教育对大学生就业这种“起点”社会流动的影响要远剧烈于其他的个体代内流动，对其进行研究也更有代表性。

在对大学生就业所进行的诸多研究中，求职就业过程中的性别差异又成为学者的关注热点。相关研究认为当前女大学生就业困难问题在我国已经呈现显性化的发展趋势，已经成为长期存在且有增无减的严峻现实（戴明清、王克黎，2002；石春燕，2005；蔡昌森，2007）。有学者甚至总结出，相对于男大学生，女大学生在求职就业中更突出表现为高就业成本、高期望值、高依赖性的“三高”和低就业率、低就业质量、低收入的“三低”特点（胡莹、商虹，2009）。在对现状进行总结的同时，不少学者也从客观原因（外在因素）和主观原因（内在因素）等方面剖析了妨碍女大学生就业的各种体制机制，进而提出了具有针对性的解决方案（黄海群，2008；朱以财，2011）。

在本次研究中，将通过 Probit 回归，分析社会资本对男女求职结果中两个有代表性的指标——就业率和单位类型的影响情况，研究结果显示不同类型的社会资本对男女求职结果的影响存在差异。具体分析过程如下。

一、不同社会资本类型对男女大学生就业概率的影响存有差异

男女大学生在就业时对社会资本的依赖程度之所以存在差异，一方面可能是由于女大学生受到性别歧视等的心理暗示，在求职的心理认知上不具备男大学生的心理优势，更倾向于通过自身所具备的社会资本来获得就业岗位。而另一方面，也可能是由于女大学生相对于男大学生在社会资本存量及结构上存有差异。那么，先赋性社会资本和后致性社会资本在对男女大学生就业的影响作用上究竟存在何种差别？

为能进一步度量社会资本对男女大学生就业的影响是否存在显著差异，我们首

先建立就业概率（是否找到工作）和就业质量（是否进央企就业）两个影响因素模型；并在模型中进一步纳入了性别与各社会资本变量的交互项，而后分别针对不同性别的大学生建立相关模型。

因变量中，男女大学生就业概率为二分类变量，0 代表“未签署就业协议”，1 代表“已签署就业协议”；大学生就业质量也为二分类变量，0 代表“未能进央企就业”，1 代表“进央企就业”。自变量中，性别为二分类变量，0 代表“女性”，1 代表“男性”；生源地为二分类变量，0 表示“非北京市生源”，1 代表“北京市生源”；学校类型为二分类变量，0 表示“非 211 院校”，1 表示“211 院校”。班级排名则为连续变量。对于先赋性社会资本，本章选用的衡量指标为父母的受教育程度、家庭社会地位和家庭经济地位。父亲受教育程度为二分类变量，0 代表“受教育程度大学及以下”，1 代表“受教育程度大学及以上（含大专)”；母亲受教育程度为二分类变量，0 代表“受教育程度大学及以下”，1 代表“受教育程度大学及以上（含大专)”；家庭社会地位为二分类变量，0 代表“家庭社会地位较差”，1 代表“家庭社会地位较好”；家庭经济地位为二分类变量，0 代表“家庭经济地位较差”，1 代表“家庭经济地位较好”。一个人的职业、收入以及其受教育程度对其所处社会分层与社会网络有着极为重要的影响，而父母的受教育程度和单位类型，很大程度上决定着家庭社会经济地位，代表着子女先赋性社会资本存量的水平。对于后致性社会资本，本章选用的衡量指标为是否有实习经历和是否有学生干部经历。模型中，实习经历为二分类变量，0 代表“没有实习经验”，1 代表“有实习经验”；学生干部经历为二分类变量，0 代表“没担任过学生干部”，1 代表“担任过学生干部”。后致性社会资本不但指个人建立、积累及拓展社会网络资源的能力，还包括动用有关社会资本的能力。

如表 10—3 所示，大学生是否为北京生源、学校类型以及学业成绩对其是否能找到工作产生显著影响。总体上来看，控制其他条件不变，如果一个学生是北京生源，其在 6 月份签订就业协议的概率比非京籍生源要高出 13%；而如果一个学生来自 211 院校，其签订就业协议的概率比其他院校的学生要高出 7.9%；同样，班级排名也能非常显著地影响学生就业概率。

就社会资本对就业的影响来看，总体上，先赋性社会资本对学生就业的影响较弱，而女生自我获得的社会资本发挥着较明显的作用。如，学生干部经历有利于提升学生就业概率，在校期间当过学生干部的，其找到工作的概率比其他学生要高出 10.3%。

就社会资本对男女大学生就业概率的影响差别来看，可发现，家庭背景等先赋性社会资本对女性大学生就业的影响要明显大于男性大学生，以父亲受教育程度为例，父亲受过大学及以上的教育，能显著提高女性大学生找到工作的概率，并且比男性要多提高 16.8 个百分点。一般而言，父亲受教育程度越高，意味着学生家庭所拥有的社会关系网络以及信息资源也会相对丰富，在劳动力需方存有性别偏好的情况下，一个家庭具有更高的先赋性社会资本，将对女性大学生就业起到更大的促进或保护作用。

而后致性社会资本则对男性大学生的就业发挥更大的作用，以实习经历为例，有实习经历能显著提高男性大学生找到工作的概率，并且要比女性高出 13.2 个百分点。实习经历能够在一定程度上代表大学生的社会实践能力，这种社会实践能力是企业所看重的，作为当代大学生，拥有更高的后致性社会资本对男性大学生就业起到更大的促进作用。但当就业市场存有性别偏好，女性即使获得更多的后致性社会资本，也难以获得就业单位的认可。

分性别的就业概率回归模型（表 10—3 中模型二和模型三）也支持了上述论断。在控制其他条件不变的情况下，从生源地来看，北京生源的女大学生，比非京生源的女大学生在 6 月份签订就业协议的概率高 17.3%。从班级排名来看，排名越靠前，男性的就业率越高。从学校类型上来看，211 院校的男性大学生，签订就业协议的概率比非 211 院校的学生高 9.81%。

从社会资本因素来看，先赋性资本对女性大学生就业产生显著影响，父亲接受过大学及以上教育的话，女性大学生就业的概率会提高 14.1%，而对男性大学生就业则无此明显作用。后致性社会资本则对男女大学生就业概率都有显著影响。具有实习经历的男性大学生，比没有实习经历的找到工作的概率要高 14.1%。担任过学生干部的女性大学生，比没有担任过学生干部的签订就业协议的概率要高 10.1%。

可见，先赋性社会资本对女性大学生就业的作用更大，而后致性社会资本对男性大学生的作用更大。由此可见，在目前就业市场中，女性更多地要借助先赋性社会资本的力量，来促进自己的就业，可能是因为就业市场上存有性别偏好时，女性大学生仅靠自身难以跨越市场壁垒，在就业市场上需要通过家庭背景等因素来提高自己的就业机会，以期获得与男性同等的就业水平。

表 10—3　　社会资本对大学生就业概率的影响的性别差异 Probit 回归结果

自变量	模型一		模型二（男）		模型三（女）	
	DF/dx	std. err	DF/dx	std. err	DF/dx	std. err
性别	0.030 3	(0.080 1)				
生源地	0.130***	(0.037 9)	0.076 8	(0.056 3)	0.173***	(0.051 2)

续前表

自变量	模型一		模型二（男）		模型三（女）	
	DF/dx	std. err	DF/dx	std. err	DF/dx	std. err
班级排名	0.171**	(0.070 3)	0.205**	(0.096 0)	0.139	(0.104)
211 院校	0.079 5**	(0.036 4)	0.098 1*	(0.051 2)	0.059 5	(0.052 0)
父亲受大学教育	0.028 7	(0.057 6)	0.034 3	(0.057 7)	0.141**	(0.059 1)
母亲受大学教育	0.064 8	(0.058 0)	−0.026 6	(0.063 9)	0.060 9	(0.057 9)
家庭社会地位	−0.017 9	(0.050 0)	0.009 40	(0.047 2)	−0.017 9	(0.050 0)
实习	0.006 27	(0.053 9)	0.141***	(0.045 8)	0.004 18	(0.053 8)
学生干部	0.103**	(0.042 6)	0.065 9	(0.044 4)	0.101**	(0.042 8)
父亲受大学教育×性别	−0.168**	(0.074 9)				
母亲受大学教育×性别	−0.095 4	(0.081 2)				
家庭社会地位×性别	0.028 1	(0.069 0)				
实习×性别	0.132*	(0.072 0)				
学生干部×性别	−0.039 5	(0.060 4)				
样本	1 114		539		575	
Pseudo R^2	0.048		0.055		0.045	

注：*** $p<0.01$，** $p<0.05$，* $p<0.1$。

二、不同社会资本类型对男女大学生就业单位的影响存有差异

与计划经济时期相比，不同性质的单位对劳动者福利、待遇的影响在减弱，但是，国有企业，尤其是“央企”一方面处于垄断地位，收入较高，福利优越，另一方面在人事上参照政府部门、事业单位等，更有可能解决“户口”问题，往往被视为最优的工作选择。而其他外资或民营企业，虽然工资水平高，但是工作劳累、强度大，且稳定性不高。因此，此部分将就业单位分成央企和非央企。在之前对男女就业结果的分析中我们发现，央企更倾向于招收男性大学毕业生，而其他单位则招收女性毕业生居多。为此，我们通过 Probit 回归，分析不同类型社会资本对男女大学生能否进央企工作的影响差异。

从表 10—4 我们可以看到，社会资本因素对大学生就业单位类型存在显著影响。有学生干部经历的大学生比没有当过学生干部的大学生，能进入央企工作的概率要高 13.5%。

不同类型社会资本在男女大学生就业单位类型的选择上发挥着不一样的作用。从男女就业单位类型的差别来看，社会资本因素也存在显著影响，尤其是后致性社会资本，例如学生干部经历。担任过学生干部能显著缩小男女大学生进入央企工作

概率的性别差异，与没有学生干部经历的人相比，担任过学生干部的女性大学生与男性大学生在进入央企工作的概率上将显著缩小 11.5%。

分性别的就业概率回归模型（见表 10—3 中模型二和模型三）也支持了上述论断。在控制其他变量不变的情况下，后致性社会资本更能促进女性找到优质的就业单位。例如，拥有学生干部经历的女性大学生，比没有学生干部经历的女性大学生进入央企的概率要高出 10.3%。这说明，对女性就业者来说，学生干部经历是央企这类工资福利待遇高、工作稳定的企业所看重的重要因素。相反，从央企进入门槛来看，男性却并没有明显的学生干部经历限制。

表 10—4　　分性别社会资本对大学生是否能进央企工作的 Probit 回归结果

自变量	模型一		模型二（男）		模型三（女）	
	DF/dx	std. err	DF/dx	std. err	DF/dx	std. err
性别	0.112	(0.078 2)				
生源地	−0.000 850	(0.034 2)	0.022 9	(0.057 1)	−0.023 1	(0.040 7)
班级排名	0.044 4	(0.064 7)	0.097 5	(0.100)	−0.009 51	(0.085 1)
211 院校	−0.006 47	(0.034 3)	0.039 5	(0.054 7)	−0.047 4	(0.041 0)
父亲受大学教育	−0.010 8	(0.056 2)	0.083 9	(0.072 8)	−0.011 2	(0.046 4)
母亲受大学教育	0.053 9	(0.061 3)	−0.021 3	(0.065 5)	0.052 9	(0.051 0)
家庭社会地位	0.010 5	(0.047 4)	−0.026 6	(0.049 4)	0.007 04	(0.038 8)
实习	−0.076 6	(0.058 2)	0.000 785	(0.051 2)	−0.060 8	(0.050 3)
学生干部	0.135***	(0.041 9)	−0.005 97	(0.044 9)	0.103***	(0.034 8)
父亲受大学教育×性别	0.088 9	(0.099 7)				
母亲受大学教育×性别	−0.058 1	(0.061 5)				
家庭社会地位×性别	−0.030 9	(0.058 7)				
实习×性别	0.067 9	(0.070 8)				
学生干部×性别	−0.115***	(0.037 8)				
样本	685		321		364	
Pseudo R^2	0.038*		0.012**		0.052*	

注：*** $p<0.01$，** $p<0.05$，* $p<0.1$。

第 5 节　小结

人力资本存量和社会资本存量水平的高低正是大学生求职就业的竞争力所在。其中，社会资本存量及使用程度正是我们对大学生求职就业差异进行探究的切入点。大学生群体虽然在人力资本存量方面存在着一定的差异，但相较于就业市场中的其他人口队列，他们的人力资本存量水平非常相近。因此，对于大学生这样一个人力资本存量水平非常相近的群体[①]而言，社会资本存量水平高低以及其开发利用在大学生的求职就业中发挥着相当重要的作用。

本章的研究发现，其实无论是社会资本的存量还是其作用，社会资本的作用、影响是先赋性的还是后致性的，社会资本在女性大学生就业过程中发挥的作用并不弱于男性，甚至发挥着更大的作用。但是女性大学生在就业过程中需要付出更多的成本和精力，其就业机会要逊于男性，就业质量要低于男性大学生。那么，为什么社会资本存量上这种的“女不弱于男”却换来求职就业之中的“男远胜于女”?

问题的答案就在于女大学生对潜在社会资本的使用渠道和效益不如男大学生。这其中存在的主观原因当然是不能忽视的一个方面，但更为关键的是社会并没有为女大学生在求职就业中有效使用社会资本创造外部环境。社会为大学生就业提供的公共社会资本渠道主要是提供信息来源、促进供需双方实现匹配。在劳动力市场上处于弱势地位的女大学生却难以通过公共渠道方式实现就业，只能诉诸私人社会资本，通过个人额外的努力获得相应的机会。这说明公共社会资本（例如招聘会、学校政府组织的招聘等）并未能在传递信息、调节供需的同时，纠正来自雇主的性别区别对待，女大学生在求职就业中也难以受益，而逐渐形成了对私人社会资本的高度依赖，以此来提升自身在求职就业市场上的竞争力。可见，这也是一个相互作用的过程，一旦形成了对私人社会资本的高度依赖，女大学生也会更加注重积累和利用自身的社会资本存量，从这个角度理解，女大学生相较于男大学生的社会资本存量优势其实是其公共社会资本缺失的无奈之举。

而就社会资本存量对男女就业影响的差别而言，女性大学生则更倾向于使用先赋性社会资本来促进自身就业，男性则更倾向于使用后致性社会资本。先赋性社会资本与后致性社会资本最大的区别就在于其是否直接取决于个人因素，先赋性社会资本是先天性的，主要由父母社会资本决定，而后致性社会资本则更多的是后天性的。在社会资本对男女就业影响的差别结果来看，女性更多地需要先赋性社会资本来弥补自身就业弱势，如此只能被动诉诸上一辈的帮助，才可获得更多的就业机会。这就从侧面体现了女性在劳动力市场中的弱势地位。

社会发展至今天，仍然无法在就业市场中完全破除“男女有别”的性别桎梏。长期以来，我们对就业市场中受教育层次较低的女性弱势群体社会资本支持问题给

① 虽然人力资本存量在大学生群体中差别相对较小，但是专业类型和高校类型仍会显著影响大学生的人力资本存量，进而对其求职就业的结果产生影响，这一点同样不容忽视。

予了更多的关注，而对受教育层次相对较高的女大学生群体却有所忽视。但事实上，或者是由于传统社会观念的束缚，或者是基于企业利益最大化的考虑，在就业市场上，女大学生求职就业还是面临着男大学生所不具备的诸多障碍。这些障碍使得女大学生所具备的人力资本存量得不到完全承认，而其社会资本存量更得不到有效开发利用。例如，社会对于同样担任学生会主席的男女大学生的认知中，对前者肯定是褒扬的成分为主，而对后者却是质疑否定的成分居多。

身处就业劣势地位，女大学生往往会付出更多的努力以促进自身人力资本和社会资本的积累，但事实上这并不是解决问题的关键。唯有从法律层面、政策层面破除"男女有别"的制度性歧视，给予女大学生求职就业更多的社会支持，才能找准症结，解决问题，实现科学发展。

参考文献

蔡昌淼．大学生就业的性别差异及对策研究．黑龙江教育学院学报，2007 (2).

戴明清，王克黎．大学生就业的性别差异及对策研究．黑龙江高教研究，2002 (6).

黄海群．女大学生就业的形势分析与对策思考．中国高等教育，2008 (10).

李淼、王岩．城乡二元结构下的社会分层与教育公平的相互影响．理论与改革，2010 (4).

刘少杰．当代国外社会学理论．北京：中国人民大学出版社，2009.

胡莹，商虹．大学生就业中的性别差异与生命关怀．学校党建与思想教育，2009 (19).

胡振京．性别视角中教育与社会流动的关系摭探．教育科学，2009 (3).

马帅旭．大学生就业社会资本运用探析．长江大学学报（社会科学版），2011 (4).

石春燕．社会资本的性别差异——女大学生就业困境的社会学思考．齐齐哈尔大学学报（哲学社会科学版），2005 (9).

文东茅．我国高等教育机会、学业及就业的性别比较．清华大学教育研究，2005 (5).

向冠春，刘娜．我国高等教育与社会流动关系嬗变．现代教育管理，2011 (1).

岳昌君．高等教育与就业的性别比较．清华大学教育研究，2010 (6).

张赋贤，王晨．大学：社会分层与社会流动．北京：北京师范大学出版社，2007.

钟云华，应若平．从教育公平看社会资本对大学生就业的影响．湖南社会科学，2006 (1).

朱以财．女大学生就业影响因素分析——以江苏地区高校为例．高教发展与评估，2011 (3).

［美］科尔曼．社会理论的基础．北京：社会科学文献出版社，1999.

Bian, Yanjie. Bringing Strong Ties Back in: Indirect Ties, Network Bridges, and Job Searches in China. *American Sociological Review*, 1997, 62.

Portes, A.. Social Capital: Its Origins and Applications in Modern Sociology. *Annual Review of Sociology*, 1998, 24.

第11章　研究生教育

自1999年高校招生扩张以来，中国的高等教育逐步从精英教育向大众教育转变，高校毕业生的数量逐年攀升，大学生就业形势日益严峻。随着本科文凭的贬值，研究生教育逐渐成为获得管理者和专业技术职位的重要前提，因此，越来越多的本科毕业生选择通过读研来提高自己在劳动力市场中的竞争优势。2013年，国内研究生报名人数达到了176万人，为应届毕业大学生人数的25%[①]，如果加上出国留学的研究生，那么选择大学毕业后继续接受研究生教育的比例会更高。2011年的首都大学生成长追踪调查成功追访了1 926名2006级本科毕业生。在这1 926名学生中，64%的大学生在毕业后直接进入了劳动力市场，30%的毕业生选择在国内接受研究生教育，6%的毕业生选择了出国留学。选择继续深造（包括国内读研和出国留学）的毕业生高达36%，这说明研究生教育已经成为越来越多的大学生的选择。本章将根据CEPS 2011的调查结果来分析研究生教育情况，包括读研的影响因素、研究生学费及奖学金状况、读研动机及时间安排、对研究生教育的评价和毕业后的打算等主题。

第1节　读研的影响因素

一、家庭背景的影响

家庭背景与教育获得的关系是衡量教育机会公平的一个重要指标，也是公众、

---

① 统计数据来自中国教育在线：http：//kaoyan.eol.cn/kaoyan_news_3989/20090111/t20090111_354041.shtml。

政府和学者一直关心的热门话题。学术研究表明，改革开放以来，父母的职业和教育对个人大学教育机会获得存在着重要的影响，而且其影响并没有随着高校的扩张而减弱。关于家庭背景对研究生教育获得的影响存在着两种争论性的观点：一种观点认为本科教育具有平等化的作用，在个人获得了本科教育之后，家庭背景对其是否接受研究生教育没有影响；另一种观点认为，随着本科教育的饱和，研究生教育将会成为优势阶层保持教育优势的一个重要途径，因此家庭背景对研究生教育获得的影响会持续存在。CEPS为我们考察这两种竞争性的观点提供了数据基础。

这里我们主要采用城乡（以上大学前的户口性质区分）、家庭总收入，以及父母是否接受过大学教育作为大学生家庭背景的主要指标。表11—1报告了本科毕业后直接参加工作的学生与读研学生（包括国内读研与出国留学）在家庭背景方面的差异。总体来讲，读研学生的家庭背景要好于工作的学生。就城乡差异来说，读研学生中来自城市（上大学前为非农户口）的比例为71.4%，而在工作的学生中，这一比例为69.6%。即城市学生读研的比例要高于农村学生约2个百分点。父母的教育程度对毕业生是否读研具有重要的影响。在读研的样本中二代大学生[①]的比例为33.6%，而工作的学生中，这一比例为21.3%，这说明在获取研究生教育机会上，二代大学生更有优势。关于家庭收入的差异，读研的学生的家庭收入要略高于选择工作的学生。

表11—1　　读研与工作学生家庭背景的比较

	读研学生	工作学生	差异
城市生源（非农户口）（%）	71.4	69.6	1.8
父母为本科学历（%）	33.6	21.3	12.3*
家庭总收入（万元）	7.2	7.0	0.2
样本规模	836	1 090	
加权百分比	36.4	63.6	

注：*表示统计显著。

近年来，越来越多的大学生选择通过出国留学来提升自身的人力资本和职业竞争能力，在2006级读研的学生中，约12%的学生在国外接受研究生教育。相比于国内读研而言，出国留学对家庭背景的要求更高一些（见表11—2）。具体来说，城市学生出国留学的比例更高，在出国留学的学生中约有93%的学生为城市大学生；而国内读研的学生中，城市大学生的比例约为66%。二代大学生在出国留学上也有显著的优势，出国留学生中二代大学生的比例要比国内研究生的二代大学生高近30

① 本章的二代大学生是指父母至少有一方受过本科教育，一代大学生指父母没有受过本科教育。

个百分点。由于出国留学的费用昂贵，家庭经济条件存在着显著的影响，出国留学研究生的家庭总收入平均为 14.3 万元，远高于国内研究生家庭收入的 5.4 万元。

表 11—2　　国内读研与海外读研学生家庭背景的比较

	出国留学生	国内研究生	差异
城市生源（非农户口）（%）	92.9	65.6	27.3*
父母为本科学历（%）	56.8	27.4	29.4*
家庭总收入（万元）	14.3	5.4	8.9*
样本规模	169	660	
加权百分比	12.4	87.6	

注：* 表示统计显著。

二、学校类型及在校表现的影响

相关学术研究表明，本科就读的学校类型及学业表现对是否继续接受研究生教育有重要的影响，就读于较好的本科院校和优异的学业表现有助于研究生教育机会的获得。在这里我们用 211 高校作为学校质量的测量指标，用本科期间的平均成绩、学生干部以及党员身份作为在校表现的测量指标。

表 11—3 报告了工作与读研的学生在学校类型及在校表现方面的差异。总体来说，读研学生的学校类型和在校表现明显优于工作的学生。首先，211 高校的学生更多地选择了读研，在读研的学生中约有 81%来自 211 高校，而工作的学生中 211 高校的学生只占 52%；其次，读研学生在本科期间的在校表现要明显好于参加工作的学生，不但读研学生的本科学习成绩明显好于工作的学生，而且读研学生中党员和学生干部的比例也显著地高于参加工作的学生。

表 11—3　　读研与工作学生学校类型及在校表现的比较

	读研学生	工作学生	差异
211 高校（%）	80.9	51.6	29.3*
学习成绩	0.7	0.5	0.2*
党员（%）	35.6	17.4	18.2*
学生干部（%）	65.2	53.2	12.0*
样本规模	836	1 090	
加权百分比	36.4	63.6	

注：* 表示统计显著。学习成绩为排名：1 表示排名靠前，0 表示最后，0.5 表示中间。

在选择国内读研还是海外读研上，211 高校的学生略有优势，出国留学生中本科就读于 211 高校的学生比国内研究生高出近 9 个百分点。但是出国留学生与国内研究生在学习成绩上并没有显著差异。此外，党员和学生干部更多地选择了在国内接受研究生教育（见表 11—4）。

表 11—4　　出国留学生与国内研究生学校类型及在校表现的比较

	出国留学生	国内研究生	差异
211 高校（%）	87.6	78.9	8.7**
学习成绩	0.7	0.7	0.0
党员（%）	23.2	39.0	−15.8*
学生干部（%）	62.1	65.8	−3.7
样本量	169	660	
加权百分比	12.4	87.6	

注：* 表示统计显著。

上述的分析表明，家庭背景和学校类型对大学生是否继续接受研究生教育有着显著的影响。总体来说，家庭背景好、本科院校好，以及在校表现好的大学生更倾向于选择继续接受研究生教育①。

第 2 节　学费及奖学金状况

一、研究生学费及奖学金概况

作为一项重要的教育投资，研究生教育需要支付较高的学费和生活费用，是否获得不同形式的奖学金无疑是影响很多寒门子弟能否读研的重要因素。由于发达国家的学费普遍较高，为了吸引成绩优异、科研能力突出的研究生，大部分海外高校都设有不同形式的奖学金制度。CEPS 的调查发现，海外留学生缴纳学费的中位数约为 30 万元人民币，其中约 43%的海外研究生拥有至少一种形式的奖学金。具体来说，约 37%的海外研究生获得了学费减免，其减免数额约为学费的一半；约 13%的学生获得了助学金，其数额约为学费的 2/3；约 17%的学生获得了助教形式的奖学金，其数额约为学费的 2/3；约 19%的学生获得了助研形式的奖学金，其数额约为学费的 1/3；大概 6%的学生获得了其他渠道的奖学金，其数额是学费的 1.3 倍（见表 11—5）。

① 作者就这一主题撰写了严谨的学术论文，如需具体的结果，可以联系作者（zlli@ust. hk）。

表 11—5　出国留学研究生奖学金获得情况

奖学金类型	学生比例（%）	均值（元）
减免学费	37.1	14 718
助学金	13.0	20 260
助教	17.2	22 140
助研	19.1	11 697
其他形式奖学金	6.2	39 968

注：样本规模为 169。本题为多选题。

国内的研究生教育则实行收费双轨机制，即对于全日制计划内非定向研究生免收学费并给予普通奖学金（生活补助金），而向委培生、定向生、自筹经费研究生采取收取学费的模式。随着国内研究生数量的增加，这一制度也在进行改革，2014 年秋季学期起，研究生教育将取消收费双轨制，开始全面收费，同时完善奖助制度。CEPS 2011 年的调查结果显示（见表 11—6）：大部分国内研究生（约 70%），不需要缴纳学费，即全日制计划内非定向研究生免交学费；约 9%的国内研究生需要缴纳部分学费，其均值为 6 877 元每人每年；约 21%的国内研究生需要缴纳全额学费，人均约 1.5 万元每年，这部分学生主要是计划外招生的研究生以及专业硕士研究生。

表 11—6　国内研究生的学费情况

	百分比	每年学费均值（元）
不需要缴纳	69.9	—
需要部分缴纳	9.4	6 877
需要全额缴纳	20.7	14 808
合计	100	

注：样本规模为 660。

二、奖学金获得情况的组间比较

表 11—7 报告了奖学金获得情况的组间比较，此处我们将获得任何一种形式的奖学金及减免学费记为拥有奖学金，表格最后一列报告了组间均值差异的 T 检验。调查结果显示：国内研究生拥有奖学金的比例比出国留学生高 34 个百分点；男生拥有奖学金的比例比女生高 11 个百分点；农业户口出身的研究生获得奖学金的比例比城市户口出身的研究生高出 8 个百分点；一代大学生（父母未受过本科教育）获得奖学金的比例比二代大学生高出 7 个百分点；本科是否就读于 211 高校对奖学金的获得情况并没有显著的影响。读者在解读此表格时应该注意到选择性的问题，此表不能说明家庭背景较差的研究生（如农村学生和一代大学生）在获得奖学金上

有优势，而是因为奖学金对他们能否读研更为重要，那些没有获得奖学金的农村学生和一代大学生很有可能更多地进入了劳动力市场，而家庭背景较好的学生可以支付学费，即便是在没有奖学金的情况下，依旧会选择接受研究生教育。

2014 年，中国关于全面取消公费研究生的改革，引起了公众、媒体与学者的广泛关注和讨论，虽然教育部表示，研究生所获资助总体上超过其应缴纳的学费，不会增加新的经济负担，但是公众和媒体对研究生收费改革是否不利于寒门学生仍然持有保留态度。虽然目前我们无法利用首都大学生的调查来直接检验研究生收费改革对寒门学生读研机会的直接影响，但是从我们的描述中，可以看出奖学金对家庭背景较差的学生是否读研有更大的影响，可以推断，如果没有配套的奖助政策，研究生收费改革会直接影响到寒门大学生读研的机会。

表 11—7　奖学金获得情况的组间比较

	比例（%）	差异
国内读研—海外读研		33.8*
国内读研	81.9	
海外读研	48.1	
男生—女生		11.2*
男生	80.2	
女生	69.0	
农村户口—城市户口		8.3*
城市户口生源	72.8	
农村户口生源	81.1	
父母未受过本科教育—受过本科教育		7.3*
父母未受过本科教育	77.7	
父母受过本科教育	70.4	
本科 211 高校—非 211 高校		1.0
本科为非 211 高校	74.4	
本科为 211 高校	75.4	

注：* 表示统计显著。

第 3 节　读研的动机及时间安排

一、读研动机

研究生教育的目标是培养具有独立从事科学研究工作能力，在科学或专门技术上做出创造性成果的高级专门人才。因此，学术科研兴趣应该是大学生选择读研的首要动机。然而 CEPS 2011 的调查结果显示（见图 11—1），只有 21%的学生是因为对科研感兴趣而选择读研的，有 6%的研究生是因为父母或男女朋友的期望而选择读研的，大部分学生（73%）选择读研是为了找到一份更好的工作。这在一定程度上反映了本科扩张带来的就业压力和文凭贬值问题。

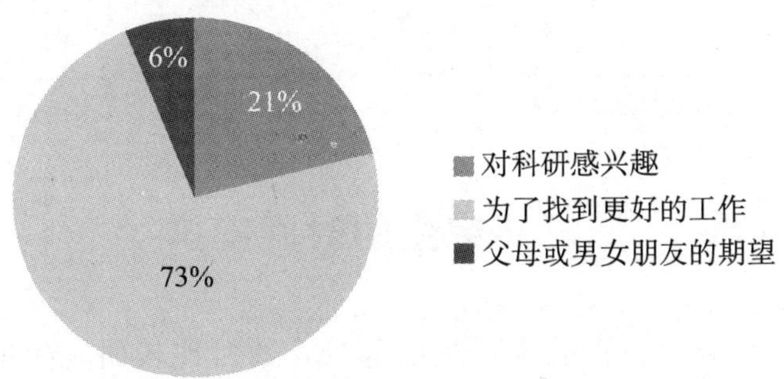

图 11—1　研究生选择读研的动机

此处将读研的动机分为学术目的和非学术目的两类，其中非学术目的包括为了找到更好的工作以及父母或男女朋友的期望等。表 11—8 报告了研究生读研动机为学术目的的占比情况。调查结果显示：选择出国留学的研究生对学术更加感兴趣，海外研究生为了学术兴趣而读研的比例比内地研究生要高 5.1 个百分点；男生为了追求学术而读研的比例比女生高 7.1 个百分点；城市（非农户口出身）研究生对科研更加感兴趣，其因为科研兴趣而读研的比例比农村学生高 5.8 个百分点；本科期间就读于 211 高校的研究生对科研感兴趣的比例高出本科就读于非 211 高校学生约 6.0 个百分点；二代大学生更多的是因为对科研感兴趣而读研，其比例高出一代大学生约 4.0 个百分点。

表 11—8　　读研动机为学术目的的占比情况

	学术目的	差异
海外—国内		5.1*
海外研究生	24.5	
国内研究生	19.4	
男生—女生		7.1*
男生	24.2	
女生	17.1	
非农户口—农业户口		5.8*
农业户口生源	17.4	
非农户口生源	23.2	
211 高校—非 211 高校		6.0*
本科为 211 高校	22.7	
本科为非 211 高校	16.7	
父母受过本科教育—未受过本科教育		4.0*

续前表

	学术目的	差异
父母受过本科教育	24.0	
父母未受过本科教育	20.0	
加权百分比	21.2	
样本规模	190	

注：* 表示统计显著。总体样本规模为 778。

二、研究生的时间安排

学习和研究是研究生教育的重要组成部分，通过比较研究生的日常时间安排，我们可以进一步了解不同学生读研的动机。图 11—2 报告了研究生时间安排的总体情况，学习时间包括用于学习和完成作业的时间，工作时间是指实习和兼职的时间，研究时间指用于科研的时间。总体上来讲，研究生每天有 4.5 小时用于学习，2.8 小时用于科研，1.8 小时用于兼职和实习。

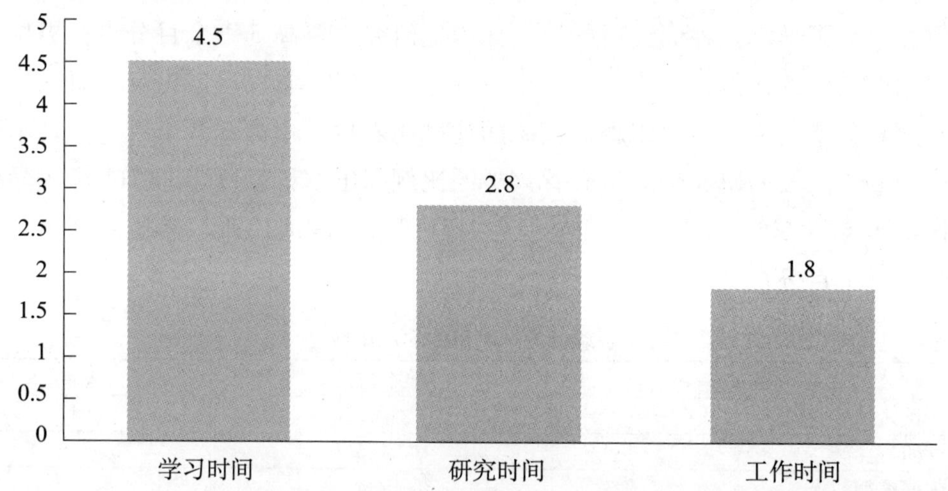

图 11—2　研究生每天的时间安排（小时）

表 11—9 汇报了研究生用于学习和研究时间的组间比较，总体而言，研究生每天约有 7.3 小时用于学习和科研。具体来说，在海外高校学习的研究生用于学习和科研的时间要长于内地研究生，海外研究生每天有 8.6 小时在学习和科研，而内地研究生每天学习和科研的时间约为 7 小时；男生用于学习和科研的时间比女生略长；读研动机对研究生的时间安排有显著的影响，因为学术追求而读研的学生有更长的时间用于学习和科研，比因为非学术目的而读研的学生高出 2.5 小时。

表 11—9　　研究生学习和研究时间的组间比较

	均值（小时）	差异
国内读研—海外读研		1.6*
国内读研	7.0	
海外读研	8.6	
男生—女生		0.8*
男生	7.7	
女生	6.9	
学术兴趣—非学术兴趣		2.5*
因为学术兴趣读研	9.3	
因为非学术兴趣读研	6.8	

注：* 表示统计显著。

根据教育部的统计数据，2012 年我国研究生在校生（包括硕士研究生和博士研究生）人数已经达到 172 万人①，超过美国成为世界博士第一大国，然而国内的科学研究成果仍与发达国家存在着较大的差距。从对研究生读研的动机和时间安排的分析中，我们可以看出目前中国大部分研究生是出于非学术目的而读研的，其用于学习和科研的时间也明显地低于海外研究生，这在一定程度上解释了中国与发达国家的科研差距。

第 4 节　对研究生教育的评价及毕业后的打算

一、研究生教育满意度

研究生对其所接受的教育的评价和满意度在一定程度上反映了研究生教育的整体质量，这对于提高我国研究生教育的科研能力和教学水平，以及研究生教育的整体质量具有非常重要的参考意义。CEPS 调查关注了读研学生对研究生教育的总体评价和满意度，包括对所学专业是否感兴趣、专业是否有助于找到理想工作、对研究生生活的满意度，以及对研究生教育的满意度等问题，其中关于专业的满意度的两个指标为 1 到 10 的评分，而关于研究生生活和教育的满意度为 0 到 100 的评分，数值越高表明评价越高。

表 11—10 汇报了海外研究生与内地研究生对研究生教育满意度的组间比较，

① 数据来自：http：//www.moe.edu.cn/publicfiles/business/htmlfiles/moe/s7567/201309/156773.html。

总体而言海外研究生的满意度更高。具体来说，相比于内地研究生，就读于海外高校的研究生对其所学专业更感兴趣，其所学的专业对其找到理想的工作也更有帮助，海外研究生对其研究生生活和教育的满意度也显著地高于内地研究生，这在一定程度上反映了内地高校与海外高校在研究生教育质量上的差距。

表 11—10　　海外研究生与内地研究生的组间比较

	出国留学	国内读研	差异
对所学专业感兴趣	7.4	7.0	0.4*
所学专业有助于找到理想工作	7.1	6.9	0.2
对研究生生活的满意度	79.0	76.7	2.3*
对研究生教育的满意度	81.7	76.6	5.1*
加权百分比	17.1	82.9	
样本规模	169	660	

注：* 表示统计显著。

表 11—11 报告了对研究生教育评价的性别差异。调查结果显示，男生和女生对研究生教育评价的侧重有所差异，即男生对所学专业更感兴趣，其所学的专业对其找到理想的工作也更有帮助；女生对研究生生活和教育的整体满意度要略高于男生。

表 11—11　　对研究生教育评价的性别差异

	男生	女生	差异
对所学专业感兴趣	7.2	7.0	0.2*
所学专业有助于找到理想工作	7.1	6.8	0.3*
对研究生生活的满意度	77.0	77.4	－0.4
对研究生教育的满意度	77.4	78.0	－0.6
加权百分比	56.1	44.0	
样本规模	463	373	

注：* 表示统计显著。

表 11—12 比较了城市（非农户口出身）和农村（农业户口出身）学生对研究生教育评价的差别，总体上城市研究生的满意度更高。具体来说，相比于农村研究生，城市研究生对其所学专业更感兴趣，其所学的专业对其找到理想的工作也更有帮助，城市研究生对其研究生生活和教育的满意度也显著地高于农村研究生。

表 11—12　　对研究生教育评价的城乡差异

	城市户口生源	农村户口生源	差异
对所学专业感兴趣	7.2	6.9	0.3*
所学专业有助于找到理想工作	7.0	6.8	0.2
对研究生生活的满意度	77.8	75.6	2.2*
对研究生教育的满意度	78.3	76.3	2.0*

续前表

	城市户口生源	农村户口生源	差异
加权百分比	66.5	33.6	
样本规模	597	239	

注：* 表示统计显著。

表 11—13 比较了二代大学生和一代大学生对研究生教育评价的差别，二代大学生对研究生教育的满意度更高。具体来说，相比于一代大学生，二代大学生对其所学专业更感兴趣，其所学的专业对其找到理想的工作也更有帮助，二代大学生对其研究生生活和教育的满意度也高于一代研究生。

表 11—13　　一代大学生和二代大学生的组间比较

	二代大学生	一代大学生	差异
对所学专业感兴趣	7.3	7.0	0.3*
所学专业有助于找到理想工作	7.0	6.9	0.1
对研究生生活的满意度	77.6	77.0	0.6
对研究生教育的满意度	78.5	77.3	1.2
加权百分比	33.6	66.4	
样本规模	281	555	

注：* 表示统计显著。

二、内地研究生毕业后的打算

CEPS 调查询问了内地读研学生毕业后的打算，总体而言内地研究生对毕业后的去向有较为清晰的规划，只有 9％的研究生没有明确的打算。图 11—3 显示，约 16％的学生选择继续深造（包括国内读博和出国留学），75％的内地研究生打算毕业后参加工作，这与前文描述的读研动机比较吻合，即大部分研究生是为了找到更好的工作而选择读研的。

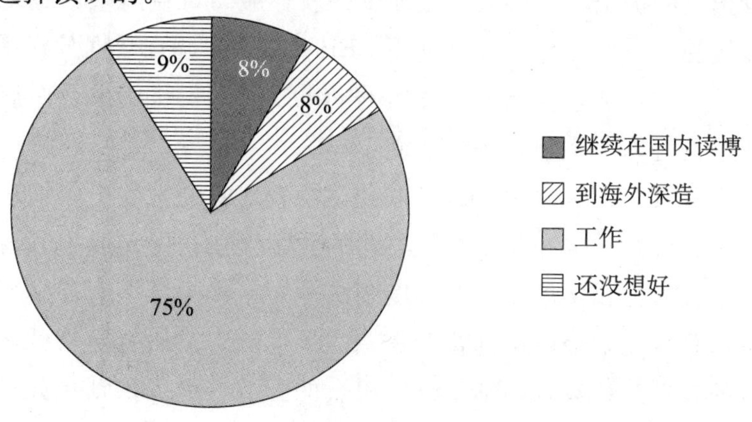

图 11—3　内地研究生毕业后的打算

表 11—14 汇报了研究生毕业打算的组间比较，表格最后一列报告了选择继续深造的组间差异的 T 检验。结果显示，男生选择继续读博的比例比女生高 10.1 个百分点；城市（非农业户口出身）研究生选择继续深造的比例要高于农村研究生；二代大学生打算继续读博的比例比一代大学生高 13.4 个百分点；相比于其他院校的研究生，就读于北大、清华和人大的研究生更倾向于选择继续攻读博士。

表 11—14　　研究生毕业打算的组间比较

	继续深造	工作	差异
男生—女生			10.1*
男生	20.6	79.4	
女生	10.5	89.5	
城市户口—农业户口			7.1*
农村户口生源	12.0	88.0	
城市户口生源	19.1	80.9	
父母受过本科教育—未受过本科教育			13.4*
父母未受过大学教育	12.9	87.1	
父母受过大学教育	26.3	12.9	
北大、清华、人大—其他院校			
北大、清华、人大	21.2	78.8	
其他 211 高校	16.0	84.0	
非 211 高校	11.9	88.1	
加权百分比	16.3	83.7	
样本规模	118	467	

注：* 表示统计显著。

第 5 节　小结

中国高校招生的扩张，使得大学生面临的就业压力日益严峻，越来越多的大学生选择了继续接受研究生教育。本章利用 CEPS 2011 的调查数据分析了读研的影响因素、研究生的学费及奖学金状况、读研的动机及时间安排，以及对研究生教育的满意度和毕业后的打算等主题。我们发现：

第一，家庭背景好、就读学校好，以及在校表现好的学生更多地选择了继续接受研究生教育；二代大学生和 211 高校毕业的大学生在获得研究生教育机会上有显著的优势；家庭收入高和父母受教育程度高的学生在出国留学上有显著的优势。

第二，是否获得奖学金对家庭背景较差的学生能否读研有更大的影响，关于中国研究生教育的收费改革对寒门学生读研机会的影响，可以推断，如果没有配套的奖助政策，研究生收费改革会直接影响到寒门大学生读研的机会。

第三，大部分学生选择研究生教育是为了获得更好的工作，这在一定程度上反映了本科扩张带来的就业压力和文凭贬值等问题。通过对研究生读研的动机和时间安排的分析，我们可以看出目前中国大部分研究生是出于非学术目的而读研的，其用于学习和科研的时间也明显地低于海外研究生，这在一定程度上解释了中国与发达国家的科研差距。

第四，关于对研究生教育的满意度，海外研究生的满意度高于内地研究生，城市（非农户口出身）学生和二代大学生对研究生教育的评价高于农村学生和一代大学生。

第五，75％的内地研究生打算毕业后参加工作，这与前文描述的读研动机比较吻合，即大部分研究生是为了找到更好的工作而选择读研的。城市（非农业户口出身）研究生选择继续深造的比例要高于农村研究生；二代大学生打算继续读博的比例显著地高于一代大学生。

第 12 章 大学毕业生住房情况

大学生就业难已经成为人们热议的话题之一，北京作为中国的文化中心，聚集了众多高等学府，每年这些高校培养的数十万的大学毕业生使得毕业生就业难问题在北京更为突出。而在实现就业之后，大学毕业生面临的最直接问题无疑是住房。

近十年来，北京等大城市的房价持续上涨。房价上涨明显给大学毕业生带来的就业后的影响是购房困难或租房困难。购房困难主要表现为大学毕业生的工作收入相对房价而言较低，而租房困难主要表现为同步上涨的房租成为大学毕业生生活支出的主要负担，占收入比重过高。大学毕业生所面临的住房困难使得未婚同居、合租甚至群租现象极为普遍，且居住质量低下。“蚁族”成为刚毕业大学生居住状态的写照（廉思，2009；廉思，2010）。本章使用首都大学生成长追踪调查第一轮到第四轮的调查数据[①]，描述性分析北京高校大学毕业生毕业后的工作、户籍以及居住安排，并着重分析大学毕业生的住房情况。首都大学生成长追踪调查抽取的被访者来自 2006 级和 2008 级两个年级，第四轮调查时间（2012 年 6 月）临近 2008 级本科生毕业，他们根据毕业前的身份即在校生的身份填答问卷。故本章所呈现的主要是 2006 级本科生（包括本科毕业和研究生毕业）在 2012 年的工作、住房情况。

① 更多有关首都大学生成长追踪调查的信息，参见李路路（2013）。

第 1 节　工作和户口

一、工作安排

根据 2012 年 CEPS 第四轮的调查数据，完成调查的被访者中，本科毕业生有 907 名，硕士毕业生有 80 名[①]，就业率为 93.4%。这些毕业生中，当前在北京工作占比为 69.6%。但大学毕业生的就业并不稳定，从本科毕业到 2012 年 11 月，更换过一次以上工作的比重达到 44.7%。分析生源地和工作地可知，北京生源且在北京工作的占 39.3%，非北京生源但是在北京工作的占 30.6%，非北京生源毕业生到北京之外地区工作的占比为 28.3%，而北京生源却不在北京工作的仅占 1.9%[②]。

从职业类别来看，北京高校大学毕业生从事的主要职业是专业技术或研发人员和一般办事人员，分别占 32.2%和 29.4%，市场营销人员占比为 10.0%，企业管理人员比例为 7.9%，公务员为 4.9%（见图 12—1）。从职业分布数据来看，大学毕业生一般从事的是“白领”工作，报考公务员虽然比较热门，但是能够获得公务员岗位的大学毕业生比例并不高。

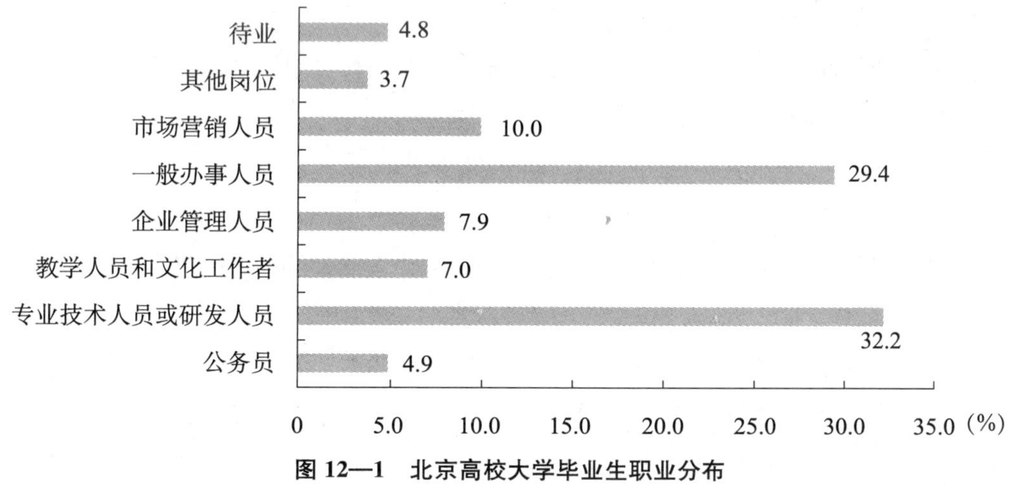

图 12—1　北京高校大学毕业生职业分布

① 2006 级本科生基本在 2010 年毕业，硕士生由于学制不同，一般在 2011 年和 2012 年毕业。

② 此处计算而得的在京工作比例为 69.9%，与上文报告的 69.6%差别来源于个别样本生源地类型出现了缺失值。

工作的单位类型分布见图12—2，可以看出17.4%的大学毕业生在党政机关和事业单位工作，在国有企事业单位工作的比例为28.7%，在民营、外资及其他企业工作的比例为47.5%，当前待业未有工作单位者为6.5%[①]。

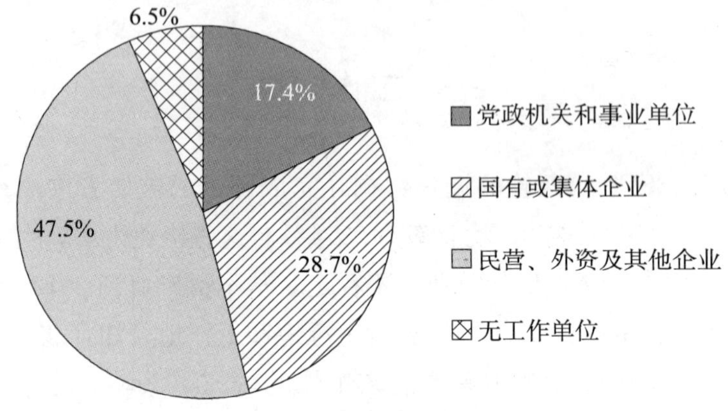

图12—2　北京高校毕业生工作单位分布

分毕业生类型比较毕业生2012年的收入（见图12—3）[②]，可以发现在北京工作毕业生的平均收入高于非北京工作的毕业生。非北京生源而在北京工作的毕业生收入偏高，平均月收入为5 871.0元，北京生源在北京工作的毕业生平均月收入为4 888.2元[③]，非北京生源离京工作的毕业生平均月收入为5 127.0元。通过分析学校类型和生源类型发现，在北京市属高校中北京生源比重较高（占毕业生总数的42.3%），而在其他重点高校中非北京生源比重较高（占毕业生总数的38.0%），北京生源和非北京生源毕业生收入差异的来源之一为学校差异。

二、户口安排

按照户口管理办法，非北京生源的大学生在上学期间可以将户口迁往学校的集体户口，但是在毕业之后，户口需要迁移回原籍或者工作单位。北京市对于户籍的严格控制使得一般外来移民获得北京户口绝非易事，对于非北京生源的大学毕业生而言，北京户口是一个极为重要而且稀缺的资源。因为北京户口与其教育、医疗以及社会保障等资源密切相关，在北京实施新一轮的房地产调控时，没有北京户口甚至无法在北京购买住房。

---

① 由于部分样本出现缺失值，实际待业人员的比例可能稍高。下同。

② 为了控制极值的影响，在画图时将月收入大于20 000元的样本剔除了。

③ 由于北京生源在非北京市工作的样本极少，在此处及下文中将其与在北京工作的北京生源合并为一组。

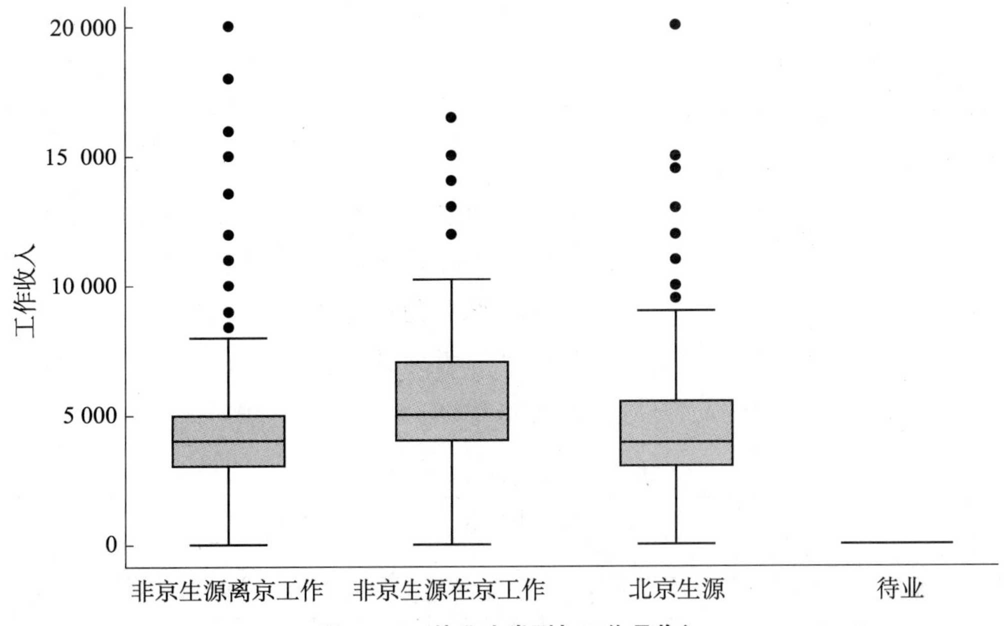

图 12—3　毕业生类型与工作月收入

从图 12—4 可知，40.4%的北京高校大学生户口一直在家，并没有变动过，这是因为占较大比例的北京生源学生不需要迁移户口；而 26.6%的大学生毕业后将户口迁回原籍；工作之后迁往工作单位所在街道或者是工作单位指定机构的各占 15.1%和 13.1%。还有部分毕业生将户籍暂存到学校（占 1.8%）或拿在自己手里（3.1%）。由此可知，绝大部分大学毕业生并没有通过受大学教育改变自己户口所在地，仅有约 28%的大学毕业生因为工作原因而实现了户口迁移。不过，计算非北京生源毕业后获得北京户口的数据，发现非北京生源的毕业生中仅有 17.2%的人获

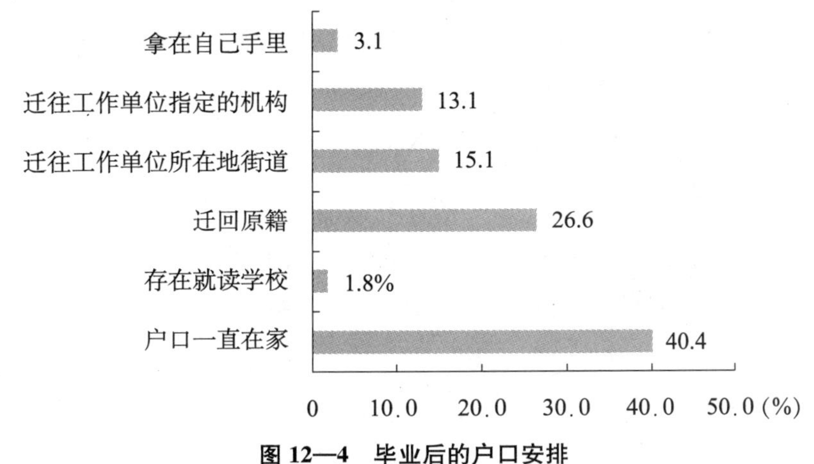

图 12—4　毕业后的户口安排

得了北京户口。虽然非北京生源的大学毕业生难以获得北京户口，但是对于农业户口的大学生而言，大学毕业后将户口迁移回原籍时，基本会获得非农户口。在2012年进行的第四轮调查中，只有不到5%的大学毕业生依然是农业户口，绝大部分大学毕业生为非农户口。

由于北京、上海等城市存在“落户难”现象，这就出现了大学毕业生户口所在地与居住地（工作地）不一致的情况。2012年第四轮调查的数据显示，有67.6%的大学毕业生户口所在地与居住地一致①，还有32.5%的大学毕业生与居住地（工作地）不一致。进一步分析发现，主要是非北京生源毕业生在北京工作而未获得北京户口，对于不在北京工作的非北京生源而言，大部分户口所在地与工作地一致（见表12—1）。

表12—1　　毕业生类型与户口安排（%）

毕业生类型	户口地与工作地不一致	户口地与工作地一致	合计
非京生源离京工作	37.6	62.4	100.0
非京生源在京工作	63.7	36.3	100.0
北京生源	12.3	87.8	100.0
待业	38.9	61.1	100.0
合计	32.5	67.6	100.0

注：样本数为914，已加权计算。

在中国城市，户口与医疗等社会保障资源密切相关，在房价调控的过程中，户口状况还影响着是否能够在北京、上海等大城市买房。CEPS第四轮调查询问了户口对工作、生活的影响（见图12—5），9.3%的大学毕业生认为户口给其工作、生活产生了非常大的影响，11.9%的大学毕业生认为户口对其工作、生活的影响比较大，约半数毕业生认为户口对其工作、生活没有什么影响。在对户口解决的满意度方面，52.83%的大学毕业生对户口解决满意，对户口解决不够满意的仅占14.58%。

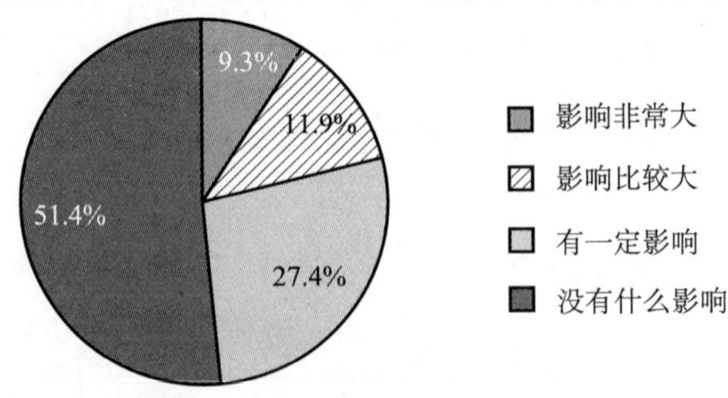

图12—5　户口对工作、生活的影响

① 在本次调查中，户口所在地与居住地一致指的是在同一个市县。

继续分析不同类型毕业生对于户口解决满意度的关系可以发现，非北京生源毕业生离开北京工作者基本对户口解决较为满意，而在北京工作的非北京生源毕业生则对户口解决的满意度较低，北京生源的毕业生对户口解决更为满意。表 12—2 呈现了生源类型与对户口解决满意度评价的交互关系。从户口影响以及对户口解决的满意度来看，大学毕业生较为服从当前北京市的落户政策，虽然非北京生源大学毕业生难以落户，但是并没有带来大范围的不满意情绪。

表 12—2　毕业生类型与对户口满意度交互表（%）

毕业生类型	满意	一般	不满意	合计
非京生源离京工作	10.02	10.15	4.01	24.18
非京生源在京工作	8.37	8.38	8.02	24.77
北京生源	32.33	12.20	1.82	46.35
待业	2.11	1.87	0.72	4.70
合计	52.83	32.60	14.57	100

注：样本数为 902，已加权计算。

第 2 节　居住方式

一、租住住房与自有住房

有 42.9%的北京高校大学毕业生工作后依靠租房居住，46.2%的大学毕业生居住于自己或家庭的住房，另外 10.9%的大学毕业生在单位提供的宿舍居住。

大学毕业后，有少数毕业生自己购买了房产。2012 年第四轮调查数据显示，5.8%的大学毕业生居住的住房产权在自己或者配偶名下。对于免于租房居住的大学毕业生而言，绝大部分居住在自己或与家人共有的住房中。

比较生源类型与住房来源情况可以发现，北京生源的大学毕业生一般不需要租赁住房，非北京生源且不在北京工作的大学毕业生有一半需要租房居住，而非北京生源但在北京工作的毕业生则大部分需要租房居住（见表 12—3）。这与经验也相符，由于北京房价非常高，非北京生源的毕业生工作后一般难以购买住房，而家庭也难以提供住房居住；对于不在北京工作的毕业生而言，他们可能回家乡或其他中小城市工作，更有可能与父母居住或购买自有房产。

表 12—3　　毕业生类型与住房来源（%）

毕业生类型	单位宿舍	自家住房	租赁住房	合计
非京生源离京工作	5.0	8.0	11.4	24.4
非京生源在京工作	3.4	2.6	18.8	24.8
北京生源	2.5	33.0	10.7	46.2
待业	0.0	2.6	2.0	4.6
合计	10.9	46.2	42.9	100.0

注：样本数为 914，已加权计算。

相对于自有住房居住，租赁住房面临的一个问题是居住的稳定性。刚毕业的大学生有可能因为房租、工作、室友等原因需要搬迁居住地。2012 年第四轮 CEPS 调查数据显示，六成以上大学毕业生在毕业后住房发生过变动①，有的甚至是过去一年中还数次变动住处，约 16%的大学毕业生在过去的一年中发生了 2 次以上的住房变动。从大学毕业至第四轮调查时，被访者仅发生一次住房变动的比例为 16.1%，发生两次住房变动的比例为 20.0%，发生三次住房变动的比例为 14.1%，还有约 9%的大学毕业生在毕业后经历了四次及以上的住房变动。可见，对于大学毕业生而言，工作前几年的住房变动较为频繁，居住稳定性不够。

不同生源类型的毕业生毕业后住房变动情况有所区别，考虑到有部分研究生刚刚参加工作，表 12—4 对比了不同生源类型在过去的一年中住房的变动情况。数据显示，大部分北京生源毕业生未发生住房变动（变动的仅占 27.4%$\left(\frac{12.8}{46.8}\times 100\%\right)$），非北京生源且不在北京工作的毕业生过去一年中发生住房变动的比例为 58.0%，而在北京工作的非北京生源毕业生中，在过去一年中有住所搬迁经历的占到 65.6%。

表 12—4　　毕业生类型与过去一年住房变动情况（%）

毕业生类型	未变动	变动	合计
非京生源离京工作	10.2	14.1	24.3
非京生源在京工作	8.5	16.2	24.7
北京生源	34.0	12.8	46.8
待业	1.8	2.6	4.4
合计	54.4	45.6	100.0

注：样本数为 892，已加权计算。

大学毕业生在城市工作时所面临的住房频繁搬迁，使得他们的居住稳定性较差。“北漂”一词经常被用来形容在北京追逐梦想但是居无定所的人群。非北京生源的大学毕业生虽然在北京有着求学经历，对北京更为熟悉，也在北京有着更多的

① 这里的住房变动是指住所变迁，不包括毕业从宿舍搬出来的那次。

社会关系网络，但是在工作后由于居住的不稳定，一定程度上也“在北京漂”。

二、住房质量

因为在当前中国城市中，不同居住地、不同社区的住房质量相差较大，所以本章所讨论的住房质量包括居住地类型、居住社区类型、住房面积和住房格局。

北京各个高校学生毕业后绝大部分居住于城市（占 75%），居住于城市郊区的占 14%，居住于乡村或集镇的仅占 11%。从居住的社区类型来看，32.0%的大学毕业生居住于老式居民区，23.6%的大学毕业生居住在单位社区，36.2%的大学生居住于新建商品房社区（包括经济适用房社区），居住于新近由农村社区转变过来的城市社区比例仅占 8.2%。从生源类型与居住社区类型的交互表可知（见表 12—5），在北京工作的大学毕业生居住于老式居民区的比例较高，而不在北京工作的大学毕业生更倾向于居住在新建商品房社区。这源于北京城市居民通过购买新建住房腾空了老城区的住房，这些住房更多地提供给了外来的移民，特别是由大学毕业生所构成的外来白领移民。相应地，老城区的住房质量以及居住设施可能较为老旧，一般比新建商品房社区的住房设施要差。

表 12—5　　毕业生类型与居住社区类型（%）

毕业生类型	老式居民区	单位社区	新建商品房	村改居社区	合计
非京生源离京工作	5.5	8.2	8.4	2.8	24.9
非京生源在京工作	9.3	4.9	9.8	1.6	25.6
北京生源	15.8	9.6	16.6	3.4	45.4
待业	1.4	0.9	1.4	0.4	4.1
合计	32.0	23.6	36.2	8.2	100.0

注：样本数为 892，已加权计算。

计算住房建筑面积发现，大学毕业生所居住住房的平均建筑面积为 76.5 平方米，非北京生源毕业生不在北京工作者住房的平均建筑面积为 77.4 平方米，而北京生源毕业生所住房屋的平均住房面积为 84.6 平方米。考虑到同住人数后，北京高校毕业生住房的人均建筑面积为 30.1 平方米。非北京生源毕业生到非北京地区工作的人均住房建筑面积为 33.8 平方米，北京生源毕业生的人均居住面积为 32.2 平方米，而在北京工作的非北京生源毕业生人均建筑面积仅 23.2 平方米，相对于北京市统计局所公布的北京市人均住房建筑面积 29.26 平方米[①]，相差约 6 平方米

---

① 数据来源于《2013 年北京统计年鉴》，http：//www.bjstats.gov.cn/nj/main/2013-tjnj/content/mV138_0801.htm。

（见图 12—6）。

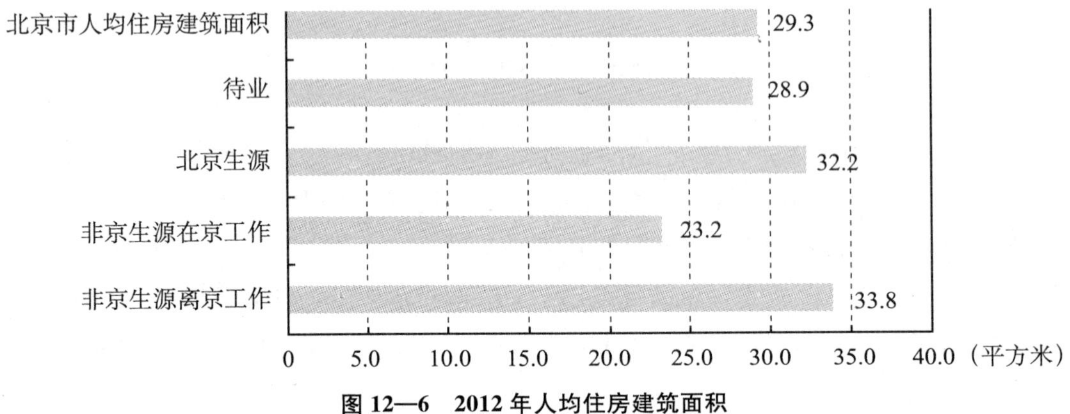

图 12—6　2012 年人均住房建筑面积

住房格局方面，大部分住房都有一个或两个以上的厅，而且有一个厅较为普遍（占 68.5%），仅有部分住房没有厅（占 15.2%）。居室方面，28.7%的住房仅有一间居室，38.8%的住房有两间居室，24.5%的住房有三间居室，可见大学毕业生的住房主要以中小户型的住房为主。除 5.4%的住房没有独立卫生间外，大部分住房都有独立卫生间。

三、同住人员

大学生毕业后一般难以立即购买住房，一般需要同父母居住或租房居住，在北京等大城市中，为分摊房租，存在合租甚至是群租现象。

2012 年第四轮 CEPS 调查的数据显示（见图 12—7），41.0%的大学毕业生与父母居住在一起，17.6%的毕业生自己一个人住，15.2%的与自己的配偶或者男女朋友居住（第四轮调查中仅有 9.4%的毕业生已婚，说明约有 6%的大学毕业生是未婚同居），26.2%的大学毕业生是与非家庭成员住在一起，包括单位宿舍以及合租、群租情形。

由于房租的压力，许多“北漂青年”选择了“群租”的居住方式，即房东将一套住房中的客厅、卧室、厨房，甚至阳台分割成若干小间，按床位等方式分租。按照北京市政府文件的定义，出租房屋人均居住面积不得低于 5 平方米，每个房间居住的人数不得超过 2 人①。也即超过这个规定的可以称为“群租”。

① 参见京建法［2013］13 号，北京市住房和城乡建设委员会、北京市公安局、北京市规划委员会《关于公布本市出租房屋人均居住面积标准等有关问题的通知》，见 http：//www.bjjs.gov.cn/publish/portal0/tab662/info85446.htm。

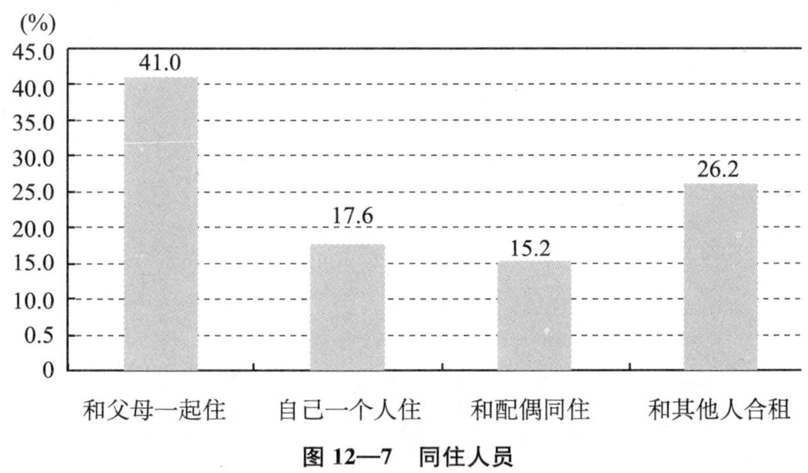

图 12—7　同住人员

对于北京各高校毕业的大学生而言，大多数人的居住规模较小，超过 95%的大学毕业生当前的居住规模不到 5 人。按照北京市住房和城乡建设委员会的标准，粗略计算[①]在北京工作的大学毕业生中有 43 人可能存在“群租”住房的情况，占所有在京工作且租房居住的大学毕业生比例为 16.2%。

由此可见，非北京生源的大学毕业生虽然作为“白领”阶层，但是在北京居住压力较大的情况下，部分大学毕业生在居住模式上只能选择较为省钱的“群租”住房模式。下面通过比较分析住房支出，可以进一步获悉毕业大学生的居住压力。

四、住房支出

对于北京各高校毕业的大学生而言，有 50.5%的人需要支付住房租金，所有大学毕业生平均每月需要支付的住房租金为 693 元[②]。

比较不同类型毕业大学生住房支出可以发现（见图 12—8），仅从住房租金而言，不在北京工作的非北京生源毕业生每月房租平均支出为 523 元，北京生源毕业生每月平均支付的房租为 410 元，而对于在北京工作的非北京生源毕业生而言，每月平均支付房租为 1 353 元，待业大学生的月平均房租支出为 812 元。从四种类型毕业生月平均租房支出可以看出，在北京工作的非北京生源毕业生租房支出最多，

① 由于本次调查是由被访者大体估计报告的住房的建筑面积，与住建委居住面积标准稍有区别。本章近似于住建委的标准：对于租住住房的毕业生而言，人均住房建筑面积低于 5 平方米或者单间住房超过 2 人定义为“群租”。

② 由于数据中出现了房租为 360 000 元的极值，推测为填答失误，更改为 3 600 元；此处计算时分母包括了不需要支付租金的大学毕业生，如果仅考虑需要支付房租的毕业生，则每月平均支付的租金为 1 379 元。

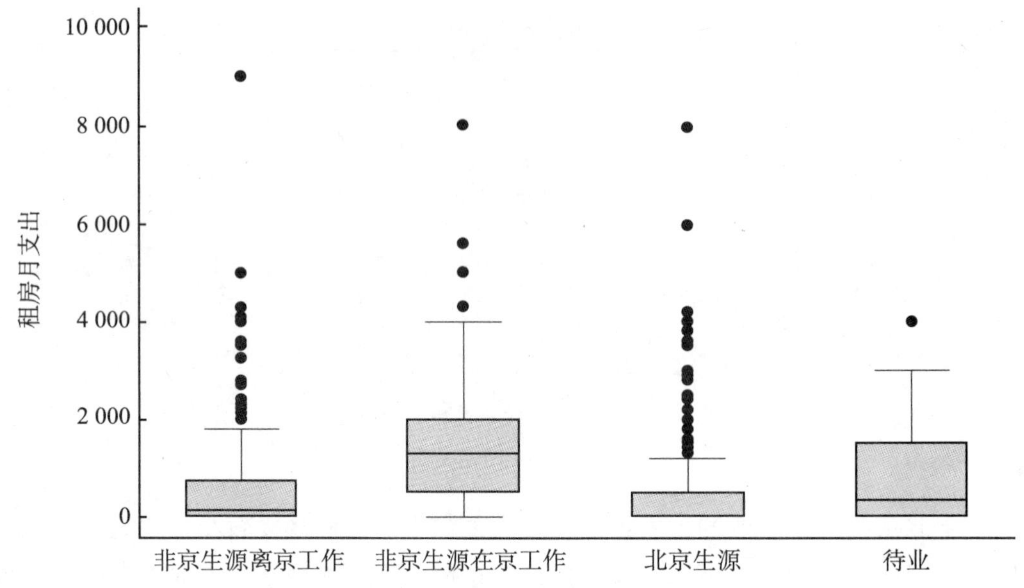

图 12—8　毕业生类型与月房租支出

这归结于一方面北京住房租金较高，第二方面是因为他们没法像北京生源毕业生那样可以与父母同住以减少租房支出。

以上的数据仅仅为租房支出，有少部分毕业生已经购买住房，在付完首付之后，每个月还需要还“按揭”，为了讨论大学毕业生每个月的住房支出，本章把每月住房按揭的数据与每月租房支出的数据合并进行了对比。

考虑购房支出后，北京高校毕业生平均每月住房支出为 713 元，不在北京工作的非北京生源毕业生每月平均住房支出为 557 元，北京生源毕业生平均每月住房支出为 410 元，非北京生源毕业生在北京工作的住房平均支出仍然是最高的，为 1 395元。总体而言，北京作为一个拥有广阔空间的城市，其较高的住房支出可能给外来的白领移民带来压力。

进一步计算住房支出占毕业生大学的收入比重可知，北京高校毕业生的平均住房支出约占其收入的 13.5%①。不在北京就业的非北京生源大学毕业生月住房支出占其收入的比重为 11.4%，北京生源大学毕业生每月平均住房支出占其收入比重为 7.9%，而对于在北京工作的非北京生源毕业生而言，其月平均住房支出占收入比重为 24.0%（见图 12—9）。在北京工作的非北京生源毕业生平均每月需要将其收入的 1/4 支付住房支出，这对他们而言住房负担明显较重。

① 数据中出现了大于 1 的极值，这可能是父母帮助其负担了住房支出，也有可能是填答错误。为了控制这些极值，在计算时将大于 1 的极值赋值剔除了。

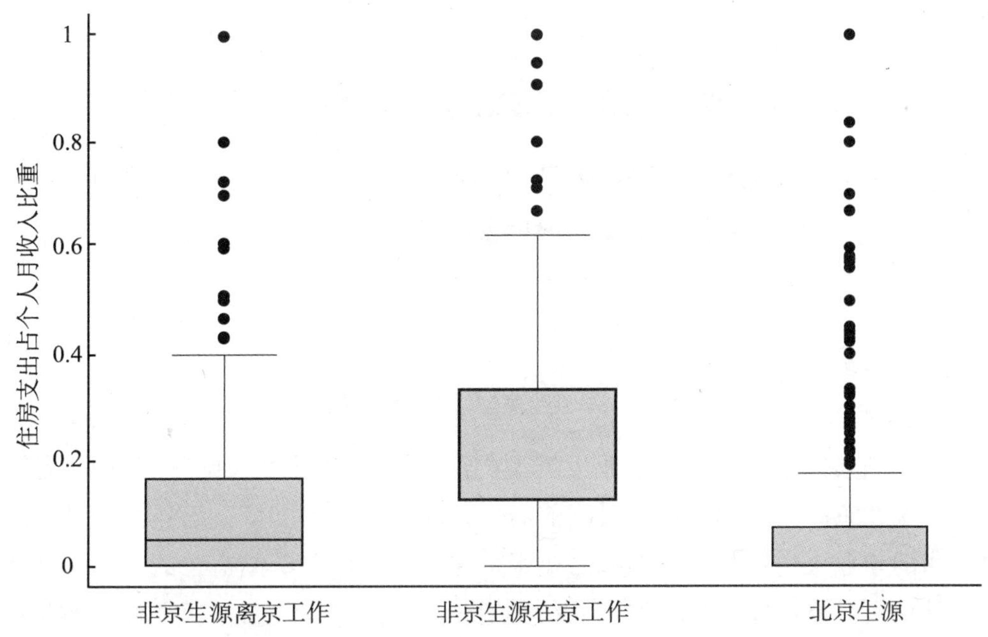

图 12—9　不同类型毕业生的月住房支出占其收入的比重

五、居住满意度

对于当前住房的居住条件，17.2%的大学毕业生表示非常满意，42.8%的大学毕业生表示比较满意，对居住条件满意度一般的比例为 23.6%，对居住条件不够满意的占 12.2%，而对当前居住条件非常不满意的占比仅为 4.2%。

通过图 12—10 可以了解到，不同类型毕业生对居住条件的满意度差别较小，北京生源的大学毕业生对当前住房满意度较高，而在北京工作的非北京生源毕业生对当前住房满意度偏低，但三类毕业生对于当前住房满意的比例均超过了一半。此外，数据显示租房者相对于非租房者而言，对住房的满意度偏低。有 21.4%的租房者表示对当前居住条件不满意，满意的仅占 49.4%；非租房者中有 67.8%的人对当前住房满意。

比较同住人员与居住满意度的关系，可以发现和父母一起居住的满意度最高，与父母同住者中有 70.13%表示对居住条件满意，与配偶居住者满意度也较高，62.1%的人对住房居住条件满意。而与其他人合租者对居住条件的满意度相对低些，有 51.5%的表示满意。

表 12—6 通过三个模型综合考虑了毕业生类型、住房类型、同住人员以及社区类型对当前居住满意度的影响。模型一为基准模型，显示毕业生类型与当前居住满意度有显著关系，与北京生源的毕业生相比，非北京生源对当前的居住条件更不满

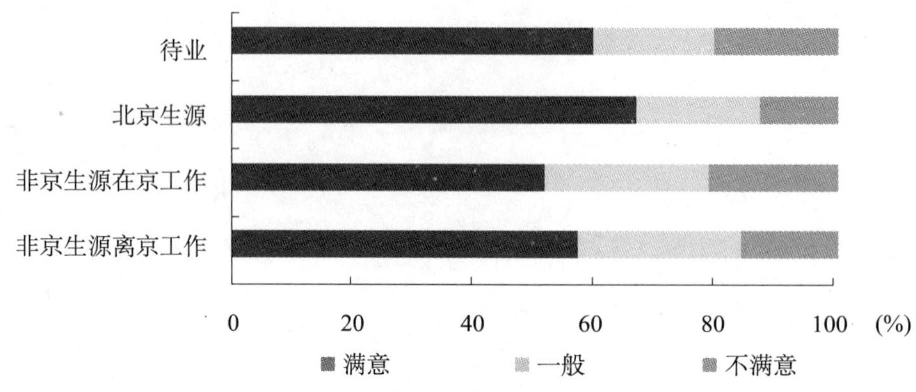

图 12—10　毕业生类型与居住条件满意度

意。但在控制其他因素之后，毕业生类型的作用并不再显著（见模型三）。是否自有住房对于北京高校毕业大学生对当前居住条件的满意程度呈显著作用，同居住在自己住房的毕业大学生相比，那些需要租赁住房和居住在单位宿舍的大学毕业生对居住条件更不满意。模型三增加了社区类型和人均住房建筑面积两个住房质量的变量，人均住房建筑面积对居住满意度有显著的正向作用，人均住房建筑面积更大，毕业大学生对居住条件更为满意。社区类型方面，与老式居民区相比，新建商品房社区更让人满意。模型二和模型三表明，在控制其他因素下，同住人员对居住满意度的影响不大，这应该是毕业大学生在表达居住满意度时，更多考虑的是外在的居住舒适性。

表 12—6　　对目前居住条件满意度的 Logit 回归模型

变量	模型一	模型二	模型三
毕业生类型：参照组为北京生源			
非京生源离京工作	0.687*	1.040	0.886
	(0.121)	(0.209)	(0.184)
非京生源在京工作	0.498***	0.929	0.935
	(0.086 6)	(0.197)	(0.202)
待业	0.463*	0.606	0.645
	(0.164)	(0.218)	(0.237)
住房类型：参照组为自有住房			
单位宿舍		0.296***	0.470*
		(0.091 5)	(0.159)
租赁住房		0.303***	0.419***
		(0.071 5)	(0.105)
同住人员：参照组为一个人住			
和父母一起住		0.880	1.254
		(0.246)	(0.376)

续前表

变量	模型一	模型二	模型三
和配偶一起住		1.111	1.303
		(0.271)	(0.334)
与其他人合租		0.962	1.121
		(0.196)	(0.243)
人均住房建筑面积			1.016***
			(0.004 71)
社区类型：参照组为老式居民区			
单位社区			1.411
			(0.289)
商品房社区			1.961***
			(0.354)
村改居社区			1.471
			(0.426)
分界点 1	0.136***	0.081 7***	0.251***
	(0.018 8)	(0.024 2)	(0.093 9)
分界点 2	0.454***	0.286***	0.913
	(0.054 1)	(0.081 6)	(0.339)
样本数	808	808	808

注：报告的是比数比（odds ratio）；*** $p<0.001$，** $p<0.01$，* $p<0.05$。

第 3 节　购房和购房计划

一、购房和计划购房情况

在第一轮调查（2009 年）时，3.9%的被访大学生已经购买房产，9.1%的大学生表示将来不购买房子或者对买房不抱期望，未考虑过买房问题的大学生占 36.1%，而 50.9%的大学生考虑过买房问题。为了更好地比较大学生毕业后与在读期间对买房的意愿和计划，下面仅提取第四轮调查（2012 年）时已经毕业的样本进行分析，总数为 987 个[①]。通过表 12—7 可以看出，在第一轮、第三轮和第四轮调查中询问的计划买房时间逐渐推迟。在第一轮调查时，在有购房意愿的大学生中，41.8%的计划最早购房年龄在 25 岁之前，56.7%的计划在 25 岁至 30 岁之间，但到了第三轮调查时，仅有 26.1%的计划在 25 岁之前买房，而计划 30 岁之

① 即本章用于分析的已经毕业工作或待业的 2006 级被访本科生，由于缺失值的存在，表中的样本量更少。

后买房的比例也稍有增加。从计划的最晚购房年龄来看，第一轮调查时主要在25岁至30岁之间（52.5%），30岁之后为43.0%；而第三轮调查时，计划25岁至30岁的剩下44.6%，计划最晚购房时间为30岁以后的比例为52.6%；第四轮调查时，这批学生已经基本毕业工作了，计划的最晚购房时间进一步往后推，计划最晚在25岁至30岁购房的仅占39.6%，而计划最晚时间为30岁之后的占57.7%。从数据来看，不管是计划的最早买房时间还是最晚买房时间，都有推迟的倾向。这显示大学生不断在接近社会，越来越接受房价高买房难的现实，调整自己的购房计划。

另外，在2012年进行的第四轮调查中，61.5%的大学毕业生承认暂时没有在三年内购买住房的计划，计划在三年内购买普通商品住房的比例为26.8%，11.7%的大学毕业生计划购买其他产权形式的住房。

在实际购房方面，根据2012年第四轮调查数据，有133位毕业大学生在所居住城市中拥有房产（在其名下或者参与购买的），占同级毕业大学生的比例为14.2%[①]。根据调查数据，86.5%的北京高校毕业生在所居住城市没有任何产权归他/她名下的住房，9.2%的毕业生在所居住城市有1套住房，拥有2套及以上住房的仅占4.4%。

表12—7　　计划最早购房时间和最晚购房时间

		第一轮调查时（2009年6月）	第三轮调查时（2011年5月）	第四轮调查时（2012年11月）
最早购房年龄	25岁之前（%）	41.8	26.1	—
	25岁至30岁（%）	56.7	68.5	—
	30岁至35岁（%）	1.3	5.0	—
	40岁以后（%）	0.2	0.4	—
	合计（%）	100.0	100.0	—
	样本量	509	459	
最晚购房年龄	25岁之前（%）	4.6	2.9	2.6
	25岁至30岁（%）	52.5	44.6	39.6
	30岁至35岁（%）	31.5	32.2	29.3
	40岁以后（%）	11.5	20.4	28.4
	合计（%）	100.0	100.0	100.0
	样本量	508	457	814

注：1. 第四轮调查时计划最早购房时间数据缺失。

2. 第四轮调查时，该题目改成假设题型：假设如果一定要买房的话，您的计划最早和最晚购房时间是什么？所以样本量增加。而第一轮和第三轮仅询问有购房计划的被访者。

① 此处比例高于上文自有住房比例，因为在调查中，除询问了当前住房产权归谁，还询问了被访者参与购买多套住房的情况，这里把这两种情况都并入计算了。

在中国城市，父母购买房产有可能会在产权登记时将子女的姓名登记在册，也有父母帮助子女购买住房，比如支付首付甚至支付按揭。所以对于刚毕业的大学生而言，除自身因素外，家庭也是影响其购房能力的重要因素。下文即分析影响大学毕业生购房能力的因素。

二、影响购房能力的因素

（一）购房的家庭支持

对刚毕业的大学生来说，住房主要来自家庭提供，这包括与父母同住以及父母提供资金购买住房等情况。在住房拥有方面，2012 年 CEPS 调查询问了当前住房的所有者以及被访者在当前居住城市参与购买住房的情况。在这里，我们将被访者拥有房产定义为在所居住城市拥有或部分拥有住房产权。考虑到缺失值的影响，这里有 13.6％的刚毕业大学生在其所居住城市拥有房产。

从父母职业类别①与拥有房产与否的关系来看，两者具有显著的相关关系。父母职业为农民的毕业大学生在所居住城市拥有住房可能性更小，而父母职业为工人或管理人员的毕业大学生则更有可能在所居住城市拥有住房（详见表 12—8）。当然这种住房可能是与父母共有，因为本章没有区分完全由毕业大学生所有还是家庭共有。

表 12—8　　父母职业与子女拥有住房（％）

父母职业	未拥有住房	拥有住房	合计
农民	18.6	0.9	19.5
工人	19.3	3.9	23.2
一般办事人员	18.8	2.8	21.6
专业技术人员	9.9	2.3	12.2
管理人员	19.8	3.8	23.6
合计	86.4	13.6	100.0

注：样本数为 860，已进行加权计算。

在住房市场化的情况下，父母职业对购房的作用更多体现在家庭收入上，家庭收入高意味着可以更大程度地支持刚毕业的大学生购买房屋。图 12—11 比较了在

---

① 此处父母职业主要来自 CEPS 2010 进行的第二轮调查，以父亲职业为主，当数据中父亲职业变量缺失时，调取 CEPS 2009 第一轮调查的信息；如果仍旧缺失，则调用第二轮母亲职业信息填补（更改了 172 个样本数据）。由于父亲职业地位一般高于母亲，这使得父母职业这个变量可能出现偏误，但是在此处父母职业仅区分了 5 个类别，而存在同质婚姻的情况下，父母职业类别相同的可能性极大，所以父母职业这个变量基本可用。

所居住城市拥有住房产权与未拥有住房产权者的家庭收入和个人收入分布[①]。可以看出，获得住房与否同毕业大学生自身收入差距的关系较小，同家庭收入差距的关系较大，表现为拥有住房的毕业大学生家庭收入普遍偏高。

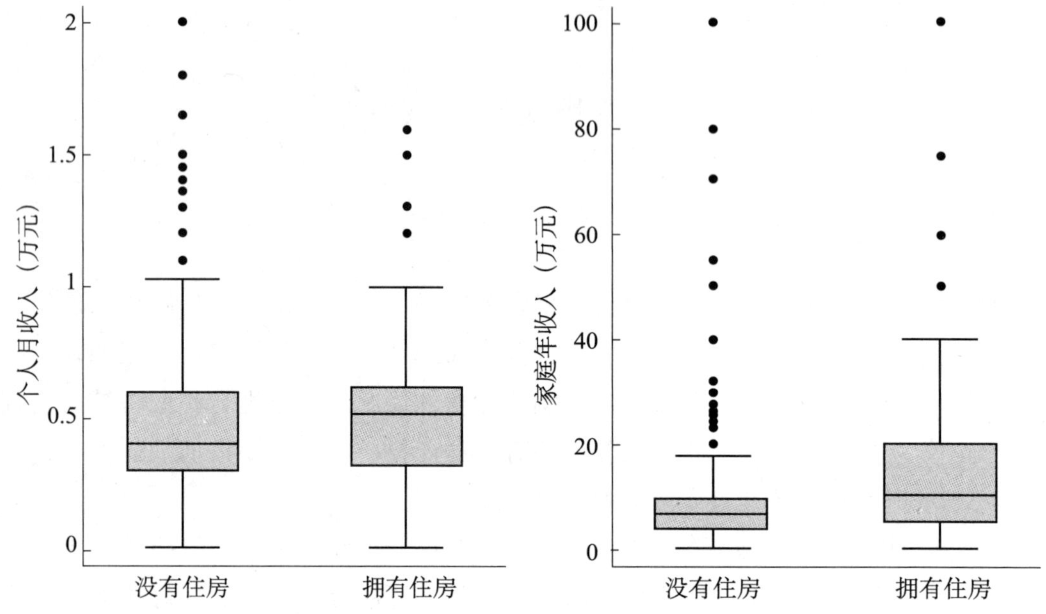

图 12—11　个人收入、家庭收入与拥有住房

（二）职业与购房能力

除家庭之外，职业与大学毕业生购房最为相关。职业包括工作岗位和工作单位两个部分。职业除了能够提供工作收入之外，还提供与住房相关的社会保障，这都与毕业大学生购房能力息息相关（见表 12—9）。

表 12—9　　职业与住房拥有（%）

职业类别	没有住房	拥有住房	总计
公务员	4.6	0.3	4.9
专业技术人员或研发人员	27.8	4.4	32.2
教学人员和文化工作者	5.1	1.9	7.0
企业管理人员	6.6	1.4	7.9
一般办事人员	25.8	3.6	29.4
市场营销人员	9.1	0.9	10.0
其他岗位	3.2	0.5	3.7

① 为控制极值对图的影响，画图时个人月收入限定于 2 万元以下，家庭年收入限定于 100 万元以下。所以该图可能低估了收入对住房获得的影响。

续前表

职业类别	没有住房	拥有住房	总计
待业	4.3	0.5	4.8
总计	86.6	13.4	100.0

注：样本数为 904，已加权计算。

通过职业与住房所有的关系表可以看出，教学人员和文化工作者、企业管理人员有更大比例的人拥有住房，而公务员和市场营销人员拥有住房的可能性更低。此外，比较单位类别时发现，在党政机关和事业单位工作的大学毕业生拥有住房的比例更高（约为 18%），而在民营等其他企业工作的毕业生拥有住房比例较低（不到 10%）。

（三）影响住房拥有的因素

表 12—10 显示了影响住房拥有的个人和家庭因素。模型四、五、六为三个嵌套 Logit 模型，模型七是估计住房拥有数量的 Poisson 模型。其中模型四为基准模型，包括毕业生类型和户口情况，模型五为个人职业与住房拥有模型，模型六为全模型，包括个人和家庭因素对于住房拥有的影响。

表 12—10　　对住房拥有的 Logit 和 Poisson 回归模型

变量	模型四	模型五	模型六	模型七
毕业生类型（参照组：北京生源）				
非京生源离京工作	1.238	1.090	1.278	1.052
	(0.286)	(0.268)	(0.325)	(0.197)
非京生源在京工作	0.396**	0.342**	0.392**	0.362***
	(0.133)	(0.119)	(0.138)	(0.106)
待业	0.624	33 338.238	185 665.231	136 755.165
	(0.343)	(17 714 466.153)	(2.082e+08)	(85 864 587.256)
拥有居住城市户口	1.152	1.011	1.012	1.091
	(0.284)	(0.256)	(0.263)	(0.211)
单位类别（参照组：民营和其他企业）				
党政机关和事业单位		2.685**	2.782**	2.267***
		(0.861)	(0.913)	(0.558)
国有企业和集体企业		2.113**	2.125**	1.881**
		(0.528)	(0.542)	(0.365)
待业无单位		1.618	1.338	0.955
		(1.320)	(1.122)	(0.704)
职业类型(参照组：一般办事人员)				
公务员		0.429	0.385	0.626
		(0.245)	(0.222)	(0.256)
专业技术人员或研发人员		1.071	1.174	1.170
		(0.293)	(0.326)	(0.245)

续前表

变量	模型四	模型五	模型六	模型七
教学人员和文化工作者		2.262*	2.205*	1.518
		(0.866)	(0.869)	(0.453)
企业管理人员		1.236	1.236	1.298
		(0.479)	(0.495)	(0.377)
市场营销人员		0.751	0.669	0.800
		(0.339)	(0.313)	(0.275)
其他岗位		0.406	0.448	0.735
		(0.314)	(0.349)	(0.389)
待业		0.000	0.000	0.000
		(0.011)	(0.005)	(0.009)
个人月收入（百元）		1.002	1.001	1.001
		(0.001)	(0.001)	(0.001)
家庭年收入（万元）			1.005*	1.003**
			(0.002)	(0.001)
父母职业（参照组：农民）				
工人			3.461**	2.789**
			(1.435)	(0.973)
一般办事人员			2.289	2.184*
			(0.979)	(0.782)
专业技术人员			3.100**	4.085***
			(1.354)	(1.414)
管理人员			3.356**	3.408***
			(1.373)	(1.153)
常数项	0.172***	0.107***	0.035***	0.047***
	(0.045)	(0.036)	(0.017)	(0.019)
样本数	820	820	820	820

注：报告的是比数比（odds ratio）；*** $p<0.001$，** $p<0.01$，* $p<0.05$。

从模型四可以看出，同北京生源毕业生相比，那些在北京工作的非北京生源毕业生更难以拥有住房。这个区别在四个模型中都显著，且模型系数也较为稳定。

模型五显示，在个人层面而言，工作单位对于住房拥有产生显著影响，与民营和其他类型企业相比，在党政机关和事业单位工作的毕业生有更大的可能性拥有住房。在控制了其他变量之后，工作单位对住房拥有的影响仍然显著。职业类别中，仅有教学人员和文化工作者对拥有住房有显著的影响，但对于住房获得的多少影响不显著（见模型七）。

家庭因素对于毕业大学生拥有住房有着显著的影响。首先，家庭年收入越高的毕业生越有可能拥有住房，并且越有可能拥有多套住房（见模型七）。父母的职业类别对于毕业大学生的住房获得也具有显著的影响，相对于父母为农民的毕业生，父母为专业技术人员、工人以及管理人员的毕业生在住房拥有上有显著优势，发生比分别为 3.1、3.5 和 3.4。

三、对拥有住房的满意度

CEPS 第四轮（2012 年）调查数据显示，毕业大学生对住房拥有的满意度不高，12.1%的毕业大学生对当前住房拥有情况非常满意，持比较满意态度的占 23.6%，一般或中立态度占 28.9%，对住房拥有比较不满意的占比为 21.1%，非常不满意的占 14.4%。满意的人群和不满意的人群基本持平。

分析不同类型的毕业生与住房满意度的关系，发现离开北京工作的非北京生源毕业生对住房拥有的满意度方面，满意者和不满意者的比例基本持平（均为 34%左右），而北京生源的毕业生更多地偏向对住房拥有持满意态度（满意者占比为 44.1%），在北京工作的非北京生源毕业生对住房拥有的满意度最低，持不满意态度的占一半以上（51.6%），仅有不到 1/4 的表示满意（21.3%）（见图 12—12）。

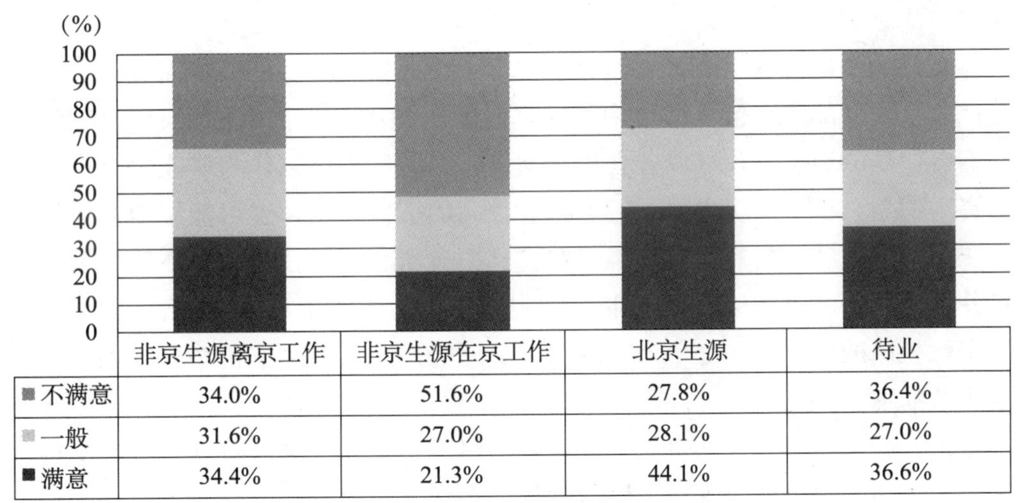

	非京生源离京工作	非京生源在京工作	北京生源	待业
不满意	34.0%	51.6%	27.8%	36.4%
一般	31.6%	27.0%	28.1%	27.0%
满意	34.4%	21.3%	44.1%	36.6%

图 12—12　毕业生类型与住房拥有满意度

第 4 节　小结

一、居住压力

对于刚毕业的大学生而言，由于刚刚进入社会，需要适应职场以及社会生活，住房是搬离学校宿舍之后需要解决的首要问题之一。

由上文可知，大学毕业生由于刚从高校毕业，收入相对较低。当未在工作城市拥有住房时，需要支付较大比例的房租，比如对于在北京工作的非北京生源毕业生而言，平均1/4的月收入用于支付房租。如果想要节省房租支出，则需要降低住房质量，住在老旧城区且合租或群租。当考虑到买房后每月所需要支付的按揭后，则刚毕业大学生的住房成本更高。

由于近年城市房价持续上涨，尤其以北京、上海、广州等大型城市房价上涨更为迅速。刚毕业大学生初入职场，收入和资本积累有限，在巨大的房价压力下，只能更多地依靠家庭获得住房。

而在住房之外，其他生活上的经济压力则相对较小。2012年CEPS第四轮调查数据显示，仅有38.1%的毕业大学生认为在除住房支出外的其他经济支出有压力，大部分毕业大学生认为其他经济支出压力一般或者较小。

二、住房与财富积累

在高额的住房价格面前，刚毕业的大学生需要依靠家庭的力量而获得住房，特别是在北京这样的高房价大城市中。家庭对于毕业大学生拥有住房起到显著作用，而在拥有住房的情况下，可以省去租房支出，也即房租可以作为毕业生自己或者家庭的资本积累。尽管购房之后一般意味着较高的按揭支出，这可能给毕业生带来一定的压力，但这些按揭其实已经积累在自己拥有所有权的住房上，住房作为他们的财富并存在升值的可能；而对于那些暂时需要租房的大学毕业生而言，他们不仅仅需要支付较高的房租，在房价上涨的情况下还需要支付更多的价格获取住房，更难形成有效的财富积累。

基于此，对刚毕业大学生而言，家庭的财富积累以及家庭对其住房的支持极为重要。父母为其提供住房支持无疑帮助他们在住房获得和财富积累上抢得先机，使得他们更早以更小代价获得住房，获得更为优质的居住条件。而那些缺乏家庭支持的大学毕业生则需要面临房租和房价的双重压力。家庭在住房方面的财富支持不同将会逐渐引起大学毕业生内部的分化，这种分化将存在于住房质量和住房财富方面，也可能会存在于其他方面。

三、新白领阶层的生产

中产阶层是学者们讨论现代社会转型以及社会阶层结构时特别关注的阶层（刘

欣，2007；李春玲，2009）。中产阶层规模的扩大意味着社会更趋于公平，也可能带来社会的稳定（李友梅，2005）。白领一般被认为是中产阶层最重要的组成部分，其发展关系到我国中产阶层能否发展壮大。大学毕业生一般从事“白领”工作，而且有着较高的学历和文化水平，将是今后中国社会的中坚力量。

但是从住房拥有和财富积累来看，大学毕业生内部存在着分化。家庭的财富积累影响着他们的住房获得和财富积累。新近迁入城市的大学毕业生一般面临着住房的压力，且缺乏家庭的住房支持。能否获得住房最终会决定他们能否在城市中特别是北京这种大城市中生存。也即住房对于白领阶层的生产而言是一个极为关键的变量。当纳入住房这个变量时，中国中产阶层的生产进程也许需要重新讨论。

参考文献

李春玲．比较视野下的中产阶级形成：过程、影响以及社会经济后果．北京：社会科学文献出版社，2009.

李路路．中国大学生成长报告 2012. 北京：中国人民大学出版社，2013.

李友梅．社会结构中的“白领”及其社会功能．社会学研究，2005（6）：90～111.

廉思．蚁族：大学毕业生聚居村实录．桂林：广西师范大学出版社，2009.

廉思．蚁族Ⅱ：谁的时代．北京：中信出版社，2010.

刘欣．中国城市的阶层结构与中产阶层的定位．社会学研究，2007（6）：1～14.

图书在版编目（CIP）数据

中国大学生成长报告．2014/李路路主编．—北京：中国人民大学出版社，2014.7
（中国人民大学研究报告系列）
ISBN 978-7-300-19431-8

Ⅰ.①中… Ⅱ.①李… Ⅲ.①大学生-人才成长-研究报告-中国-2014 Ⅳ.①G645.5

中国版本图书馆 CIP 数据核字（2014）第 123562 号

中国人民大学研究报告系列
中国大学生成长报告 2014
主编　李路路
Zhongguo Daxuesheng Chengzhang Baogao

出版发行	中国人民大学出版社		
社　　址	北京中关村大街 31 号	**邮政编码**	100080
电　　话	010－62511242（总编室）		010－62511770（质管部）
	010－82501766（邮购部）		010－62514148（门市部）
	010－62515195（发行公司）		010－62515275（盗版举报）
网　　址	http://www.crup.com.cn		
	http://www.ttrnet.com(人大教研网)		
经　　销	新华书店		
印　　刷	北京宏伟双华印刷有限公司		
规　　格	185 mm×260 mm　16 开本	**版　　次**	2014 年 7 月第 1 版
印　　张	16.25 插页 1	**印　　次**	2014 年 7 月第 1 次印刷
字　　数	296 000	**定　　价**	47.50 元